高校图书馆"十三五"规划：
理论与方法

詹长智　主编
高　凡　副主编

海洋出版社

2015年·北京

图书在版编目（CIP）数据

高校图书馆十三五规划：理论与方法/詹长智主编．—北京：海洋出版社，2015.10

ISBN 978-7-5027-9275-6

Ⅰ.①高… Ⅱ.①詹… Ⅲ.①院校图书馆-图书馆工作-文集 Ⅳ.①G258.6-53

中国版本图书馆 CIP 数据核字（2015）第 240115 号

责任编辑：杨海萍　张　欣
责任印制：赵麟苏

海洋出版社　出版发行

http：//www.oceanpress.com.cn
北京市海淀区大慧寺路8号　邮编：100081
北京朝阳印刷厂有限责任公司印刷　新华书店发行所经销
2015年10月第1版　2015年10月北京第1次印刷
开本：787 mm×1092 mm　1/16　印张：17
字数：342千字　定价：56.00元
发行部：62132549　邮购部：68038093　总编室：62114335
海洋版图书印、装错误可随时退换

前　言

  2015年属于"规划年"。从中央到地方的各级政府，都在认真地研究和制订国民经济与社会发展第十三个五年规划。各行各业和各类机构、也在制订自身的行业规划或专项规划，为未来五年的改革与发展绘制蓝图。

  高等学校图书馆行业也不例外。

  图书馆，这个曾经被人们称为"知识殿堂"的地方，随着信息技术革命的到来，逐渐地脱去神秘的面纱，回归到知识服务机构的本原地位。信息化和数字化带来了海量信息，同时也使人们获取信息的方式和途径更加多样化和便捷化。图书馆曾经担当的文献信息主要提供者的角色，已经受到了严峻的挑战。图书馆没有任何资格和理由固步自封，墨守成规，而是必须冷静地分析形势和环境发生的变化，确立新的发展目标，不断调整传统的业务流程和服务方式，拓展新的功能，发挥新的作用，确立新的发展目标。从而，让这个曾经在人类文明发展史上产生过重大影响的知识服务机构焕发出新的生机和活力，在人类文明传承与发展历史上书写新的篇章。因此，科学地制订图书馆发展战略规划就变成了一项必不可少的工作。

  战略规划对于图书馆事业持续发展的重要性，已经逐渐被国内外图书馆所认识。在国外，从20世纪60年代开始，就有将战略规划和战略管理引入图书馆的尝试。图书馆通过制订和实施战略规划，改变了长期以来所形成的面向业务流程实施科学管理的传统，将其上升为面向未来的战略规划和战略管理。思维方式和方法的改变，使图书馆的发展目标更加明确，发展思路更加清晰，更具有前瞻性和战略意义。进入21世纪之后，不仅越来越多的图书馆按照科学的方法进行战略规划编制与实施，制定规划的工作越来越普及，而且将战略规划与业务流程紧密结合，形成了每次间隔3-5年必然更新一次战略规划的惯例，制订战略规划逐渐成为图书馆的一项常规性工作。

近年来，随着我国图书馆战略规划理论与实践探索的不断深入，实施成效的逐渐凸显，我国有更多的图书馆，尤其是高校图书馆开始重视战略规划的制订与实施。这种趋势正在影响着我国图书馆管理理念和发展方式发生深刻的变革。

为了推进我国高等学校图书馆事业更好地发展，教育部高等学校图书情报工作指导委员会在2013年举行换届之后，在新一届领导机构中首次设立战略规划研究组。这是我国高校图书馆开始高度重视战略规划的一项带有指标意义的举措。设立战略规划研究组的初衷，就是要在全国高校图书馆中系统地推进战略规划的制订与实施工作，让战略规划以及统计评估工作成为我国高校图书馆事业的有机组成部份。

作为教育部高校图工委战略规划研究组的首任召集人，我们能够感受到肩上担子的份量——把我国高校图书馆的战略规划以及相关的统计评估工作不断向前推进是我们的职责和使命。我们需要努力推广新的理念和传播新的科学方法，其目标是不断提升我国高校图书馆战略规划和统计评估工作的整体水平。

第一，要强化我国高校图书馆同行的规划意识，引导他们认真地做规划。

长期以来，我国图书馆界规划意识淡薄，许多图书馆只是应付日常的工作和普通的事务，缺乏明确的发展目标和发展思路。即使有些想法，也仅仅停留在馆长的头脑中，没有形成整个图书馆的统一意志和整体行动。这样的图书馆，其发展方向是盲目的，发展举措是随机的，发展项目是分散的，发展的效果是不可持续的。因此，战略规划组第一步的工作目标是要引导更多的图书馆认真地做好战略规划。运用规划来统领发展，运用规划来凝聚人心，运用规划来聚集资源，运用规划来提升形象。把做好战略规划当作是推进图书馆事业发展的"第一要务"！

第二，要引导高校图书馆运用科学的方法做好规划。

战略规划是图书馆面向未来确定使命、愿景、目标、战略及其实施计划的思维过程与行动方案，需要经过认真细致的工作程序，经过一番努力，才能完成。如果做规划是为了应付差事，敷衍了事，那样做出的规划就没有质量，也就没有实际意义的。图书馆战略规划是指对图书馆的现状与未来的一次全面分析，即通过分析图书馆现状、发展环境、变化趋势及调查各类用户与馆员的意见，然后进行高度提炼，并经过反复讨论，不断修改、完善，由于构画出一个更理想、更符合用户需求的图书馆的建设蓝图。一部合格的战略规划应该成为图书馆改革与发展的纲领和未来的行动指南。

在我国高校图书馆领域，科学化、规范化、定期地制订图书馆战略规划仍处于初始阶段，充分吸收和借鉴国外的相关理论研究与实践成果，有针对性地开展案例分析与调查研究，将加快我国图书馆战略规划的理论与实践发展。

第三，要引导高校图书馆重视规划的作用，真正地落实规划，实现规划确立的目标。制订规划不是用来应付差事，规划文本也不是用来给人看的，而是图书馆未来五年的行动纲领和工作指南。执行规划与制订规划一样重要。制订规划只是完成了工作的一半，另一半工作则是落实规划，最终实现规划中确立的发展目标。

落实规划的关键，首先要把规划确立的目标转化成一种机构文化，让规划提炼出来的图书馆发展理念成为全体馆员的共识，成为图书馆的灵魂。其次，要把规划与日常的业务流程改革融合起来，把规划的理念与思路体现在日常的工作当中，把目标和任务分解到年度工作计划当中。不积跬步，无以成千里。要成就一个伟大的目标，必须做好每一项具体的工作。细节同样决定成败。

第四，把规划和评估有机结合起来，让评估与规划成为推进图书馆健康发展的"双轮"和"两翼"。

规划的成败还取决于是否建立了一个完善的评估与反馈机制。周期性地开展图书馆评估可以检查规划执行情况，掌握本馆的发展变化进程，了解本馆在行业内所处的位置。使我们的发展思路更加清晰，开展工作更具有针对性。更加有利于规划的推进和贯彻、落实。

周期性地开展规划与评估可以极大地促进了图书馆事业的建设和发展，通过制订规划提炼清晰的目标，凝聚全馆的共识是其直接的效果。通过评估检验规划的执行情况和图书馆发展的实际水平，有利于认清自身的优势和差距，激发人们奋起自追，自强不息的斗志和精神。实践证明，周期性地开展规划和评估是一套行之有效的发展路径和工作机制，值得参照、借鉴和发扬光大。

为了更好地推进全国高校图书馆的规划工作，我们根据2014年12月在海口召开的全国高等学校图书馆十三五规划研讨会专题报告整理出版本论文集，作为同行们在制订十三五规划时的参考。在本书即将出版的时候，我们要对以下机构和人士表达衷心感谢——感谢教育部高教司石鹏建副司长、高教司条件处李静处长、都昌满副处长对高校图书馆十三五规划工作以及海口研讨会的关心和支持！

感谢教育部高校图工委各位领导，尤其是朱强主任委员、陈凌秘书长对战略规划研究组工作的支持，以及对十三五规划工作的具体指导！

感谢教育部高校图工委战略规划研究组全体同仁的努力工作和热情支持！

感谢海南大学图书馆副研究馆员李渊林女士在报告录音整理和组织稿件过程中付出的辛苦和做出的贡献！

感谢海南大学图书馆吉家凡研究馆员协助审稿工作！

感谢北京人天书店集团为海口研讨会的召开提供的支持！

感谢海洋出版社和本书责任编辑杨海萍女士、张欣女士为本书出版提供的专业支持！

詹长智　高凡
2015 年 10 月

目　次

在高校图书馆"十三五"规划研讨会开幕式上的讲话……………………朱　强(1)
在高校图书馆"十三五"规划研讨会开幕式上的致辞……………………詹长智(2)
未来五年我国高等学校图书馆面临的形势与主要任务……………………朱　强(4)
高校图书馆发展与CALIS发展规划………………………陈　凌　高冰洁(14)
大学图书馆发展趋势与战略规划制订……………………初景利　吴冬曼(22)
未来五年高校图书馆资源建设的若干思考………………………………刘万国(32)
对图书馆发展阶段及其规律的再认识……………………………………颜务林(38)
国际视野下的高校图书馆绩效评估………………………………………张红霞(46)
高校图书馆战略分析方法研究……………………………………………赵益民(68)
规划与评估配合：海南的经验……………………………………………詹长智(85)
河南高校图书馆建设现状与发展思路……………………崔　波　王槐深(92)
拓展高校图书馆的知识服务领域——江苏大学图书馆的探索实践……卢章平(105)
关于高职高专院校图书馆综合绩效评估与规划延伸的若干思考………郭向勇(113)
正在来临的大馆配时代……………………………………………………邹　进(120)
漫谈技术进步推动下的图书馆发展走向…………………………………叶艳鸣(127)
服务外包：图书馆发展史上的重要变革…………………詹长智　余伯成(132)

附录：

1　海南省高等学校图书馆"十一五"发展规划……………………………(138)
2　海南省高职高专院校图书馆"十一五"建设规划………………………(147)
3　海南省高等学校图书馆"十二五"发展规划……………………………(151)
4　海南大学图书馆五年发展规划…………………………………………(163)
5　芜湖市镜湖区图书馆全流程服务外包的创新实践……………………(254)

在高校图书馆十三五规划研讨会开幕式上的讲话

教育部高等学校图书情报工作指导委员会主任委员　朱强

各位领导、各位同仁，大家上午好！

首先，我代表教育部高校图书情报工作指导委员会，对大家在年终岁尾百忙之中来参加高校图书馆十三五规划研讨会表示欢迎。有这么多代表参会，反映出大家对这个议题的关注和重视。教育部高教司领导本来也要来参会，他们对这次会议也很关注，但是因为工作原因，最终还是脱不开身，无法亲自出席会议。石鹏建副司长给我发了短信，说明18－19号两天安排了一个医学教育改革方面的会议，时间冲突，不能前来。教学条件处李静处长给我打电话 说：会议内容很重要，原来一直准备来的，但因为参与部里一个文件的起草，无法脱身。同时她说明都昌满副处长原定有其他任务去了四川，所以也不能来参会，向大家表示歉意。同时她也在电话里简要谈了几点意见：第一，国家十三五规划刚开始研究，可能明年才能正式制定，教育部也正在研究讨论十三五规划；第二，最近教育部传达了李克强总理的讲话，提出政府是有限责任政府，要让市场发挥主体作用。未来一段时间还是要坚持调结构，提高经济运行效率，完善公共服务体系，加强监管，重点保护生态环境，改善民生；第三，教育部正在落实简政放权，今后高校主要是按章程自主办学，教育部会加强政策指导和服务。希望大家通过会议讨论，明确提出哪几条希望政府来支持，这样高教司可以向教育部领导去汇报。

以上这些情况表明，我们这次会议的召开，是正逢其时，大家都在关注着高校图书馆十三五规划的制订，也已经开始讨论这方面的工作。希望代表们通过这次会议，广泛参与讨论，能够集思广益，共同为高校图书馆的发展献计献策。同时，大家也能把会议成果带回去，结合本地、本校和本馆的实际，研究拟定自己的定位和主要任务。

最后预祝会议取得圆满成功，谢谢大家！

在高校图书馆十三五规划研讨会开幕式上的致辞

海南省高等学校图书情报工作委员会主任委员　詹长智

各位领导，各位来宾，同事们，朋友们：

欢迎大家来到海南出席高等学校图书馆"十三五"规划研讨会！眼下正是一年中最忙的时节，大家能光临这次会议，我们非常欢迎，也非常感谢！在会议正式开始之前，我谨代表海南省高校图工委对教育部高教司、教育部高校图工委、海南省教育厅和海南大学的领导对这次会议的大力支持致以衷心的感谢。今天参加我们会议的有海南省教育厅的邓处长和好几所大学分管图书馆工作的校长、院长，他们就坐在这里听报告。为了节省时间，会议不举行常规性的开幕式，就请教育部高校图工委主任朱强馆长作重要讲话，传达重要信息，对会议提出一些要求，使这次会议开得更加有成效。我在这里除了代表海南省高校图工委对大家的光临表示欢迎和感谢之外，还要就会议的设计和安排作几点补充说明。第一，会议的宗旨和目的。刚才朱强馆长已经说到，这次会议的时间安排，是考虑到我国国民经济和社会发展的"十三五"规划正在启动，我们图书馆应该跟紧国家发展的节奏；第二，《普通高等学校图书馆规程》正在修订之中。规划和规程有其内在的关联，我们在研究规划的时候，对规程会有更好的理解，同时规程的修改也在广泛征求大家的意见，这两件事是互相促进的。第三，在会议的筹备过程中，得到了很多方面的支持。需要补充说明说的是，除了刚刚讲到的领导和机构以外，教育部高校图工委战略规划组的各位成员也为这次会议的筹备付出了重要的努力。战略规划组一共有12位馆长，这次到会的有7位。除了我和高凡馆长之外，还有教育部高校图工委秘书长、CALIS中心主任陈凌馆长，北京工业大学图书馆阮平南馆长，江苏大学图书馆卢章平馆长、江苏省镇江市政协副主席，浙江建设职业技术学院图书馆周云馆长，陕西省高校图工委张惠君秘书长。另外还有5位同志没有到会，他们也为这次会议做出了很多努力。到会的7位同志，都在为这次会议做服务。战略规划组的同事们参与了这次会议的前期策划及后期服务工作，高凡馆长组织了翻译工作组，翻译国外图书馆战略规划方法。今天会议安排了两个专题报告，分别由清华大学人文分馆的张秋副馆长和云南师大图书馆的赵益民博士和大家一起分享。

关于这次会议的日程安排我再做一个简要说明。根据中央八项规定，会议确立了三个原则：简洁、务实、高效。共安排了 15 个专题报告和一个开放论坛。报告的主题考虑到"十三五"规划中需要关注的方方面面内容：规划的总体思路、未来五年的宏观发展环境、面临的主要机遇和挑战、制定规划的方法和技术、以及国际经验和地方经验的介绍，包括河南省和海南省的经验介绍。另外，还特别邀请了三位企业家，他们处在高校图书馆事业上下游的位置。他们不是介绍自己的企业，而是讲技术进步和相关的业态发展对高校图书馆未来发展可能带来的影响。我们甚至考虑过请一位读者作一次演讲，做规划时，一定要考虑到读者的需求，了解读者的想法。可惜限于时间就没有实际地做这样的安排。这次会议婉谢了所有的赞助，因为会议时间非常紧，我们要开一个非常集中的会议。但是我们不妨听听不在图书馆工作，但与图书馆事业有关联的同志们的意见。

预祝我们的会议获得圆满成功！祝各位在海南过得愉快！

未来五年我国高校图书馆面临的形势与主要任务

北京大学图书馆　朱强

摘　要：结合我国高等教育改革与发展的形势和任务，全面分析和阐述"十三五"期间我国高校图书馆面临的形势、任务和发展目标。本文指出，只要我们时时注意把握用户的需求，积极应用新的信息技术，发挥我们的优势和作用，就能够达到新的发展目标。

当前我们正处在"十二五"结束和"十三五"开始的时点上，方方面面都在考虑制订"十三五"规划，高等教育系统也不例外。借此机会谈自己的一些观察与思考。

1. 新一轮高等教育改革大潮已经迎面而来

上世纪九十年代后期，中国实行了一轮高等教育改革，当时的改革方向主要是改变过去（上世纪五十年代）仿照前苏联高等教育的模式，重点改革高等教育管理体制。1952年院系调整时，中国仿照前苏联把把高等学校分成文理科、工科、农科、医科等专科性的教育，到了90年代，发现世界变化了，高等教育变化也很大，觉得需要调整这种办学模式。当时政府部门进行精简改革，因为原先有各种各样的部委，分别都在办教育，几乎每个部委都在管理学校（包括高等学校和中等职业学校），当然教育部也在管理，而一些部委精简后就面临原来所办学校的归属问题，所以提出仅保留少数必要的部委院校，砍掉大多数部委对高等教育的管理，分别归并到教育部或者地方教育管理部门。在这种条件下，出现了高等教育合并大潮。很多高校合并，有的甚至是五六所大学合并成一所大学，出现一些规模巨大的学校。相应地，招生规模扩大，高等学校入学率从百分之几提高到百分之十几、百分之二十几、百分之三十几，现在已达到百分之三十四，少数城市高等教育的毛入学率已达百分之八十多，接近百分之九十。此外，还先后实施了"211工程"和"985工程"。经过十几年，应当说改革很有成效，教育部对高等学校管理的覆盖率已经很高了。同时，原来部委学校加入地方后，对加强地方的高等教育发挥了重要作用，招生规模扩大，入学率提高，对满足人民群众接受高等教育的需求起到很大作用。

然而，高等教育大发展也带来一些新的矛盾和问题，比如高校扩招后办学质量的问题、优质教育资源缺乏的问题等等。2010年7月，《国家中长期教育改革和发展规划纲要》发布，几年来为落实规划纲要，教育部在高等教育领域推出了一系列改革措施，包括增加经费投入，改革招生办法，加强本科生培养质量，改进研究生教育（如推行专业硕士），大力发展高等职业技术教育等等。

党的十八大以来，为推进我国高等教育新一轮的改革，中央成立了高等教育改革领导小组，领导小组办公室的办公地点设在教育部。新一轮的改革是综合性的深化改革，改革重点在于全面提高人才培养质量，相应采取的措施是简政放权。适应于中央要求，专业设置、学位点都逐步下放，由学校地方自主决定。同时很多学校制订了大学章程，如北京大学1949年以前有章程，1949年以后没有章程，最早是《京师大学堂章程》，后来有《北京大学章程》。2007年，北京大学开始制订新的章程，今年上半年，《北京大学章程》获得教育部核准，正式发布实施。在这之前有60多所高校已制定实施自己学校的章程。

其次是改革招生制度。教育部刚刚发布了和招生制度配套的两个文件，里面有一系列措施，包括减少加分因素，奥数也不作为录取参考，还有体育特长、艺术特长等，各种加分因素减少，现在已很少。另外决定高中取消文理分科，考试可以一年二考，报考志愿可以多项，可以同时被几个学校录取，考试科目内容也有变化。再者，加强应用型人才培养，包括改变办学模式。现在已确定，相当一批高等学校要办成职业型的大学，培养技术型人才，同时允许文理兼修。既然高中文理分科了，将来进入大学也可既修文科、又修理科课程，且都可以作为学业学分，统一计入成绩。打通不同类型学校之间的升级渠道，使培养的人才具有更全面的知识基础，更灵活的培养路径。

另一个很重要举措是推出两校一市的综合改革试点。经中央同意，由北京大学、清华大学和上海市实行综合改革试验，综合改革方案有九个方面四十三条，在此，将北京大学综合改革方案作简要介绍。

第一方面，关于深化综合改革指导思想、总体目标、基本原则。

指导思想是要突出"内涵发展、重在提升、创新突破、创建推动"的工作主题，紧扣"立德树人"根本，围绕"提高质量"核心，加快推进创建一流大学步伐，自觉服务国家战略与经济发展需要，为实现中华民族伟大复兴，为人类的文明进步做出更大贡献。

总体目标是以建立中国特色的世界一流现代大学制度，以推进学校治理结构、治理能力现代化为总目标，以"立德树人"为根本，以提高质量为核心，更好实现国家赋予北京大学的使命与责任（2018年跻身世界一流大学）。以体制、机制改革和制度创新为着力点，调动、解放教学科研主体和基层单位广大职工的积极性、创造性和办学活力，借鉴国际通行标准和规则，构建系统完备、科学规范、运行有效的现代大学制度体系。

基本原则有若干条就不细说了。

第二方面，推进法人治理结构改革，完善现代大学制度。

包括几点：落实扩大办学自主权，构建政府、学校和社会之间新型关系；坚持完善党委领导下的校长负责制，改革学校内部治理结构，健全学校法人治理模式；以实施《北京大学章程》为主，建立完善学校治理与管理制度体系，推进依法治校进程；建立完善学校的自律机制，接受国家监管和社会监督，这部分要突出学校作为办学主体，逐渐加大学校自身对于学校发展的责任，同时接受国家监管和社会监督。

第三方面，抓住立德树人根本任务，深化教育教学改革，创新人才培养机制，提高人才教育培养质量。包括：改革教育教学模式，落实立德树人的价值导向，特别强调立德树人，加强人的培养质量，特别要把价值导向弄清；深化招生体制改革，完善本科人才的选拔机制，其中包括完善目前招生体制措施，实施新的人才选拔机制。通过学业水平测试、高考成绩、中学写实材料和学校自主测试等多个维度进行人才选拔；进一步完善"加强基础、尊重选择"的多样化人才培养体系，构建充分激发学生潜能和创造力的混合教育体系。其中包括完善课程体系，深化考试模式改革，支持学生开展研究性学习、创新性实验、学科竞赛，建立研究生自主招录体系，改革学位授权模式，建立自主学科设置与学位授予体系。过去学位为教育部统一证书，改为学校自己发证书；改革研究生培养模式，包括硕士生强调解决实际问题的能力，探索"本科3年+硕士2年"的本硕连读制度；在交叉学科和新兴学科领域搭建高层次人才培养的多学科融合平台；创新教学方法，提升教师卓越教学能力；完善促进育人质量提升的管理保障体系；大力实施开放合作战略，提升国际化办学水平，深化和推行医学教育改革。

第四方面，改革科研体制机制，适时调整科研方向与学科结构，提高学科水平和原始创新能力。包括：改进学科评估机制，调整学科与院系结构；完善前沿交叉研究机制，促进多学科协同创新；改革科研队伍结构，加强团队建设；建设基础研究特区，完善基础研究平台体系；营造科学研究技术方法的创新环境，积极承担国家重大的学科建设任务；全面推进临床研究战略，促进转化医学发展；改革推进哲学社会科学繁荣发展的体制机制，更好实现文化传承创新功能；发挥文理医工综合学科优势，着力建设一批有国际影响力的智库；构建开放式校企合作创新平台，服务地方经济社会发展；优化科研资源配置，建立科研全成本核算制度。

第五方面，积极参与和探索医疗体制改革。包括：改革医院人才招聘聘任、评价考核和晋升激励机制；积极探索大型公立医院改革，引领社会资本办医；通过信息化建设，促进临床学科发展及医疗服务水平提升。（北京大学有些教师参与国家医改制度规划制定，北大医学部在医学培养和附属医院医疗体制改革方面进行探索。）

第六方面，深化师资人事制度改革，打造具有国际竞争力的人才队伍。这里提出几点：实施教学科研职位分系列管理和聘任制度，即将教师队伍按岗位分成三个系列，教学科研并重、教学为主、技术为主；完善收入分配制度，优化结构，确保增长；实行全员合同聘任制，完善合同聘任和管理体系。实行聘用合同、劳动合同、工作协议三类合同，分别建立以业绩考核为主的教师职位考核评价制度和以过程考核和业绩考核相结合的非教师职位考核评价制度；建立教师联合聘任及考核激励机制；健全高端人才发现、吸引、培养、使用的机制；改革博士后制度。

第七方面，深化资源配置体制、机制改革，提高资源汲取、整合能力和利用效率，提高办学实力。其中包括：完善多渠道筹资体制，提升学校整体办学实力；推进资源配置的模式改革；推进房屋使用和调配机制改革；调整优化学校空间功能布局，拓展发展空间，提高土地资源利用效率；推进经费和资源监管体制改革。

第八方面，深化学校党政管理与服务改革，进一步实现管理与决策执行的规范、廉洁、高效。

第九方面，加强对综合改革的组织领导，确保改革全面、稳步、有序推进。

综合改革方案已经得到中央批准，现已进入实施阶段。同时学校相应修订了北京大学学术委员会的章程。我们看后发现它的变动比较大，主要突出学术委员会在学术方面的职责和权力，凡是和学术相关的事务今后都由学术委员会说了算，学术委员会投票，三分之二通过，校长执行。

作为图书馆，我们必须关注学校的改革和发展以及相应对图书馆提出的新要求，及时地改变我们自身，从而为学校的改革和发展、为高水平人才培养作出应有的贡献。

2. 国外大学图书馆的发展趋势

我想从 2013 年 IFLA 关于趋势的讨论来引出。国外关于趋势的讨论很多，图书馆如何在新的信息环境下演变以保持其不被边缘化，也许是当今图书馆界面临的最紧迫问题，国内也有很多人在讨论。数字化的发展，从出版到使用带来很多变化，信息、知识、文献等等。更多东西，似乎不在图书馆就能被找到，图书馆实际上面临边缘化的危险。IFLA 在 2012 年就组织了一批专家学者进行讨论，通过一年的时间，发布了趋势报告，提出了一些问题。比如，新技术的兴起会终结个人隐私，图书馆在数据管理方面肩负着保护用户隐私、保护数据的双重职责，电子借阅图书馆和个人资料的保护双重任务。今天，简单到阅读一本电子书就可以不知不觉中泄露你的个人信息。例如，你需要多长时间读完一章，你最喜欢哪一部分，你的阅读的速度和连贯性如何等，从而可以判断出接下来你将要买书还是要借书。书商可以据此信息进行推送。

图书馆为读者提供电子书和其他电子资源服务，而这些读者的信息恰恰是图书馆所拥有的。图书馆在保护用户个人信息方面担负着怎样的责任？如果图书馆是作者和数据库经销商获取读者信息的唯一渠道，那么，图书馆会不会成为在新信息环境下商业模式的参与者？

便携式可穿戴电子设备也是获取读者信息的装置，面对这种情况，图书馆该如何应对新技术的挑战？图书馆向来自诩是一个足够"安全"的空间，但是当戴着谷歌眼镜的读者进来的时候，还能这么说吗？这些新技术爱好者会在乎其他人的隐私吗？

在线教育和网络公开课程的大规模开放也影响了数据保护和隐私的界限。如何利用和保护学生在网络教学中生成的数据？

再比如，现今大多数学生习惯于通过搜索引擎找寻他们想要的答案。他们的搜索习惯又将如何影响返回的结果？通过搜索引擎是否就可以获得他们想要的全部信息？

牛津大学的互联网调查发现，人们对互联网信息的信任超过报纸、公司和政府等主流机构和媒体。当自动搜索技术受到我们的搜索习惯、语种和地理位置的影响，不能全面呈现搜索结果时，这时搜索引擎还能返回可以信任的答案吗？图书馆和教育工作者如何保证读者和学生能够获取他们真正需要的信息？这方面存在的问题，图书馆怎么应对？图书馆也建立一个与其竞争的算法吗？还是致力于提升馆员信息素养，以帮助用户借助搜索工具在浩如烟海的数字海洋中寻找和发现最具权威性的答案？

教育走向全球化和移动化，本地化的缺失如何弥补？大规模在线课程出现和全球教室的开放，导致教育内容国际化，但对学生的教育需要本地化，特别是本地文化的内容涵盖在内。

机器翻译走向实用化，研究人员和任何人均可借助翻译工具来读书、看文章、看博客，甚至写作。当语言障碍被扫除，新的合作方式和商业模式将随之而生，自动翻译机将改变我们沟通的方式，但其是否能真正促进彼此了解？失去了本地文化语境利用机器翻译的做法，将会对文化有什么影响？对出版业造成什么影响？在这种无障碍沟通的环境下，将会有什么样的新商业模式出现？

信息监控在保护公众利益方面能够提供多少帮助？草根阶层的激进运动在一个没有隐私的社会是否能成气候？即便是那些被认为民主的政府，也正在网络世界积极渗透并捕捉诸如极端分子、犯罪分子、敏感问题、被视为"不道德"的信息。图书馆向来反对信息审查制度，这种行为对图书馆完整收集和保存电子资源会造成多大的影响？

技术变革在大踏步前进的路上，会遗留下很多的垃圾：过时的软件，无效的网址，损坏的网页和大量被丢弃的文件。到一定时候很可能就无法识别，保护我们的数字遗产是当今世界各地图书馆和档案馆的工作者优先要考虑的工作。在网络信息洪流中识别和捕捉具有历史和文化价值的信息本身已经是一件难事，再加上数字版权的限制，陈旧的格式以及技术能力的匮乏，就会变得更难。图书馆利用网络收割和搜索算法等自动技术来识别和记录我们的电子输出，这种收集信息的方式是否会造成信息的缺失和遗漏？

"署名权"和"所有权"的传统概念在新的技术环境下被颠覆。

全球经济受到相应影响，会产生新的经济模式。新技术受到过度监管，最终可能导致图书馆作为物理空间提供者的角色被终结？

总之，图书馆界在观察到信息技术发展并带来相应社会进步的同时，存在很多问题和挑战，迫使我们思考如何应对和解决。这里将比较重要的国外大学关于图书馆的新的理念作简单介绍。

一是增强互联网思维，深化合作。现在看到的趋势如欧洲、欧盟范围内的合作越来越多，过去往往是在一个国家内，现在则发展为跨国的合作。在北美，以前多是在一个州范围内，现在已有很多跨州的合作。校际之间的合作已逐渐深化到可以共建资源，共享人力资源、文献资源的深度。

二是要强调图书馆的核心价值。在保存人类文化遗产，促进知识自由平等获取方面，要坚守图书馆的职能。

三是走出图书馆。开展服务创新，融入教学科研，发现和满足用户新的需求，不可能坐等读者上门。

四是支持开放获取、开放出版、开放教育、开放研究。现在开放是趋势，特别是在打破出版商、数据库商对学术成果垄断方面，通过开放的方法来与垄断针锋相对，建立机构知识库，参与开放出版等等，巩固图书馆的地位。

五是发展特色。在资源越来越数字化情况，同质化倾向需要通过发展特色资源特色服务来解决，这与机构知识库有密切关系，若知识生产机构都能把自己生产出来的知识建立成机构知识库，同时能开放获取，其特色显而易见。

六是资源建设与服务上数字优先。越来越多的图书馆数字资源所占经费比例逐渐上升，有的已高过印本资源比例。同时在了解用户需求、发展用户服务以及做出一些相关决策方面，越来越多地通过数据驱动，利用数据分析来获得相关依据。

七是提供更好的用户体验。无论是空间体验还是资源使用、服务的体验，都应着重考虑用户的感受，考虑他们的便捷程度。

3. 我们自己也要更新理念　练好内功　实现转型

图书馆的本质属性，是公益性社会服务机构，通过收集、整理、保存、传播人类的知识成果，保障公民自由、平等地获取知识、信息的权利。技术在变，社会在变，图书馆的本质属性不会改变。

但我们也需要进行图书馆自身价值和意义的再思考。上世纪早期，印度图书馆学家阮冈纳赞提出图书馆学五定律（1931）："书是为了用的；每个读者有其书；每本书有其读者；节省读者的时间；图书馆是一个生长着的有机体。"网络兴起后，美国图书馆学家米切尔·戈曼提出了图书馆学新五定律（1995）："图书馆服务于人类文化素质；掌握各种知识传播方式；明智地采用科学技术提高服务质量；确保知识的自由存取；尊重过去、开创未来"。资料显示，最近OCLC提出在新的环境下对图书馆五定律要有些新的思考、新的发展。这些反映了图书馆人对自身价值和意义的思考。

在数字环境下，我们必须实现图书馆的转型，主要是要实现从传统纸质印本文献为主的业务流程及内容服务向新的以数字资源为内容和服务的转型。转型是渐进的、全面的，涉及整个图书馆的方方面面，根本上，它是人的转型、图书馆员的转型。

在高校图书馆转型方面，首先，我们应当增强文献资源基础，在数字资源逐渐占据主导地位的情况下，需要制订新的文献资源发展政策，规范数字时代资源发展工作。过去，图书馆文献资源发展政策是以纸质资源为主，现在，在文献资源建设中，还是要重视纸本资源建设，但是需要逐步增加电子资源经费比重，加强电子资源相关业务工作。还要积极建设与开发特色资源，发展本校、本馆特色数据库。同时加强访求，大力募集名师赠书。应建立全校统一的文献信息资源体系，实行资源共建共享。

其次，应加强用户服务，把服务工作落到实处。图书馆要人人树立服务意识，服务不分前台后台。过去，图书馆分业务部门和服务部门，有"对内"和"对外"之分，新形势下要突破这种前台和后台、"对内"和"对外"的界限，服务要"精细化"，把每项服务都落到实处。新的服务或是已有服务的改进，都应当让用户知道；要利用服务"微营销"，利用多种社交媒体，鼓励用户参与到图书馆服务中，大力发展"自助服务"、"自主服务"，让用户既是服务的接受者，又是服务的提供者。

三要不断创新、发展。既要立足图书馆，又要走出图书馆，要让图书馆"被依赖"，让图书馆不是可有可无的，而是不可缺少的，图书馆才能有发展。提升图书馆的能力，拓展图书馆的功能，扩大图书馆的合作，抓住发展的机遇。

四是更好发挥图书馆物理空间的作用。图书馆作为空间，不仅是阅览、借阅、自习的地方。它一方面是用户进行学习的地方，还提供安全感，读者在图书馆感到是安全的，无论是生命还是财产都是安全的。另一方面，它也是一个社交场所，读者可以在图书馆从事各种各样相关活动。他可以在图书馆受到激励，受到文化氛围熏陶，受到文化素质的教育等等；也在图书馆开展读者之间的协作和讨论。同时注重发展虚拟学习和研究空间，在图书馆的网络空间里按照需求，提供个性化的空间、设施和信息，满足新的学习和研究的需求。

五是把发展优秀的图书馆员队伍放在关键位置。高校图书馆馆员本身也是一种资源，这是搜索引擎所不能取代的。图书馆的核心能力或它的重要优势是它有一批高素质的、高水平的图书馆馆员，只有我们馆员的素质能力不断提升、不断改进，才能够充分发挥自己的价值。在这方面需要领导者帮助我们的馆员实现转型，如果没有图书馆员的主动和积极的参与，任何变革都是十分困难的，所以要给馆员提供培训、学习、转岗等各个方面机会，疏导他们在转型中的心理压力。

这里可以参考哈佛商学院对专业馆员的素质要求。哈佛商学院图书馆对于教学和科研的支持，要求有一支高素质的馆员队伍，它把这方面的人员分成不同层次，有研究馆员、学科馆员、院系联络员。要求知识服务馆员具备很高的专业知识和信息情报服务能力，且具备较高的科学研究能力。研究服务馆员须具有相关的商业管理学和图书情报学的双学历，硕士甚至博士学位，要有良好的计算机技能等现代信息技术，具有丰富的信息咨询和情报分析的工作经历和经验，另外要有相应的工作资质。

我们也看到国外一些大学图书馆已经设有新的岗位，如负责数字化学术服务的馆领导，负责战略规划的馆领导，知识产权馆员，数据管理师等等。

4. 全方位拓展大学图书馆的职能

大学图书馆服务于高等学校的人才培养、科学研究、社会服务和文化传承与创新。《普通高等学校图书馆规程》规定了八个方面的主要任务：建设适应学校发展需要的文献信息资源体系，提供文献信息服务；全面参与学校人才培养过程和校园文化建设；实施信息素质教育；开展图书馆学及相关领域的学术研究；组织和协调全校的文献信息工作；参与全国或区域性文献保障体系建设，实行资源共建、共知、共享；发挥信息资源优势和馆员专业优势，为社会提供服务；做好资源评价与服务评价，提高资源的使用效益。

在资源建设方面，总的来看，现在需要加强数字资源方面的建设。我们已经看到用户需求及使用习惯的改变，纸本文献服务量在下降和数字文献服务量在增长，未来几年相应的文献资源建设也从以纸本文献为主向以数字文献为主过渡，这两个趋势比较清楚，现在实际数字资源建设内容和方式也已经非常丰富。过去通过书店和书商去买书、订刊，现在已然是大量的数字资源，可以多种多样的方式，购买、租用、采集、整合、自建、共建，而且内容也是非常丰富。

在购买、租用方式上也是多方面的，有单馆、双馆、多馆（联盟）。联盟又分成全国联盟、区域联盟、学科联盟等等。

数字资源建设面临的问题与挑战主要在资源建设方针、政策、规划方面，可能我们很多图书馆过去对这些方面不是太重视，在资源建设的一贯性、规范性等方面比较欠缺。

关于经费的分配比例，觉得不太好把握，很难说到底是多大的比例为好。根据一个调研，不同学校的比例是不一样的，人文社科和理工科也是不一样的。在这种情况下，尽管一个学校平均比例是60%，不同学科之间的比例还是有差别，这样特别需要在政策方面做相应调整。

另外资源存储空间和时间也带来相应问题，比如如何对数字资源进行高密度仓储，对不常用纸质资源也实行高密度仓储，国外都有很多案例。

再一个就是长期保存的问题，数字资源需要有一个长期保存方案，按这个方案去规范性地实施。对保存下来的资源怎样进行修复，根据技术变化不断进行迁移，是需要考虑和解决的问题。

资源的采集、加工和组织，现在已有新的组织方法、新的标准规范、新的加工流程，这些需要在一定时间内把它逐渐加以应用，并且能够把它规范化，使之易于推广。

越来越多的馆有自建资源加工和组织，涉及数字化加工、元数据加工、数字对象标识（DOI）、数字权限管理（DRM）、加工系统（平台）等技术问题，需要我们将它加以规范化和标准化。

另外还有数字资源的计量和统计，到底怎样计算我们资源的量？按篇、字节、还是按库，都还缺乏标准；通过哪些方法去统计，有没有比较好的系统自动地进行相关的数据收集分析，都是有待解决的问题。

应关注数字资源管理（DRM）系统。有的图书馆70-80%的经费用于数字资源的采购，但是在人员的安排、业务的组织方面，还是以纸质文献为中心。比如说人员安排得可能较少，也缺乏相应的计算机系统，在业务制度方面也比较缺乏。关于数字资源管理已经有一个基于生命周期进行管理的流程和系统，需要逐渐把它利用起来。

在服务方面，大力创新图书馆服务功能。在新的形势下，服务内容越来越多，很多馆都有一些新的服务发展出来，未来可能还会继续增加。今年上半年在华南医大有一个高校图书馆服务创新的案例大赛，引起大家得关注，取得了很好的效果。有专门的网站介绍了案例资料[1]，可以上去看看高校图书馆是怎样创新的，明年高校图书馆发展论坛也会在这方面继续做些工作。一方面我们能够不断开展服务的创新、总结、交流，同时把案例收集起来，加以推广。

这里再举几个最近看到的例子。一个是华东师大图书馆学位论文增值服务，他们开发了学位论文 API，开展嵌入式数据推送服务，改变学位论文数据库仅仅作为学术资源的单一属性，发挥学位论文在教学统计分析、决策支持和管理方面的作用。另一例子，清华大学图书馆利用借阅数据对教学管理的决策支持服务，通过对3、4年级还没开通借阅权的个案，去了解学生学习状况，反馈给院系，帮助院系加强教学的组织管理。图书借阅情况也能提供这种反馈。图书馆掌握读者利用图书馆的信息，这些信息不宜公开，但反映给相关方面，作为决策支持是可以的。又比如，成都信息工程学院图书馆，分析学生借阅数据和考试成绩之间的关系，通过取样分析，得出结论：学生挂科与其借阅率负相关。基本不到图书馆借书的，挂科率非常高。再如陕西师范大学图书馆作了数字资源在高校科研中的价值研究，借鉴美国伊利诺伊大学香槟分校（UIUC）进行的高校图书馆资源在教师基金项目申请中的ROI研究，基于时间成本法和消费者剩余法进行调研，得出结果，图书馆数字资源服务在学校科研论文产出中的ROI 65.27∶1、图书馆数字资源服务在学校科研项目申请中的ROI 25.31∶1、图书馆数字资源服务在学校科研产出中基于CSM的ROI 688.1∶1，得到结论是图书馆数字资源服务在学校部分科研产出（论文、项目申请）中的总ROI 778.68∶1。

我们还应拓展支撑教学科研和管理的新功能，关注和积极参与开放获取。开放获取在欧美发达国家越来越普遍，越来越获得教师及科研人员支持，大量学者参与其中。应通过宣传和各种方式，让教师和研究人员关注和参与。同时必须关注和主导建设机构知识库，机构知识库是高校学术共同体的汇聚平台，机构知识库的建设内容十分丰富，高校范围内所有产生的包括课件、讲义、考试题目、学者学术成果（学术论文、报告、智库的报告等等），如果我们收集齐全，对学校教学科研管理，特别是科研管理，提升科研成果影响力，提升研究者个人学术影响力，提升成果的可见度，都会发生重要作用。当然机构知识库建设主体是机构生产者，需要他们的参与，图书馆利用自身知识组织和管理上的核心能力，应当能够发挥关键作用。可以看到，凡是机构知识库建设中作得比较好的，图书馆在其中能够发挥非常重要的作用。我们还需要关注和积极参与开放出版，现在开放出版不仅仅是开放期刊，也涉及开放文章，在一些非开放期刊内，某些文章是开放的，也有开放出版的图书，未来会有更多的开放内容，而图书馆可以提供相关平台、技术或政策方法等方面的支持或服务。再一个我们要关注和积极参与数据管理，现在数据管理在发达国家图书馆越来越受到重视，主要是科研部门，特别是科研管理部门提出数据管理的要求，我国也有机构提出了相应的要求，有些大学图书馆已组成数据管理工作组，开始进行相关的业务探讨，希望也引起关注。

总之，在数字环境下，包括大学图书馆在内的图书馆面临前所未有的挑战，同时也面临许多新的机遇。只要我们时时注意把握用户的需求，积极应用新的信息技术，发挥我们的优势和作用，就将获得新的发展。

作者介绍：

　　朱强　北京大学图书馆馆长，研究馆员。教育部高等学校图书情报工作指导委员会主任委员。

高校图书馆发展与 CALIS 发展规划

中国高等教育文献保障系统（CALIS）管理中心　陈凌　高冰洁

摘　要：高校图书馆和 CALIS 都正处于转型和发展的关键时期。本文在分析高校图书馆发展背景、现实问题与发展方向的基础上，概述了 CALIS 未来一段时间内的发展规划。CALIS 将在继续致力于推动高校图书馆整体建设和发展的基础上进一步构建多层次多类型的开放协同服务体系。

关键词：高校图书馆　CALIS　发展规划

互联网带来的变革正在以前所未有之势颠覆传统行业，高校图书馆自身及其所依附的信息环境和高等教育环境都处于新的变化之中。在风险与机遇并存的社会经济结构与组织变革进程中，重新定位自身的位置和价值，明晰未来发展的方向与目标是图书馆及 CALIS 的当前要务之一。CALIS 作为中国高校最大的图书馆联盟，其发展规划既要从高校图书馆的整体定位和发展需求出发，也要从 CALIS 自身的定位出发。

1　高校图书馆发展的背景环境

图书馆是信息发展史中的一段留影。信息存在的历史远比我们研究它的历史要悠久的多。作为交流与沟通的符号，从肢体和语言的沟通开始，信息便存在于人类社会。结绳记事、文字符号、造纸术、印刷术，借助于这些信息技术的发展，信息得以交流和传播，人类记忆得以保存和传承。每一项新技术的出现都曾经将信息推向一个新的历史发展阶段，伴随其而生的，不仅是信息形式和数量的历史性突破，还有与之相适应的信息保存、交流与传播机制的发展和变革，作为社会信息机制存在的图书馆也是如此。正如同阮冈纳赞所言："图书馆是一个不断生长着的有机体"，图书馆的发展从来从来不是停滞的。最早的图书馆仅作为保存古代文字资料的场所而存在，伴随着新的信息技术的出现以及社会经济结构和文化意识形态的变革，图书馆从封闭走向开放，并且逐渐被赋予了更多的社会责任。开发智力资源，进行社会教育，搜集和保存人类文化遗产……图书馆一度成为信息长期保存和传播的最重要社会机制，被视为人类文明和社会文化的象征。

新一轮信息技术革命再次将图书馆带至发展的重要关口。信息环境正在发生深刻变革，图书馆既是新一轮信息革命的受益者，也承受着空前的发展和升级压力。新的技术革命丰富了馆藏信息的形式和内容，升级了信息管理方法，革新了信息存储与传播方式，帮助图书馆的发展迈向一个新的历史阶段。但同时，社会信息市场迅速形成及迅猛扩张，图书馆也随之被置于一个更加广阔、竞争更加激烈的信息服务市场。相关调查显示，从2010年开始，我国信息消费规模年均增速超过29%，2013年已经达到2.2万亿元的规模[1]。

信息服务市场的快速增长，使得图书馆传统的文献服务在信息服务市场中地位和份额日益下降。高校图书馆发展的危机显现。随着高等教育改革的推进以及新的科学交流模式、科学研究范式的形成，教学和科研对于信息的需求也开始复杂而多样化，虽然文献需求依旧存在也依旧重要，但是已经远不足以支撑日渐多样的信息需求，社会化信息服务为教学科研提供了更多的选择。搜索引擎、商业数据库、数字出版、开放存取，跨越时间跨越地域的学术信息服务变得日益丰富和简单，高校图书馆不再是唯一的大规模学术信息保存及传播渠道；物理馆藏的颓势已不可逆转，数字资源快速发展带来的不仅是馆藏结构的转变，还有文献采访、编目等传统核心业务技能的弱化以及被社会化分工所取代；网络百科与社交平台快速兴起，传统的参考咨询服务受到巨大冲击……随之而出现的是高校图书馆地位的滑落。高校图书馆不再是新一轮学校信息服务，尤其是信息服务体系发展规划中的主导力量。在国家信息化战略规划、教育信息化规划、学校信息化规划等各级信息化建设规划中，图书馆被边缘化，信息化规划的制定过程中没有图书馆专家的参与，同时规划中也缺乏对信息服务发展目标明晰而准确的定义。

但同时，高校图书馆也面临着服务创新和发展的历史机遇。互联网从根本上解决了人类信息稀缺的问题，但信息洪流和信息过载问题随之而现。以"Yahoo、Google、百度"为代表的信息服务代表了新一代的信息选择、利用方法和新的服务理念，标志着新的检索文化的形成。这些以"过滤"、"搜索"为本质特征信息服务解决了海量网络信息检索问题，正在成为科研人员主要的信息检索和获取渠道，但是这些信息检索方法只能解决明确目标下的信息获取问题，尚不能很好解决科学研究中模糊的全景勾勒、发展脉络、前沿态势、研究跟进、大数据获取与分析等信息需求，更无法满足专业化、个性化的信息需求。学术信息服务仍待构建新的方法论体系，高校图书馆依旧大有可为。

2　高校图书馆发展的现实困境

面对信息环境的新变化，高校图书馆不断在积极思考如何在新的信息服务环境中重新定位自己的地位和价值，构建新的服务能力和竞争力。正如悉尼大学图书馆的安尼贝尔在 Wiley Blackwell 的亚太用户咨询委员会会议上所言："我们需要在更大的生态环境中重定义图书馆与馆员的位置。这意味着我们需要质疑服务中我们曾经认为不可或缺的事物；在服务领域方面也要缩旧阔新；另外我们也要改变我们的技能。"这就带给我们一个非常现实的问题，在改革的过程中，我们坚守什么？缩减什么？拓展什么？改变什么？

美国 Ithaka 研究所发布的《美国图书馆调查 2013》[2]对教职员工关于图书馆功能重要性认知的调查中发现，与 2010 年相比，除了对"培养研究、批判性分析和信息素养技能"重要性的认知有所提升外，对"教学支持、资源采购、资源收藏、信息门户、研究支持"重要性的认知均呈现不同程度的下降。但是同时我们也看到，被调查者对上述图书馆服务重要性的认同度均达到 65% 以上，这表明图书馆服务依旧有很广泛的用户群体，高校图书馆面对的不是破旧立新，而是如何在梳理传统服务的基础上尽快树立新的核心价值。

高校图书馆的服务概括起来大致可分为四类：资源服务、空间服务、咨询服务和拓展服务。一直以来，高校图书馆的资源服务主要集中于提供文献服务，但是传统的正规出版物已经不再是唯一的学术交流媒介，分散的、碎片化的网络信息需求正在提升，图书馆也已经开始关注网络信息以及社交信息的收集问题，美国国会图书馆已经开始收集 Twitter 资源。但是对高校图书馆而言，正规出版物的全面收集已非可能，海量而变化的网络信息该如何面对？空间服务也是高校图书馆关注和改造的重点服务，但也引来了"大学图书馆何必竞奢华"[3]的声声诘问。咨询服务正在成为图书馆的发展重点，查收查引、科技查新、学科服务、学科竞争力评估等一系列服务开展得如火如荼。作为其重点服务内容的查收查引、科技查新服务为很多图书馆带来了不错的收益，但是这些服务的存在完全依赖于我国目前的科研项目管理和科研评价机制，一旦这些机制发生改变，他们是否还有继续存在的可能？2015 年 3 月 13 日，国务院办公厅印发《国务院关于取消和调整一批行政审批项目等事项的决定》，其中就包括取消教育部科技查新机构认定，[4]这是否意味着改革的信号已现？学科服务是图书馆主动融入教学、科研过程的新兴服务，也是现阶段图书馆一致看好且倍加重视的服务，但是美国 Ithaka 研究所发布的《美国图书馆调查 2013》[5]却显示，用户对于图书馆"为教职员工提供研究支持"的认同度却在降低，与 2010 年的调查相比，被调查者认为其非常重要的比例从 85% 下降至 68%，而且是调查项中下降最为明显的服务。仔细分析却也是必然，十几人的服务团队如何面向数百学科、数千规模的科研队伍提供专业化的优质的研究支持服务？学科竞争力评估可以视为高校图书馆向情报中心定位的转变，但是这种自我评价机制能在多大程度和范围上得到认同和认可？也有高校图书馆已经开展社会化服务的探索，竞争情报、专利咨询、媒体监测……越来越多的新内容出现在图书馆的服务清单中，作为信息市场中的新兴领域，社会化力量会陆续参与其中，竞争必然日渐激烈，高校图书馆又是否具备和社会化服务持续竞争的能力？

3 高校图书馆发展的关键问题

3.1 关注外部环境发展，构建新的核心竞争力

高校图书馆具有典型的依附性特征，依附于高校的教学和科研而存在，也需依附于高校的发展而革新。图书馆转型需要考虑高校发展、教学改革、科研变革的大环境，将自身作为高校、教学、科研变革中的一部分来考量。美国大学与研究图书馆协会于2012年6月发布了《2012高校图书馆十大趋势——影响高校图书馆在高等教育中的趋势和问题综述》，十大趋势包括：沟通价值、数据监管、数字存储、高等教育变化、信息技术成为谋划未来的主要因素、移动环境、用户驱动的电子图书采购、学术交流新模式、人力资源面临挑战、用户行为与期望考虑便利性[6]。在高校图书馆新服务规划与设计中，笔者认为当前需特别关注以下几点内容：

关注学术交流新模式。20世纪70年代，社会科学家W. D. Garvey和B. C. Griffith提出了科学交流系统模型（G－G模型）[7]，对以纸质文献为交流媒介的传统学术交流模式进行了总结和概括。虽然G－G模式仍然是最主要的学术交流模式，但是其重要性和地位却在不断下滑，学术信息的生产机制、传播机制和选择利用机制都在发生深刻的变革。学术信息生产开始呈现原始化、碎片化特征。许多研究在形成体系完整的论文或著作前，就已经借助新媒体零星发布，图片、表格、思维片段、实验结果、调查问卷等内容和数据成为重要的学术信息源。与此同时，出版机构不再是唯一的学术信息出品主体和渠道。开放存取、研究者个人信息频道（博客、微博、twitter、微信）凭借更好的时效性和沟通性正在吸引越来越多研究人员的关注和参与。高校图书馆也需要关注这些新兴学术信息的保存与利用问题。

关注数据管理与服务进展。一方面要关注大数据研究，大数据研究是当前研究的热点领域，那些看似有损精炼和简洁的碎片化信息反而能勾勒出事物全景，提升信息传播的准确性。图书馆既可以利用大数据提升自身管理与服务水平，也可将其应用于情报服务、学科服务，创新服务方法。另一方面，还要关注数据监护服务的进展。美国国家科学基金会（NSF）已经正式发布科学数据共享政策，确定自2011年1月18日起，所有向NSF申请基金的科学家，需详细说明对其研究收集数据进行管理的数据管理计划（DMP），要求受资助者在成本适宜的情况下在合理时限内共享其数据，由专门机构来执行其数据管理计划。开放科研数据是科学研究特别是政府资助科研项目数据管理的大趋势，在这一领域，高校图书馆具有先天的优势，是可以有所作为的。

关注开放教育的发展。MOOCs可能成为影响高等教育的一个破坏性创新。教育

科技的高速发展也使很多大学使用的传统教育方法相形见绌，很多人开始寻找与传统教育不同的教育方式。"当有条件时，……图书馆应该开始进行事关大规模在线课程（MOOCs）的会话交流，并且提倡 MOOCs 的价值。这样才可以延续及促进图书馆作为教育系统中重要一环所需的持续生命力。"[8]高校图书馆有能力而且应该支持开放教育，关注并用创新的方式支持 MOOCs 教学，明确自身在 MOOCs 中的角色和价值。

3.2 协同进化，培育良好的信息生态环境

在高校图书馆转型和发展的过程中，服务突破的困难、经费的缺乏、传统管理机制和制度的阻碍、社会的质疑和诘难都是可能要面对要解决的难题，依靠单一图书馆的力量很难应对这种多重困难和矛盾叠加的复杂环境的挑战。只有协同协作，抱团发展，增强新服务的效果效益和影响力，推动业界转型和发展的态势，培育良好的产业环境和社会环境，才能使高校图书馆整体处于一个良性的可持续发展状态。

在协同发展的过程中，图书馆在注重馆际协同的同时，也应关注行业协同。图书馆和从事信息产业的企业之间并非是单纯的商业关系，更是一种协同共生关系，商业机构依赖于图书馆而存在，图书馆也借助于商业服务实现快速发展。商业机构凭借灵敏的嗅觉，吸收新理念与新技术，快速开发适用于图书馆服务的信息产品，这在很大程度上快速带动了图书馆业务现代化的发展。但是这其间也存在着一定的问题，商业机构的服务产品往往是技术引领而非业务引领，图书馆通常是被动接受成型的产品而非主动参与产品的研发，产品是否完全适合图书馆业务的实际需求值得考量，图书馆在引进新系统或服务时通常都需要对几个相似的系统进行试用和评估，以寻获更贴近自身需求的产品。另一方面，信息产品开发周期长，费用成本高，在产品成型后，商业机构需要尽快回收成本，加上高昂的市场推广成本以及不可测的用户规模，图书馆不但需要负担较高的价格，往往也需要担负一定的风险，近些年，断断续续出现了商业机构退出图书馆服务市场的事件，原有产品的维护和升级成为难题，图书馆不得不重新引入新的产品。如果高校图书馆能同商业机构建成风险共担、效益共享、共同发展的战略联盟，在产品设计初期就参与产品的研发，进而以较低的价格引入商业产品，对高校图书馆和商业机构都会形成双赢的局面。

4 CALIS 发展规划要义

4.1 CALIS 的发展定位

CALIS 作为中国高校最大的图书馆联盟，其规划既要从 CALIS 自身的定位出发，也要从高校图书馆的整体定位出发。高教司对 CADLIS 的发展给予了充分的肯定：

"CADLIS已成为高校图书馆日常基础业务一日不可或缺的公共基础设施和共享信息平台；CADLIS是目前国内唯一担负着促进高校图书馆整体发展重任的机构"。目前，全球信息服务界、教育界以及图书馆界正处于高速发展和转型的关键时期，国际图书馆界日益强调联盟合作和协同发展，以我国高校图书馆目前的整体实力和协同发展模式，要在这一轮转型发展期，不被甩在后面，甚至再上一层，必须强化合作，CALIS必须提供持续的支撑和引领。CALIS建设的总体目标是在已经建成的高等教育公共服务基础设施基础上，进一步成为国家教育事业公共服务基础设施和国家公共信息服务体系基础设施之一。

4.2 CALIS的主要任务

在现在及未来一段时间内，CALIS的主要任务有三个：

一是持续推动高校图书馆整体快速发展。截至2014年7月，我国共有高等学校2 542所，其中普通高等学校2 246所，成人高等学校296所。[9]但是这些图书馆的发展并不平衡，有些图书馆年度经费可达数千万，而有些中西部地区以及高职高专院校连文献采访经费和日常运维经费都非常困难，又何谈图书馆的转型和发展。面对这种情况，一方面，CALIS要走在研究性图书馆和学术信息交流创新的前沿，和先进图书馆一起冲击世界一流，成为图书馆服务创新的"孵化器"。另一方面也要继续加强高等教育基础设施平台建设以及图书馆专业队伍建设，向每一个高校图书馆提供资源、数据、人力、知识、技术、设备等共享服务，推动图书馆基础服务的开展和发展。

二是建设综合信息协同服务体系。CALIS在三期项目建设中已经尝试和高校图书馆、公共图书馆、文献共享服务机构一起，在资源发现和馆际互借领域建设一种跨越地域、跨越行政管理边界的协同服务机制。这种协同机制超越了一般意义上的资源共享，也不是一般意义上的"图书馆联盟"合作，而是把所有信息服务机构的服务重新整合包装后支持其他信息服务机构开展自身的服务，是业界自我完善和升级的有益尝试。CALIS将在巩固三期建设成果的基础上继续建设综合信息协同服务体系。CALIS将以云计算和大数据等先进理念和技术为基础，进一步整合全国图书情报机构、文献信息与情报咨询服务企业以及全球高水平的图书情报机构的多种服务，进而构建面向用户的综合信息协同服务体系。

三是建设图书馆与信息产业界的开放协同发展体系。良好的产业生态环境是图书馆实现新突破和新发展的必要条件。CALIS将致力于以图书馆发展前沿为导向，建立产业协同发展联盟，充分发挥图书馆的业务优势和商业机构的技术及成本控制优势，促进信息服务界的分工和重组，促进相关领域大数据环境与应用的形成，促进健康的信息服务及相关技术市场建设，以行业发展带动图书馆的整体发展。

4.3 CALIS 的角色和定位

高校图书馆发展的守护者。CALIS 将继续构建图书馆基础业务支撑平台和图书馆服务协作平台，支持多层次、多类型的个性化图书馆建设和共享协作体系发展。同时，继续技术及业务标准规范的建设和推广，为图书馆协同协作提供基础保障。图书馆的转型和发展对图书馆员提出了更高的要求，CALIS 也将继续研发并开展多样化、专业化的人才培训，从整体上持续提升高校图书馆馆员的业务素质，成为图书馆人才的孵化基地。

高校图书馆业务和服务创新的领航者。就当前的信息市场而言，不是所有的图书馆新需求都有成熟的产品和服务。企业的参与热情取决于其对利润的预判，因此不是所有的新需求都有企业愿意开发，即便高校图书馆花费甚高，进行了商业定制开发，服务运维和升级也面临着诸多困难。对于有益于高校图书馆整体发展的新产品新服务，即使要为此买单，CALIS 也要保证图书馆界的新产品和新想法能够被创造并开发出来，并坚持对服务和技术进行持续不断的研究和持续改进。

产业战略联盟的协调者。图书馆和商业机构之间是一种竞合关系。目前图书馆和商业机构的合作主要包括两种模式，一种是以图书馆为主导的业务外包，既图书馆将已经成熟和规范的业务外包给社会化机构，借以有效降低运维成本，如编目、采访、系统开发与维护外包等。对于图书馆而言，业务外包主要面临社会化服务选择和质量控制问题。CALIS 将研究解决商业机构资质认证、服务能力评估问题，提供判断商业机构的信誉和能力的方法和途径，改善业务外包环境。另一种是由商业机构主导的新产品与新系统的研发，销售给图书馆用于支持和改进图书馆的业务和服务。其主要问题在于商业产品质量、服务及价格问题。CALIS 将代表图书馆开展和信息产业界的对话和合作，一方面组织图书馆参与新产品的研发，提升新产品和图书馆需求的契合度；另一方面也会代表图书馆与商业机构开展服务和价格谈判，切实维护图书馆的利益。

作者介绍：陈凌　北京大学图书馆副馆长，CALIS 中心主任，研究馆员
　　　　　　高冰洁

参考文献：

[1]　周宏仁主编. 中国信息化形势分析与预测［M］. 2014. 北京：社会科学文献出版社，2014：62

[2，5]　Matthew P. Long, Roger C. Schonfeld. Ithaka S + R US Library Survey 2013 ［R］. March, 2014

[3]　顾德宁.大学图书馆何必竞奢华［N］.新华日报,2014-11-7（2）

[4]　国务院关于取消和调整一批行政审批项目等事项的决定［OL］.［2013-3-16］.http：//www.chinanews.com/gn/2015/03-13/7127181.shtml

[6]　ACRL Research Planning and Review Committee. 2012 top ten trends in academic libraries – A review of the trends and issues affecting academic libraries in higher education［OL］.［2015-3-15］http：//crln.acrl.org/content/73/6/311.full

[7]　W. D. Garvey, B. C. Griffith. Communication and information processing within scientific disciplines：Empirical findings for psychology. Information Storage and Retrieval, 1972, 8：123-126

[8]　Brandon Butler. Issue Brief：Massive Open Online Courses – Legal and Policy Issues for Research Libraries［OL］.［2014-9-21］http：//www.arl.org/component/content/article/6/2189

[9]　2014年全国高等学校名单［OL］.［2015-3-17］.http：//www.moe.gov.cn/publicfiles/business/htmlfiles/moe/moe_229/201408/173611.html

大学图书馆发展趋势与战略规划制订

中国科学院文献情报中心　初景利

清华大学图书馆　吴冬曼

摘　要：战略规划对图书馆具有重要意义。战略规划的制订建立在图书馆发展趋势的总结和分析基础上。由于信息环境的变化和用户需求的变化，大学图书馆需要突破传统的一些认识，加快从资源为主导到以服务为主导的转变，从普遍服务到知识服务的转变。战略规划的制订也要坚持规划的先导作用，重视过程管理，加强人才的保障。

关键词：大学图书馆　发展趋势　战略规划

1　引言

图书馆发展趋势与战略规划的制订，是一个非常大的主题，但也是非常重要的研究课题。2015年是国家"十二五"收官之年，同时各行业、各机构多在着手制订面向"十三五"的战略规划，更好地谋划2015—2020年的发展。在国内，有的图书情报机构从2013年就启动面向"十三五"的战略扫描，2014—2015年则需要制订完成"十三五"规划方案并自2016年开始实施。2015年度国家社科基金规划发布的选题指南第二项就是"2020年图书馆国家或区域战略与规划研究"。《图书情报工作》在广泛征求编委的意见的基础上，策划设计了2015年的研究与论文选题20个，其中第一个就是面向"十三五"的图书馆战略规划制订。在此，本文结合作者这十几年来对图书馆馆发展趋势的认识，结合国内外的理论研究实践探索，就图书馆发展的一些可能的趋势以及战略规划制订的一些要点，跟同仁做些探讨。

战略规划制订的基础是对发展趋势的跟踪与分析，如何把握未来发展的方向是规划制订最关键的内容。关于图书馆发展趋势与战略规划，国外非常关注和重视，相关的研究报告、图书馆战略规划文本、研究文章很多，如 Ithaka 关于美国图书馆的调查分析调研的分析[1]，美国大学与研究书馆协会（ACRL）2014年发布的大学图书馆发展十大趋势[2]，美国大学与研究图书馆协会2013年环境扫描[3]，NMC发布的地平线报告（2014年图书馆版）[4]，以及关于大学图书馆未来的30个趋势[5]，研究图书馆协会（ARL）2030年场景分析[6]等等，都始终在关注大学图书馆未来应该如何发展。做规划实际上是在做预测，五年之后、十年之后图书馆如何发展，对那时的图书馆场景的设计和分析非常重要，并以此倒推当前图书馆的发展行为。国外有很多研究成果值得借鉴。

2 图书馆战略规划的意义

图书馆战略规划的意义主要体现在四个方面：

首先，战略规划是图书馆战略管理的重要内容。图书馆管理必须关注发展、关注未来，要有前瞻的眼光、视野和准确的判断。2020年图书馆做的事可能与2015年有很大的不同。图书馆管理者必须研究图书馆五年、十年之后做什么，需要加强战略管理、制定出科学可行的战略，加以实施和推动。

其次，战略规划是实现图书馆战略转型的重要举措。无论是大学图书馆，还是科学专业图书馆，目前都处于转型的关键机遇期。大学图书馆如何转型，转向何方，如果没有规划，如果事先没有清晰的认识和研究，实现这种转型也是不可能的。

第三，战略规划是图书馆获得支持、赢得发展的重要举措。我们必须面对现实中图书馆发展的种种困惑、困境乃至图书馆的边缘化等问题。图书馆员不能总是抱怨，要想办法寻求出路，寻求变革与创新，寻求发展和支持。如何更好地得到发展和支持，一定借助于战略规划来进行科学的分析与谋划。

第四，战略规划是图书馆摆脱危机重塑形象的重要机遇。我们应该直面图书馆的形象危机与职业生存。有些人觉得图书馆现在的发展挺好的，不必给自己增加压力。有的大学图书馆长公开表示大学图书馆没有危机。这种认识是偏颇的，也是非常危险的。图书馆的危机是普遍存在的。我们应该直面、正视危机。人无远虑，必有近忧。如果图书馆不对未来发展有更好的规划分析，当前和未来的发展都会陷入被动和困境。

作为一个图书馆，必须思考和回答这样的问题：你是谁？你从哪里来？要到哪里去。"我是谁"表面上都知道，其实，我们对图书馆的认识还非常不够，特别是今天和未来的图书馆。"你从哪里来"？这个问题的认识相对清楚，但属于图书馆史所关注的问题，不是今天讨论的话题。我们最关注的是"要到哪里去"？图书馆今后的发展到底路在何方？方向和趋势是什么？在数字化时代、互联网时代等等，图书馆何去何从？这不仅仅是馆长所关注的战略定位，也是每个图书馆从业人员应该关注的职业发展方向，因为这关系到我们职业的未来价值和作为。施乐公司一位总裁曾经说：在技术发生大转折的时候，在错误的方向上跑得越快，就将被甩得越远。这非常重要，如何方向错了，跑得再快也没有意义。

3 大学图书馆战略转型变革的背景

大学图书馆战略转型变革的背景，本文列举了大学图书馆的一些现象，可能有些不大客观或失之偏颇，但至少不同程度上存在。

第一，到馆读者多。有的图书馆还使用排座位系统。大家都很欣然，感觉良好。但这只能是泡沫或一种虚假繁荣。分析可知，到馆的读者基本是本科生，研究生、老师、研究人员基本不到图书馆。很多图书馆做过调查，相当数量的研究生、老师、研究人员、职能部门领导、校领导多年来从未到过图书馆。而且到图书馆的本科生基本上是利用场所和空间，不怎么利用资源，更不怎么利用服务。如果大学图书馆仅仅为本科生提供阵地服务，而不是为大学老师、研究生提供服务，这不是大学图书馆应有的作为。

第二，图书馆服务主要是阵地服务，还是简单、低层次的服务，缺乏为科研教学提供的深度服务，而且为本科生和研究人员提供的是基本相同的服务。只能提供阵地服务不是图书馆应有作为。有的馆员说阵地服务都应接不暇，为什么要为不到馆的科研人员和老师提供深度服务？这是一个怪圈。老师、科研人员责任重大，为之服务的图书馆员责任也重大。如果某一天校长调研学校的老师、科研人员有多少人利用图书馆（如果此处的图书馆仅仅指物理图书馆的话），那么，调查结果可能会非常令人失望。图书馆如何为那些不到馆的研究生、研究人员、管理人员、校领导提供服务，这可能是今后图书馆需要转变的重点。

第三，很多图书馆一方面报怨经费少且趋于减少，另一方面，图书馆服务的成本效益很低。谁都可能提出质疑：投入那么多钱，解决了什么问题？如果图书馆仅仅为本科生提供到馆服务，仅仅借借还还，并不能体现图书馆和图书馆员应有的价值。

第四，人员队伍水平不够高。如果图书馆仅能维持开门状况，图书馆的价值和作用也就不从谈起。图书馆员要避免总是抱怨地位低、待遇差、职称难评。贡献决定收益。图书馆的贡献是什么？到底为教学科研提供了多大的支撑？贡献大小与回报一定是关联的。如果我们做出了应有贡献，校领导就会对我们重新认识。抱怨领导不重视无济于事。如果图书馆只能维持开馆的水平，谁都不会重视。领导对图书馆的重视与否，一定与图书馆的作为有关。如果图书馆能做事，做到的事情超出他们的期望，就必然得到关注、重视和支持。

第五，给多少钱做多少事。这看起来是合理的。给1 000万做1 000万的事，给1 000万怎么可能做2 000万的事？从另一角度看，领导的策略是不见兔子不撒鹰。也就是说，他不会盲目投入，通常会考虑给予的投入能产生多大的回报。如果多给500万，图书馆用它能做什么。这正是规划的意义。我们要通过规划引来投入，规划最重要的不在于业务细节，而是通过规划实现图书馆的转型，增加图书馆的投入，更好地推动工作的发展。没有规划不可能争取到投入。

第六，自身缺乏改革的压力和动力。不少图书馆员觉得图书馆目前挺好的，一开门读者非常多，没有压力，也没有动力，这就很难发展。图书馆需要折腾，不折腾就没创新。如果不改变现状，可能陷入恶性循环，日益边缘化，最后死掉的是图书馆。

这是一个变化的时代，技术、信息环境、需求、用户行为、甚至出版的模式在变化。出版是上游、用户是下游，图书馆是中游。从学术交流链条上讲，如果上、下游都在变化，而图书馆保持不变，必然会被边缘化。社会不是不需要图书馆，而是需要一个与传统图书馆不一样的图书馆。我们常面临质疑：当所有的信息都能在网上得到，我们还需要图书馆吗[7]？我们必须认真地思考，在互联网时代，图书馆到底有什么作为？很多科学家的认识是：网上找不到等于不存在。

我们需要思考图书馆是什么？牛津词典定义：拥有图书和其他资料的建筑[8]。这是非常传统而又为很多人所接受的定义。中国科学院 2002 年建成了新图书馆，但一直以来到馆的读者非常少。但我们确立的战略是：资源到手，服务到人。今天的图书馆的价值体现在服务上，而非场所，通过到用户身边提供服务，用户通过桌面接受服务。同样，我们也需要思考什么是图书馆员？维基百科的定义：在图书馆内从事专业工作的人[9]。这也是非常传统的认识。传统图书馆员的形象就是每天与图书打交道，基本是体力性劳动，有时还脏累。基本的要求就是微笑服务。

今天，我们必须重新定义图书馆。大英图书馆一战略规划报告的题目就叫《重新定义图书馆》[10]，美国一研究报告的题目也是《需要重新定义大学图书馆》[11]，都提出了一个新的命题：我们需要对图书馆进行重新认识。吴建中馆长的专著《转型与超越：无所不在的图书馆》，提出了转型与超越的战略[12]。适应用户新需要，就必须建立新型图书馆。变革与转型的目的在于更好地适应用户新的需求，这将决定图书馆的发展乃至生存。我们要有忧患意识、危机意识。为此，需要重塑图书馆的形象与能力，实现新形势下的能力再造，构建新型图书馆员能力，变成真正的知识工作者。可以认为，变革与转型将决定图书馆的未来。图书馆的未来命运掌控在图书馆员自己手中。主动驾驭变革，图书馆才有未来。

4 大学图书馆转型变革的主要趋势

4.1 载体形态：从印本资源到数字资源

从纸本走向数字不仅是用户需要，也是出版领域新的变化。国内不少学术期刊的发行量以每年 10% 速度减少，10 到 15 年后可能趋于零。数字优先是不可阻挡的趋势。我们需要建立与数字化相适应的新的业务规范。而且，资源与服务的界限可能被打通。美国的一份调查结果显示：如果明年经费增加 10%，你准备干什么？排在第一的是购买联机或数字期刊，排在第二是购买支撑知识发现的工具（如 OPAC、索引、联邦检索系统等），第三是对开展参考咨询、用户服务、用户教育等方面的人员的投入[13]。我们也必须适应这样一种转变。

4.1　采访模式：从资源订购到开放获取

在 2004 年以前，对许多人而言开放获取还是一个陌生的概念。2002－12 年这 10 年间，开放获取的发展迅速。布达佩斯开放获取 10 年的建议认为：在今后的 10 年，每个国家在每个研究领域，科研成果都将开放获取作为默认的发布形式[14]。2014 年 5 月国家自然科学基金委和中国科学院相继发布政策，要求将公共经费项目资助的论文以开放获取形式发布。这对图书馆的资源建设提出了新的挑战，甚至可能会成为"拐点"。

4.2　业务重心：从资源导向到服务导向

对图书馆而言，资源不是目的，服务才是根本。资源走向数字化，走向开放获取，这时更需要图书馆提供在知识组织上的增值服务。过去资源建设是独立的业务，必然要打通资源与服务的界限，资源与服务的融合很可能成为一种趋势。用户缺少的并不是信息，而是知识。过去资源决定服务，服务决定需求，现在应转变为：需要决定服务，服务决定资源。因而，需求决定存在，服务决定成败。

4.3　服务深度：从简单粗放到深入精细

过去图书馆提供文献单元的服务。现在有数字资源，需要馆员提供知识服务。文献服务与知识服务的差别就如同药店店员与医院医生工作上的差别。传统图书馆员只提供普遍服务，现在则强调个性化；原来提供的是低附加值的服务，现在则需要提供基于研究的服务；过去只要做到 Just in case 就够了，现在则必须 Just in time；过去是点到为止的服务，现在注重服务全过程，注重服务效果。

4.4　服务方式：从用户走进图书馆到馆员走近用户

传统图书馆的服务是守株待兔，坐等用户上门。而现在随着用户越来越不到图书馆，图书馆员则必须融入一线，嵌入过程。图书馆员的角色也不是中介，而是研究者合作伙伴。过去考察图书馆服务好与不好的标准是借阅量，现在则考察下院系次数。呆在馆内，作茧自缚。走出围墙，海阔天空。在用户那里，才能真正体现馆员的价值。

4.5　服务模式：从图书馆服务到学科服务

图书馆服务的价值和使命在于，把 data 变成 information，把 information 变成 intelligence，有了 intelligence 才会有 solution。图书馆员必须帮助用户解决无用信息泛滥、有效信息缺失的问题。

学科服务应成为图书馆的主流业务。如何做好学科服务，中国科学院文献情报中心总结成十个模式：参考咨询服务、专题信息服务、信息素质教育服务、嵌入式教学支撑服务、知识发现情报分析服务、知识产权信息服务、知识资产管理服务、数字学术服务、科学数据服务、学科知识服务工具利用。

4.6　服务内容：从文献信息服务到数字知识服务

所谓数字知识服务，就是基于专业知识、工具和智能的数字知识资源采集、组织、挖掘、分析、融汇、发现，有效支撑科研过程和科技决策过程。图书馆服务的重点必须尽快转移：从文献借阅到知识组织、信息系统建设；从参考咨询到知识咨询；从文献检索、传递到情报分析、知识发现；从信息素质教育到自助、建立帮助系统。

4.7　与用户关系：从基于检索、传递的中介到支持发现的嵌入式合作伙伴

美国约翰霍普金斯大学医学图书馆的学科服务非常有深度。该馆的学科馆员称为 Embedded – Informationist，定义为：our users + our expertise, in their space。中国科学院文献情报中心 2003 年的基本战略是"资源到所，服务到人"，2006 年又提出"融入一线，嵌入过程。"

如何实现嵌入，需要在八个方面下功夫：目标嵌入、功能嵌入、流程嵌入、系统嵌入、时空嵌入、能力嵌入、情感嵌入、协同嵌入。这些嵌入是互相关联的，也是相互作用的。学科服务只有做到这八个嵌入，才能获得应有的服务效果。

4.8　业务重心：从资源建设到用户服务

从根本上说，图书馆的本质属性是服务，资源只是一种媒介。但传统图书馆过于重视资源建设，将主要的时间、精力和经费都用于资源建设上，而对用户服务的重视非常不够。国内外图书馆界都有人提出"地心说"和"日心说"[15,16]。如果将图书馆比做地球，用户比做太阳。传统的理论是地心说：太阳（用户）围着地球（图书馆）转；而真正科学的理论是日心说：地球（图书馆）围绕着太阳（用户）转。也就是：用户在哪里，服务就在那里。

4.9　业务范围：从守摊到跨界

大英图书馆 2008—2011 年发展战略提出，"在数字世界里，出版商、图书馆、集成商和作者在信息的创造和传播方面的角色将融合。"现在是一个纷争、跨界、跑马圈地、重新洗牌的时代，图书馆也不例外。机构知识库建设曾经不认为是传统图书馆的业务范畴，但很多图书馆在这一领域已经做得风生水起。谁做就是谁的。当前国外很多图书馆在参与出版（图书馆出版），在做 MOOC、ORCID 等等，体现

了图书馆业务范畴的不断延伸。我们需要具备这种能力、胆识、敏锐的眼光。

4.10　服务手段：从人工到借助于工具

做好图书馆服务，不仅要有理念，更要有工具。只有更多地运用工具，才会有效率，事半功倍。比如，信息导航工具、信息检索工具、收引分析工具、检索查新工具、文献管理工具、知识发现工具、专利分析工具等。为此，要开发工具与购买工具相结合，充分地利用工具的各种功能，加强工具的适用性研究与试验，舍得在工具上的投入。

4.11　发展模式：从数字图书馆到泛在图书馆

从"以用户为中心"的观点看，用户在哪里，服务就应该在哪里。而今天的用户更多的可能在远程的实验室或办公室，可能在网络上，可能在移动终端。因而图书馆的服务也必须是嵌入的、网络的、移动的、泛在的。国外的一份研究报告指出，大学图书馆的服务其实就是四种：在现场的服务、网络服务、研究支撑、教学支撑[17]。此外，国内一些图书馆还为本地的社会和文化教育科研服务，即区域服务。绝不能以一种或两种服务替代其他同样重要的服务。

4.12　物理图书馆：从场所变异为多功能空间

在当前和未来，物理图书馆也不是可有可无，就如同不能没有医院一样。未来的研究图书馆仍然是资源的集散地、仍然是物理场所、仍然履行组织信息与服务的功能。图书馆馆藏将继续存在，但存在的方式不同，物理馆藏将变异为多功能的空间，如密集书库、储备书库，而将更多的空间释放给 Human Library（真人图书馆）、Information Commons/ Learning Commons/ Research Commons/ Knowledge Commons/ Scholarly Commons 等。物理图书馆将更多致力于促进交流、鼓励合作、激发灵感、支持发现。

4.13　人力要求：从人力密集型到知识密集型

传统的图书馆员是文献工作者，具备本科及以下知识层次就够了。图书馆常常被视为收容所，图书馆惯常于人海战术。而今天的图书馆员则应成为知识工作者，需要具有硕士学位及以上知识水平，要有职业资格准入，要具备学科专长、情报能力和工具利用能力。上海图书馆吴建中馆长曾说过一句话：图书馆能力不在于规模大小，而在于其智慧。

4.14　图书馆评价：从输入到输出

传统图书馆评价指标是输入和规模，强调馆藏量、期刊种类、经费量、到馆读者数、参考咨询数、培训次数。而今天评价图书馆的指标则是输出和成效，强调图书馆服务对学生入学率、保持率、毕业率的影响，对学生学习的影响，对教师科研生产率的贡献，对教师立项和资助的影响，对教师教学的支撑[18]。国外大学图书馆的评价也在悄然发生变化。馆舍面积大小、有多少电脑等等都不是最重要的，关键是图书馆员利用这些输入产生了多少输出，即为读者带来了什么样的收益，有什么样的贡献。大学图书馆需要讲求价值、成效以及对投入的回报。

5　大学图书馆战略规划的制订

5.1　规划是先导

图书馆要在环境扫描的基础上，制订前瞻性、具有挑战性的战略规划，并保证实施措施。但要注意的是，图书馆的战略规划并不是孤立的一个规划，它要服务于学校和高等教育的总体战略。而且，图书馆制订的战略规划要与当前业务相衔接，保持业务体系的有机结合，在创新的基础上保持动态的稳定。

图书馆战略规划要与得到的支持相匹配。制定图书馆今后五年的建设重点和发展策略，需要得到上级领导和部门的认同和批准，论证和说明实现规划需要的投入，解释和说服是非常重要的。学校的蛋糕就这么大，给图书馆投入表明图书馆可能产生的收益大。如果投入没有收益，那就会放弃支持。当然，规划也不是一成不变的，需要对战略规划作出持续的动态性调整。大英图书馆1985—2011年间就制订了7份中长期战略规划。

5.2　管理是关键

面对未来发展和变化的环境，图书馆能否应对，能做出怎样的应对，关键在于馆长，在于管理。图书馆管理层要树立危机感，要内生压力和动力。要有改革的意志，敢于"动奶酪"，认定的事情就要克服一切障碍坚决地推行。应该说，很多图书馆和图书馆员的习惯势力还是很强的。墨守成规、安于现状，往往是不少图书馆员的心态。

要注重发挥全员主观能动性。充分调动集体的智慧和力量，群策群力。动员和组织每位员工参与到规划的制订和实施过程。要根据规划方案，加强图书馆业务布局、部门、岗位、人员的持续调整，优胜劣汰，竞争上岗。要恰当地运用激励，通过强有力的激励措施，将每个人的潜力有效地发挥出来。要注重研究能力的培养和提升，通过研究，推动服务水平的不断提升。也要更加重视发挥技术的倍增效应，通过先进技术、手段、平台的应用，实现图书馆服务的根本转型。

5.3 人才是保障

任何行业、任何领域的发展都是人所发挥的作用。传统的图书馆不大关注人（图书馆员），在对图书馆的投入、关心、培训、教育、激励等方面都非常不足。图书馆未来的发展程度很大程度上取决于人的能力。国外的观点是，"我们需要将我们的关注点从图书馆转到图书馆员身上，因为信息专业人员就是图书馆的未来"[19]。正如有名气的医院是因为拥有有名气的医生一样。将来图书馆的地位和影响力，也将取决于图书馆员中有多少是真正有影响力的情报专家、知识管理与知识服务专家。图书馆必须关注图书馆馆员的职业成长。特别要引进和培养领军人物，充分发挥领军人物的带头作用。

作者介绍：初景利，中国科学院文献情报中心编辑出版中心主任、《图书情报工作》杂志社社长、主编，教授，博士，博士生导师。

吴冬曼，清华大学图书馆资源建设部主任，副研究馆员。

注释

[1] Roger C. Schonfeld, Matthew P. Long Ithaka S+R US Library Survey 2013 [OL]. http://www.sr.ithaka.org/research-publications/ithaka-sr-us-library-survey-2013

[2] ACRL Research Planning and Review Committee. Top trends in academic libraries [OL]. http://crln.acrl.org/content/75/6/294.full

[3] ACRL. environmental scan 2013 [OL]. http://www.ala.org/acrl/files/publications/whitepapers/03environmentalscanfinal.pdf

[4] NMC Horizon Report > 2014 Library Edition [OL]. redarchive.nmc.org/publications/2014-horizon-report-library

[5] Attis, David; Koproske, Colin. Thirty trends shaping the future of academic libraries [OL]. http://chinesesites.library.ingentaconnect.com/content/alpsp/lp/2013/00000026/00000001/art00004

[6] ARL. The ARL 2030 Scenarios: A User's Guide for Research Libraries [OL]. http://www.arl.org/storage/documents/publications/arl-2030-scenarios-users-guide.pdf

[7] MAIJA BERNDTSON. "What and why libraries?" [OL]. http://conference.ifla.org/sites/default/files/files/papers/ifla77/123-berndtson-en.pdf

[8] Library. Oxford Dictionary [OL]. http://www.oxforddictionaries.com/definition/english/library

[9] Librarian. wikipedia [OL]. http://en.wikipedia.org/wiki/Librarian

[10] The British Library. Redefining the Library [OL]. http://www.bl.uk/aboutus/stratpolprog/strategy0811/blstrategy20052008.pdf

[11] University Leadership Council. Refining the academic library [OL]. http://www.education-advisoryboard.com/pdf/23634 – EAB – Redefining – the – Academic – Library.pdf

[12] 吴建中. 转型与超越：无所不在的图书馆. 上海：上海大学出版社，2012

[13] Roger C. Schonfeld, Matthew Long. US Library Survey 2010 Insights From U.S. Academic Library Directors [OL]. http://sr.ithaka.org/research – publications/us – library – survey – 2010

[14] Ten years on from the Budapest Open Access Initiative: setting the default to open [OL]. http://www.budapestopenaccessinitiative.org/boai – 10 – recommendations

[15] 张晓林. 颠覆数字图书馆的大趋势. 中国图书馆学报，2011（5）：4 – 12

[16] Chris Ferguson. ' shaking the conceptual foundations,' too: integrating research and technology support for the next generation of information service. College and research Libraries, 2000（7）：301 – 311. https://intranet.library.gatech.edu/docs/foundations.pdf

[17] University Leadership Council. Refining the academic library [OL]. http://www.education-advisoryboard.com/pdf/23634 – EAB – Redefining – the – Academic – Library.pdf

[18] University Leadership Council. Refining the academic library [OL]. http://www.education-advisoryboard.com/pdf/23634 – EAB – Redefining – the – Academic – Library.pdf

[19] University Leadership Council. Refining the academic library [OL]. http://www.education-advisoryboard.com/pdf/23634 – EAB – Redefining – the – Academic – Library.pdf

未来五年高校图书馆资源建设的若干思考

东北师范大学图书馆　刘万国

摘　要：文章论述了高校图书馆编制"十三五"规划时，关于资源建设方面应该关注的八个问题，包括信息化和全球化、云计算和云服务、开放获取、Altmetrics、PDA、POD、文献保障体系、国外研究型大学图书馆战略规划等。

关键词：高校图书馆　发展规划　资源建设

2015年是我国全面启动"十三五"规划（2016—2020）的规划大年，在十八届三中全会的大背景下，"十三五"是中国全面建成小康社会的关键时期，很可能是中国的一个拐点，也是中国图书馆发展史上的一个拐点，必须思考图书馆的未来发展，谋划高校图书馆的发展战略。

习近平总书记提出了实现中华民族伟大复兴的中国梦，我的梦想就是将中国高等学校图书馆整合成为一个大的数字图书馆。我认为，未来五年，高校图书馆资源的共建共享将趋向于深度融合，图书馆不是消亡而是进化。图书馆资源建设在制订"十三五"规划时，应该关注以下八个方面。

1　信息化和全球化

高校图书馆资源建设主要就是解决三个方面的问题，读者、资源和经费。读者——是图书馆探讨的永恒主题；资源——应该是指广义上的资源，而不仅仅局限于图书馆自有的资源；经费——是图书馆资源建设的基础。信息工作者的核心工作就是将这三个方面的关系进行优化，这三者都受到信息化和全球化的影响，图书馆消亡论也是源于信息化和全球化，所以在制订"十三五"规划时，我们第一个应当关注就是信息化和全球化环境。

据工信部统计，2014年我国移动互联网用户达8.75亿，手机网民占网民总数超80％，手机和移动设备成为互联网的第一入口。2013年12月4日，工信部向中国移动、中国电信、中国联通正式发放了第四代移动通信业务牌照，中国移动、中国电信、中国联通三家均获得TD-LTE牌照，此举标志着我国电信产业正式进入了4G时代。TD-LTE 4G网络的上网速率最快可达到现有TD-SCDMA 3G网络的100

倍。

4G 刚起步，5G 就来了。2015 年 3 月，在西班牙巴塞罗那举行了移动通信产品展会——世界移动通信大会。此次展会上，物联网（IoT）和 5G（第五代移动通信）技术引起了广泛关注。据了解，5G 网络容量是现有移动网络的 1000 倍，最高速率是 4G 的 100 倍，达到 10Gbps。

世界各国 5G 的进程：韩国于 2014 年 12 月进行 pre-5G 核心服务的试运行，预计在 2017 年 12 月起提供 5G 核心服务的模拟服务，2018 年在平昌冬奥会期间试运行。日本 NTT DoCoMo 和诺基亚正在联合使用高频段频谱研发 5G 无线技术，并且预计将在 2020 年的东京奥林匹克运动会上进行展示使用。欧盟 5G Infrastructure PPP 项目计划在 2014—2020 年期间，政府与私营企业各投资 7 亿欧元，深入研究未来 10 年内 5G 移动通信基础设施的解决方案、架构、技术以及标准等。

在我国，2009 年华为开始研究 5G，预计 2020 年前，将投资 6 亿美元研发 5G 技术，实现 5G 标准化。

此外，百度与中国电信合作，在全国范围免费开放 34 万个 WiFi 热点，覆盖北京、广东、浙江、安徽、江苏等人流量大的场所，相当于让整个手机连上了一个固定 WIFI，用户可以随心所欲的聊微信，收发邮件，完全不受流量困扰。美国发布了"OUTERNET"（外联网）项目，将在 2015 年 6 月前向近地轨道发射 150 颗迷你卫星，这些卫星向地球地面站持续释放无线网络信号，覆盖世界各地，使用任何电子终端都能连接上无线网，成为全球免费 WiFi 的发源地。

信息化和全球化背景下的下一代互联网，是集智能网、移动立体视频、超高速服务、超高清和全息图为一体的社会性网络。

2 云计算和云服务

杰里米·里夫金在《第三次工业革命》中提到，云计算、3D 打印、工业机器人、网络协作化生产服务，是第三次工业革命的核心内容。云计算带给社会的巨大影响，当前云计算和云服务发展的现状大致包括以下三个方面：

一是美国占据了世界 84% 的云计算市场。美国政府、企业选择云服务来规避信息安全风险和降低管理成本。包括 NASA 在内的 100 多家的政府部门使用亚马逊 AWS GOVCLOUD 的云服务，60% 的美国企业将数据托管于"云"。波音、宝马等众多跨国公司选择 WINDOWS AZURE "云"。世界 500 强企业的前 25 个企业 24 个选择了 IBM 的云服务。

二是数字图书馆系统托管于云服务公司。以 OCLC（Online Computer Library Center）为代表的图书馆组织致力于引入云计算的思想，建设基于云计算的图书馆服务平台。2009 年 4 月 OCLC 推出了"基于云"的 WEB 协作式图书馆管理服务，目前，OCLC 接到了 200 多个图书馆的托管，为其提供一系列解决方案，支持数字化生命周期，包括管理、共享和存储主要源资料，无论是电子照片、音频/视频文件、文档、报纸、地图或是各种资料的任一组合，OCLC 都可以提供所需要的专门知识和服务的整个流程。

三是 IT 服务公司提供下一代管理系统。采用 Ex Libris 的图书馆统一资源管理系统 Alma 的签约用户超过 400 家，150 家上线服务，包括美国的波士顿大学图书馆、威斯康星大学图书馆系统联盟（UWS）、挪威 BIBSYS 图书馆联盟、澳大利亚的莫纳什大学图书馆、新西兰的奥克兰大学图书馆等，这些图书馆的业务管理平台以联盟的方式完全迁移到云服务环境中。

3 开放获取

近几年，国际上开放获取发展势头迅猛，OA 资源数量快速增长。到 2015 年 3 月，全球最大 OA 期刊门户 DOAJ 收录的 OA 期刊增加到了 10 341 种，其中，可检索到篇的是 6，181 种，出版 OA 期刊的国家增至 136 个，收录文章共达 1 857 071 篇[1]。最大机构库门户 Open DOAR 收录的全球各大学、研究机构知识库数量已达 2 833 个，其中，欧洲 1 279 个，北美洲 559 个，亚洲 535 个[2]。

期刊 OA 模式的成功推动了学术图书 OA 出版模式的探索。OA 出版网络基金会主席埃尔克·佛文达指出，"图书将是 OA 下一个发展重点，Springer 的 OA 图书计划将有助于推动建立学术图书的 OA 出版模式"[3]。

开放数据平台不断涌现，开放数据相关政策陆续出台。美国白宫科技信息政策办公室（OSTP）于 2013 年 2 月 22 日正式要求联邦政府机关制定强制性政策，促使联邦资助的元数据、同行评审的出版物和数字数据向公众开放。2013 年美国、日本、秘鲁相续出台相应政策，要求博士论文必须开放。2014 年 5 月 19 日，中国国家自然科学基金委发布了关于受资助项目科研论文实行 OA 的政策声明，要求全部或部分受资助的科研项目将论文录用稿存入基金委知识库，12 个月后开放获取。这是我国第一个国家级科研院所和科研资助机构公开发布 OA 政策。高校图书馆不仅要倡导和宣传开放获取，也要跟踪和研究开放获取。

4 Altmetrics

Web2.0 环境下，随着社交网络的发展，越来越多的科研工作者通过 Twitter、Facebook 等社交网站进行学术交流，利用 Mendeley、Zotero、CiteULike 等在线文献管理系统记录管理工作流程。而传统的科研成果评价方法，主要是基于期刊影响因子和引用频次等，其局限性逐渐凸显。Altmertrics 应运而生。

"Altmetrics"来源于 alternative + metrics，由 2010 年美国图情专业博士生 Jason

Priem 最早使用。有别于传统评价科研成果的引用计量，Altmetrics 具有更为广泛的同行评审的特性。它将社会媒体、社会标签、社会网络、社群网站等的用户行为，包括浏览、下载、评论、标引、注释等，均视作一种可供计算的用户使用数据。

2014年6月，美国信息标准协会（NISO）启动了一项项目，计划为 Altmertrics 制定标准或推荐做法[4]。我国也已有科研项目研究新的学术评价体系。

图书馆应关注和研究 Altmetrics 的发展，现已经有大学图书馆着手进行实践。2012年6月，匹兹堡大学图书馆系统和 Plum Analytics 展开合作，由后者提供 PlumX 工具，利用补充计量指标评估学校。随着该领域的不断成熟，将来会有越来越多的数据库商和出版商会将 Altmertrics 指标整合于搜索结果中。

5 PDA

PDA（Patron Driven Acquisitions）即读者决策采购，也称 DDA（Demand Driven Acquisitions）即按需采购。指根据读者的实际需求与使用情况，由图书馆以一定的标准或参数确定购入文献的馆藏资源建设新模式。2010年美国大学和研究图书馆协会（ACRL）发布了未来大学图书馆的十大发展趋势，"馆藏的增长取决于用户"被列为第一大趋势。

2014年，国外有400~600家高校图书馆采用了 PDA 模式[5]。其中具有代表性的大学有：丹佛大学（University of Denver）、亚利桑那大学（University of Arizona）、杜克大学（Duke University）、普渡大学（Purdue University）、伊利诺伊香槟分校（Univ. of Illinois at Urbana – Champaign，UIUC）、爱荷华大学（University of Iowa）等。目前可以提供 PDA 服务的书商有 NetLibrary、Ingram Digital、Ebook Library（EBL）和 Ebrary 等，主要涉及英文图书采购。据匹兹堡大学图书馆统计，不采用 PDA 购买电子资源需 120 万美金，采用 PDA 后只需 10 万美金。

随着 PDA 在国外的蓬勃发展，也成为国内图书馆界的关注热点。关于 PDA 的研究文献呈逐年上升趋势，但大都局限于 PDA 的概念、国外成功案例介绍、对我国高校图书馆图书采购的启示等，这就需要我们进行深入研究和实践探索。

6 POD

POD（Print On Demand）即按需印刷，指按照用户的要求地点和时间，直接将所需资料的文献数据进行数码印刷、装订以最大限度地满足人们个性化印刷要求的一种印刷解决方案。按需印刷是现代先进的数字化技术、通讯和网络技术相结合的产物，具有印刷即时性、数量可变性和内容个性化等特点。

POD 在美国出版界的应用已较为普遍。各类出版机构、图书销售商，甚至印刷机构，都在积极介入。POD 的应用范围也越来越广泛，由早期的学术图书扩展到众多的图书门类。美国 R.R.Bowker 公司 2011 年 5 月公布的数据显示，2010 年，传统出版商的出书品种增长了 5% 至近 32 万种，非传统图书（加入公共版权的 POD 版本和自助出版图书）增长 169% 至 277 万种。在德、英、法、意、西、日等国，POD 也相继展开。

据统计，中国台湾地区的 POD 占总出版量的 15% 左右，规模越来越大。2014 年，中国图书进出口（集团）总公司与英格拉姆内容集团（Ingram Content Group）下属闪电资源公司（Lightning Source Inc.）正式签署"中国图书全球按需印刷"协议，中国的图书可以通过 POD 更好地走向世界。毫无疑问，POD 对图书馆的资源建设会带来巨大的影响。

7 文献保障体系

随着信息技术的飞速发展，信息资源数量的急剧增加，用户需求的日益多样化，高校图书馆不再可能完全通过购置文献资源满足师生的需求，单枪匹马进行资源建设变得不切实际。在高校图书馆进行资源建设时，必须关注和依靠各区域、全国、甚至国际文献保障体系，这是解决当前资源建设经费短缺问题的有效途径。

在美国，成立于 1995 年的美国数字图书馆联盟（Digital Library Federation，简称 DLF），成员包括大学和研究图书馆、社会组织和政府代理机构，如哈佛大学图书馆、加利福尼亚大学图书馆、国会图书馆、国家档案纪录馆、纽约公共图书馆、斯坦福大学图书馆等。其任务和目标是要将美国和其他国家的数字化资源都汇集起来，便于各地的学生、学者和任何地方的公民自由地存取关于美国文化遗产形成与发展的文献资料。其他联盟还包括我们熟知的俄亥俄州图书馆与信息合作网络（Ohio Library and Information Network，简称 OhioLINK）、伊利诺伊州大学及研究图书馆联盟（Consortium of Academic and Research Libraries in Illinois，简称 CARLI）等。

伴随着图书馆联盟的发展和逐渐成熟，出现了跨国的超级图书馆联盟。1997 年，国际图书馆联盟联合体（International Coalition Of Library Consortia，简称 ICOLC）成立，成员包括世界范围内的 200 多个图书馆联盟。ICOLC 的许多成员通过互联网将他们的书目记录或其他文献信息资源链接在一起并提供获取原文的服务。

我国有中国高等教育文献保障系统（CALIS）、国家科技图书文献中心（NSTL）、大学数字图书馆国际合作计划（CADAL）、中国高校人文社会科学文献中心（CASHL）等。江苏、北京、广东、湖南、上海、吉林等地也有区域性高校图书馆资源共享网络。

8 国外研究型大学图书馆战略规划

管理大师德鲁克指出，战略规划是系统化制定当今企业决策和获得未来最重要知识、系统化组织执行决策所需的各种工作，并利用有效反馈对照原有预期测评决策成效的一种持续过程。大学图书馆战略规划是面向未来确定大学图书馆使命、愿景、目标、战略及其实施计划的思维过程与框架。国外主要的研究型图书馆，均十分重视图书馆战略规划的制订。2012年，我馆调研了近20所国外研究型大学图书馆战略规划，从馆藏发展趋势、信息技术与服务发展趋势、空间发展趋势、对外合作趋势、馆员专业发展趋势等5个方面总结出了国外大学图书馆战略规划的发展方向。并据此制定出了我校图书馆近5年的发展战略，包括图书馆定位，以及资源、服务、技术、馆员等各方面的具体发展目标。

面向"十三五"，更需要制定清晰而系统的图书馆发展规划。通过规划，明确图书馆的定位和发展方向。抓住发展的优势领域，抓住牵动全局的枢纽，抓住阻碍事业发展的关键环节。哈佛大学图书馆馆长说：将世界上所有信息资源收集起来的时代过去了。那么未来资源体系会发生怎样的变化？自有资源、共享资源、开放资源、市场资源如何为我所用？这正是值得我们思考的问题。

作者介绍：

刘万国　东北师范大学图书馆馆长，研究馆员。

参考文献：

[1] Directory of Open Access Journal ［OL］. ［2015 - 03 - 21］. http：//www. doaj. org/doaj? func = news&nid = 300&uilanguage = en

[2] OpenDOAR ［OL］. ［2015 - 03 - 20］. http：//www. opendoar. org/find. php? format = charts

[3] Adema J. Overview of Open Access Models for EBooks in the Humanities and Social Sciences ［OL］. ［2015 - 03 - 30］. http：//www. aupress. ca/documents/OpenAccessModels_ OAPEN. pdf

[4] NISO to Develop Standards and Recommended Practices for Altmetrics ［EB/OL］. http：//www. niso. org/news/preview? Itemkey = 72efc1097d4caf7b7b5bdf9c54a165818399ec86，2014 - 03 - 10.

[5] 蔡屏. 从出版社角度看高校图书馆PDA模式［J］. 图书馆建设，2013，11：27 - 30 + 35.

对图书馆发展阶段及其规律的再认识

宁波大学园区图书馆 颜务林

摘 要：提出以图书馆主要职能（第一职能）为依据划分图书馆发展阶段。分析图书馆各历史阶段的职能定位，认为近代图书馆是阅读中心，现代图书馆是知识公园。总结图书馆发展规律，指出服务方式是从封闭走向开放，服务对象是从精英化走向平民化。认为图书馆的本质是阅读和共享，阅读是图书馆的原生职能，教育、信息和文化是图书馆的次生职能。研究图书馆未来发展，认为后现代图书馆是学习中心，未来图书馆是社会交流中心，图书馆的最高发展阶段——顶极图书馆是人类理性的精神家园。

关键词：图书馆职能定位 发展阶段 发展规律 顶极图书馆 精神家园

1 序言

学者对图书馆发展及其规律进行研究早已有之[1-2]。但是，多数研究都是针对某个阶段所做，全面系统性的研究不多。在图书馆发展阶段的划分上，存在标准模糊和结果相异的问题，主要表现在对近代图书馆、现代图书馆和后现代图书馆三代的划分上。另外，对图书馆终极形态研究的缺乏，导致对图书馆发展方向认识不清，发展规律把握不准，发展目标不定。

笔者依据图书馆主要职能（第一职能）这一特征划分图书馆发展阶段，则标准清楚，结果明确，符合人们一般的认识习惯。我们认为每一阶段都有一个主要职能，不同阶段主要职能不同，主要职能变化导致阶段变化。以主要职能的变化为主线，对各阶段图书馆形态进行研究，则能认识图书馆发展规律，预测图书馆的未来。

2 对图书馆认识的困惑

2.1 图书馆到底是什么？

长期以来，图书馆人一直在探寻图书馆的本质，追问图书馆到底是什么。有人认为图书馆是"信息中心"，这并不贴切，因为图书馆的内容不是信息，而是知识。何况在互联网这个信息世界面前，图书馆的信息就显得更为渺小。近年来公共图书馆都在提倡要发展成为百姓的"公共书房",这一概念并没新意,"书房"和"图书馆"本质上讲没什么区别。褚树青提出图书馆是"第三文化空间"[3],这个名词很有现代气息,但是,这个概念过于泛指。因为根据美国社会学家雷·奥登伯格的定义,家庭和工作场所之外的文化空间都属所谓的"第三文化空间"[4]。"知识宝库"和"知识殿堂"体现了社会对图书馆的珍重,但意义并不贴切,多少有停留在对藏书楼的认识之上。《公共图书馆宣言》提出图书馆是"信息公平的守望者",受到国内图书馆界尤其是公共图书馆界的热棒。但是,这一定位也不准确,即便在西文社会也没广泛的认同,在中国社会就更不合实际。图书馆从来就没担当过"信息公平守望者"这一角色,过去没有,现在没有,今后也不会。"信息公平"是政府的责任,图书馆作为一个社会文化公共服务机构之一难以承担此任。另外,对公民影响最大的关乎民生的信息也不在图书馆工作范畴,何谈守望。博尔赫斯"图书馆是天堂的模样"的诗句,让一些图书馆人陶醉,其实这是诗的语言,不是日常语言,更不可当作科学语言。

2.2 图书馆的问题与出路

以上说法似是而非,一味脱离实际地自己想拔高自己,反映出一些图书馆人很强的自恋心态,是不够自信的表现。这种自恋心态表现在实际工作中就是自娱自乐,如这些年国内高校图书馆界学科服务(学科馆员)热就是一例。一方面是学科馆员的陶醉,另一方面是服务对象的不以为然,是典型的自娱自乐。当代图书馆人需要改变这种自恋心态,变自娱自乐为与读者同乐,最关键的是要树立自信,包括理论自信、道路自信和制度自信。客观地看待图书馆的历史定位,科学地总结图书馆发展规律,正确把握图书馆发展未来,这是历史赋予我们当代图书馆人的神圣使命。

3 客观地看待图书馆的历史定位

3.1 图书馆的前身是古代藏书楼——藏书中心

天一阁、文渊阁、文津阁等是中国早期的"图书馆"。准确地说,它们都是藏书楼,而非现代意义上的图书馆。藏书楼是图书馆的前身,是藏书中心,是文献的档案馆或博物馆。藏书楼与图书馆有根本区别,藏书楼重藏轻用,图书馆相反,强调藏是为了用,用是目的。藏书楼的职能是收集、整理、保存和传承图书文献。

藏书楼只为极少量的社会"精英"服务。皇家藏书楼为帝王将相服务,寺院藏书楼为内部僧人服务,民间藏书楼只为自家人服务,他们多数也是富豪权贵。总之,藏书楼的服务对象是少数社会"精英"。

藏书楼是农耕社会的产物。在图书文献印刷出版不发达的情况下,使图书文献得以保存传承。

3.2 近代图书馆是阅读中心

由以"藏"为主向以"用"为主转变，为社会大众开放，提供阅读服务，才有了近代图书馆。早期的汉语中并没有"图书馆"一词，最早是由梁启超先生从日语中转译过来的，是外来语[5]。图书馆强调藏书的目的是为了使用，提高大众文化素养是近代图书馆最主要的社会职能。

近代图书馆是工业社会的产物。工业社会大众对知识获取的要求提高，这是图书馆诞生的必然。同时，印刷出版业的发达，图书文献的丰富为近代图书馆的出现提供了条件。

3.3 现代图书馆是知识公园[6]

知识是现代图书馆的核心，开放是现代信息社会对图书馆的客观要求，平民化是现代图书馆的时代特征。因此，知识公园是现代图书馆的准确定位。

图书馆是知识公园，自然而然，无门图书馆是公共图书馆发展的必然趋势。公园和百姓很亲近，没有心理隔阂，没有门槛，更没有门锁。公园是不需要门锁的。图书馆像公园一样，普通百姓可以自由出入。那些打了围墙，关门收费，百姓不能自由进出的所谓"公园"，其实不是真正的公园，应另当别论。图书馆从有门到无门，不仅仅是形式上的变化，更重要的是观念上的改变。"殿堂"的主人不可能是百姓，公园的主人才是平民百姓。读者进出无门图书馆，就像进出公园一样自由自在，因为他们是主人。

现代图书馆是信息社会的产物，满足信息社会人们对知识的需求。

4 科学地总结图书馆的发展规律

4.1 图书馆发展的基本规律[7]

纵观图书馆的发展历史，从古代藏书楼到近代图书馆，再到现代图书馆。不难发现图书馆的发展有两条基本规律。一条是服务方式从封闭走向开放；另一条是服务对象从精英到平民大众。而且，这两个规律是并行的、同步的。

古代藏书楼闭而不开，近代图书馆服务方式从闭架到半开架，现代图书馆从开架到全开放，发展成为知识公园。总之，是从封闭到开放的过程。

古代藏书楼只服务帝王、僧侣和富豪权贵等少数社会精英。近代图书馆主要服务对象也只是社会知识精英，现代图书馆扩展到全社会平民大众。总之，是从精英化走向平民化的过程。

4.2 图书馆本质

阅读和共享是图书馆的本质。图书馆强调藏书的目的是为了使用，这里讲的使用其实就是阅读。通过阅读，获取知识，然后再发挥其他职能。

图书进入图书馆以后，可以提供不同人阅读使用，这是图书馆文献共享最原始、最本质的精神内涵。图书进入图书馆以后，自然实现共享，使图书利用率大大提高，这是图书馆生命力所在。

现在我们说的文献共享一般是指不同图书馆之间的共享，只是图书馆文献共享内涵的外延的扩展，是重要的，但不是本质的。

因此，我们可以说，图书馆是图书文献共享阅读的执行机构。

4.3 图书馆灵魂

图书馆是有灵魂的，图书馆的灵魂是文化。对于这一点，业界已没太大异议。只是需要强调一点，不要被技术的神奇迷失方向。各种高新技术在图书馆广泛应用，极大地推动了图书馆事业的发展，使图书馆日新月异。这些都是事实，我们不会也不可能否认。但是，技术毕竟只是手段，只提供了发展的能量，不能把握发展的方向。因此，技术不是图书馆的灵魂。

图书馆收藏的图书文献是人类的精神产品，图书馆的服务满足的是社会大众的精神文化需求，图书馆的发展方向受社会文化指引。因此，文化是图书馆的灵魂。

4.4 图书馆职能

为了准确把握图书馆的职能，我们将图书馆职能分为原生职能和次生职能是必要的。所谓原生职能是指有生以来固有的，而且，伴随图书馆发展全过程，是不可或缺的。次生职能是指随图书馆的发展而产生，由原生职能演化而来的职能。它的出现顺应了图书馆的发展，扩大了图书馆的社会功能。次生职能是图书馆某个阶段特有的产物，不是不可或缺。

阅读是图书馆的原生职能。它随图书馆产生而出现，随图书馆发展而发展。是教育、信息和文化这三个图书馆职能的基石。没有阅读职能，就没有教育、信息和文化职能，后三者是图书馆的次生职能。

4.5 图书馆基本服务

与图书馆阅读、教育、信息和文化四个职能相对应，产生出阅读、学习、信息和文化四项服务。

阅读服务包括纸本阅读和数字阅读。借借还还、开放阅览是阅读服务的形式，但绝不是全部。阅读服务是图书馆最基本、最重要的一项服务，也是长期以来最被忽视的一项服务。组织阅读，引导阅读，提高全民阅读率是图书馆的职责。

学习服务依赖于图书馆的学习平台建设。网络学习平台（E-learning）是图书馆所必须的，它的作用是辅助课堂教育，支撑终身学习。

信息服务是为用户提供文献信息保障，数字图书馆的发展极大地提高了图书馆信息服务的能力。数字图书馆联盟为稀缺信息资源的获取提供保障。文献传递是数字图书馆信息服务的重要手段。

文化服务现阶段主要是指为社会大众文化交流提供服务。形式有讲堂、沙龙和展览等。今后文化服务会向为社会大众提供精神关怀服务方向发展。

以上四项服务在图书馆的不同阶段都是存在的，只是各自比重不同。眼下，学习服务正在突起，交流服务势头强劲。

4.6　认识中国图书馆发展的特殊性

我们既要善于借鉴国外图书馆的成功经验，又不能全盘照搬。认识图书馆普遍发展规律的同时，还要看到中国图书馆发展的特殊性。

数字图书馆先进，传统服务落后。信息服务国际领先，阅读服务尚处初级阶段、启蒙阶段，这就是中国图书馆发展的特殊性。

不少人说，现在人都很浮躁，没人看书；图书都数字化了，纸本书不用了；都网络化了，图书馆没用了。有人还喜欢利用国外情况来证明这些。其实，这些并不符合中国实际。要说前些年，不少人浮躁，这是事实，但是，经过多年市场经济的洗礼，许多人又从浮躁回归平静，因此走进图书馆，重回阅读。也许，在一些发达国家，数字阅读明显冲击纸本阅读。但是，中国情况不同，中国传统的纸本阅读至今尚未普及，阅读率低下，市民公共图书馆持证率不到2%，这同发达国家近50%的市民公共图书馆持证率相比，水平相去甚远。发达国家传统纸本阅读率处在高位，受网络数字化阅读冲击，有所回落是必然的。但是，中国传统的纸本阅读尚处起步阶段，没有回落的空间，相反，还有很大上升空间。近年来，国内许多图书馆都出现了数字阅读和纸本阅读双增长，这是符合中国实际情况的。国民阅读情况同经济状况有关系，宁波社会经济发展刚刚跨入人均GDP1万美元门槛，市民阅读出现了快速上升的势头，这也许是一条规律。如果是这样的话，那么，全国范围内国民阅读率的上升指日可待。因此，未来中国国民阅读率总体将呈上升趋势，而且，纸本阅读和数字阅读互相促进，同步上升。当今中国图书馆如果人气下降，一定是图书馆自己工作没做好。

中国图书馆传统服务落后，还表现在具体的工作中。普遍缺少诚恳的态度，鲜见馆员微笑服务。借期太短，缺乏弹性。英美一些国家图书馆的借期通常是同读者预约制度相配合的，读者已经借出的图书一旦有另外读者预约，系统将自动缩短借期，并自动通知前面的读者提前归还。读者满足率和图书利用率大为提高。图书布局有差距，高校里一馆独大，缺少学院分馆和学生公寓分馆。城市里市馆一馆独大，社区图书馆少而弱，这些都使读者使用不便。全天24小时开放的图书馆，国内基本不见。为读者提供坐垫、躺垫等人性化服务的项目也不足。讲座、沙龙等引导阅读的活动还不够丰富。总之，中国图书馆传统服务相对还落后，还有很大的发展空间。

5 正确把握图书馆未来发展

客观看待图书馆的发展历史，科学总结图书馆的发展规律，我们就有可能正确把握图书馆的未来发展。

5.1 后现代图书馆是学习中心[8]

现代图书馆正处在转型期。现代图书馆以数字图书馆为依托，以信息服务为核心，快速发展。数字图书馆早期以单馆服务、单库使用为特征，可以满足读者近80%的信息需求。近年来，数字图书馆联盟发展，多馆合作服务，多库统一检索，通过文献传递，使剩余的20%信息需求（稀缺需求）得到满足。至此，信息服务保障能力已近100%。也就是说，到了图书馆联盟时期，图书馆信息服务能力已经到达"天花板现象"，图书馆需另谋发展空间。图书馆要发展必须转型，寻找另外的发展空间。当今，学习型社会建设已经从口号号召转为实际行动，社会需要图书馆继续发挥终身学习机构的作用。另外，大量网络学习资源的出现，为图书馆学习中心建设提供了条件。

作为学习中心的后现代图书馆具有三个明显特点。一是教育职能领先信息和文化职能，成为第一职能。二是教育（指图书馆教育，而不是学校教育）成为图书馆的核心职业。三是图书馆教育学（现在的教育学其实只是学校教育学）成为图书馆学核心内容。

5.2 未来图书馆是社会交流中心[8]

可以说图书馆交流职能几乎是与阅读职能一直相伴的，有阅读就有交流，通过阅读实现书面交流。图书馆交流职能很早就为人们认识，上世纪三十年代，美国图书馆学家谢拉提出图书馆是社会书面交流机制的执行机构[9]。

图书馆交流职能一直在不断发展。从最早的书面交流，发展到现在的网络交流，还有现场交流。讲座、展览、沙龙、课堂、会议等就是现场交流的有效形式。人类对传统交流（现场交流）的守望使它永不消失。图书馆交流种类齐全、形式丰富。因此，图书馆将是人类最理想的社会交流机制的执行机构。

5.3 顶级图书馆是人类理性的精神家园

所谓顶级图书馆是指图书馆发展的最高阶段，即最高形态。探究图书馆的最高形态，可以为图书馆的发展指明方向。

人类社会靠什么生生不息？靠文化，靠信仰。中国人没有信仰吗？不是的，中国人有信仰。没有信仰，就没有道德，社会发展就不可能长期维持。道德是以信仰为基础的。因此，一个文化绵延数千年，从未中断的民族，不可能是一个没有信仰的民族。

信仰有三个层次：一是本体。如上帝、安拉、佛等。具有超越性、神秘性。二是范畴。即各种"清规戒律"。一般是叫人从善的具体规定。三是社会民间习俗。如圣诞节等，作用是帮助信仰的推广[10]。

中国人信仰什么？天和理。"不要伤天害理"是中国人的共识。中国人传统信"天"，这个天是人格神化的，具超越性，它是道德的基础。近代以后，科技发展，中国人也知道一直信仰的"天"只是地球以外的宇宙空间，雷电等只是一种物理现象，"天"并不具有超越性，"天"塌了。这对中国人的道德产生很大的冲击，影响延续至今且还会继续[11]。

天虽然塌了，但中国人还认"理"。这个"理"指道理、理性，具有一定的超越性，可以作为信仰的本体，是道德的底线。

"理"的基础是知识。"理"的来源有生活的体验、教育的口口相传，还有书本的阅读。即知书达理。朱熹《观书有感》"半亩方塘一鉴开，天光云影共徘徊。问渠那得清如许，为有源头活水来。"就是最形象的描述。

图书馆的功能就是组织国民阅读，实现全社会的"理性普遍化"，建设理性的社会，达到社会和谐。因此，图书馆是社会理性的源泉，也是人类理性的精神家园。

家园是指人类生存和生活的归宿及寄托。精神家园是指人类精神的归宿和寄托。精神家园分有两类，一类是神秘的，即宗教。另一类是理性的，就是图书馆。图书馆是人类智慧的结晶，也是人类智慧的源泉，是人类理性的精神家园。

6 结语

客观认识图书馆的历史定位，科学总结图书馆的发展规律，正确把握图书馆的发展未来。我们认识到学习中心正在掘起，交流中心蓄势待发，人类理性的精神家园已经在向我们招手。图书馆没有行将消亡，也不会消亡。相反，图书馆还正处在蓬勃发展中。阮岗纳赞"图书馆是生长着的有机体"的论断并未过时，依然正确。

作者介绍：颜务林，宁波大学园区图书馆馆长，研究馆员。

参考文献：

[1] 韩平．关于图书馆发展规律的几个问题的探讨［J］．图书情报工作，1980（1）：19-25.
[2] 史学彬．试论我国图书馆的走向及思考［J］．图书馆工作，2004（4）：2-4.
[3] 蒋萍，王思．从图书馆到"第三文化空间"［N/OL］．文汇报，2012-01-03［2013-05-26］．http：//whb. news365. com. cn/yw/201201/t20120103_ 190228. html
[4] 于雷．空间公共性研究［M］．南京：东南大学出版社，2005.
[5] 郭英．梁启超与卡耐基对图书馆发展的贡献［J］．图书馆论坛，2006，26（5）：51-52，134.
[6] 颜务林．现代图书馆是知识公园［N/OL］．图书馆报，2013-04-25［2013-05-26］．http：//m. xhsmb. com/20130419/edition_ 2. htm.
[7] 邱文杰．中国图书馆发展的分期与特征［J］．情报资料工作，2008（2）：36-39.
[8] 颜务林，李亚芬．后现代图书馆的职能定位——对"图书馆是学习中心"这一命题的学理分析［J］．新世纪图书馆，2013（3）：6-9.
[9] 杰西．H 谢拉，张沙丽译．图书馆学引论［M］．兰州：兰州大学出版社，1986.
[10] 李德顺，孙伟平，孙美堂．精神家园——新文化论纲［M］．哈尔滨：黑龙江教育出版社，2010.
[11] 郑晓江，李承贵，杨雪骋．传统道德与当代中国［M］．合肥：安徽教育出版社，1998.
[12] 周仲羲．道德概论［M］．英国：伊斯兰教国际出版社，2007.

国际视野下的高校图书馆绩效评估

海南大学图书馆　张红霞

摘　要：图书馆评估从上个世纪 60 年代提出以来，历经半个世纪的长足发展，已经从以图书馆为中心的传统图书馆评价阶段，向以用户为中心、注重图书馆服务的效果、效率与成就（对用户和社会的价值或影响）的现代图书馆评价阶段转变，即图书馆绩效（performance）与成效（outcome/impact）评价阶段。作者以英联邦大学和国家图书馆学会 SCONUL、格拉斯哥大学、拉夫堡大学、莱斯特大学等国外图书馆的绩效指标体系，以及海南省高校图书馆绩效评估的研究为案例，以阐明国内外高校图书馆如何构建自身的绩效指标体系来促进图书馆的管理。

关键词：图书馆　高等学校　高校　绩效评估　绩效评价

2004 年，海南大学图书馆在詹长智馆长倡导下较早在国内对图书馆实施"全面质量管理"，进行 ISO 认证。基于工作需要，笔者开始关注和研究有关图书馆质量管理与评估的理论与实践，发现国际前沿的图书馆评估比国内走得更为深远。

1　国际视野下图书馆评估的发展与成就

1.1　国际视野下图书馆评估的变革

图书馆评估，也称图书馆评价，从上个世纪 60 年代提出以来，历经半个世纪的长足发展，形成了理论指导实践、实践丰富和完善理论的良性循环。尤其从上个世纪 90 年代起，以美欧国家为主流的国际图书馆界，在内因驱动、外因助推下，对传统的图书馆评估进行了根本性的变革，不仅丰富与创新了图书馆理念，而且促进着国际图书馆事业迈向了追求卓越绩效的历程。我们以变革前后为分水岭，把图书馆评估划分为两个阶段[1]：

第一阶段 1960－80 年代　传统图书馆评价阶段：评价以图书馆为中心，注重对图书馆的投入与基本工作的产出；

第二阶段 1990s－至今　现代图书馆评价阶段，亦即图书馆绩效（performance）与成效（outcome/impact）评价阶段：不再只关注图书馆工作，评价以用户为中心，

注重图书馆服务的效果、效率与成就（对用户和社会的价值或影响）。新世纪之后，更加注重成效/影响评价

1.2 国际视野下图书馆评估的发展成就

目前，国际视野下图书馆评估走入了精神与物质双管齐下的过程。

首先，在图书馆观念的精神层面上，评估作为促进图书馆内部管理及整体事业发展的管理工具，在其变革中，使图书馆理念得到提升，例如图书馆应该以读者为中心、读者第一的以人为本观念，追求卓越的质量文化与价值观的理念。

其次，评估工具与手段的物质层面上，制定了 ISO 系列国际标准，开发了各种评价系统，使得图书馆评估走向标准化、系统化和国际化。

1995 年，欧盟委员会以英国中央兰开夏大学为基地建立了"图书馆与信息管理研究中心"（以下简称 CERLIM），开始进行"欧洲图书馆绩效评估与质量系统"（简称 EQLIPSE）的项目研究。从此，欧洲图书馆界拉开了其后长达十余年的图书馆质量评估——绩效指标国际标准开发热潮的序幕。

在国际图联和联合国教科文组织推动下，国际标准化组织（ISO），以国际图书馆界的研究成果为基础，从 1998 年开始，相继制定颁布了有关图书馆绩效评估的系列国际标准。随着图书馆评估从绩效评估迈向成效评估或价值评估的更高层次，以国际图联统计与评估专业组为龙头，一直在领导着国际图书馆界对这些相关的国际标准进行修订与整合，并根据图书馆评估的新发展不断开发相关的新标准[2]。

目前在国际标准化组织的网站上，可以查到已经颁布的图书馆绩效和成效评价相关的国际标准，有[3]：

▲ ISO 2789：2013 International library statistics（国际图书馆统计）：第 5 版，2013 年 8 月发布[4]；

▲ ISO 11620：2014 Library performance indicators（图书馆绩效指标）：第 3 版，53 个指标，2014 年 5 月发布[5]；

▲ ISO/TR 28118：2009 Performance indicators for national libraries（国家图书馆绩效指标）：30 个指标，2009 年 4 月发布[6]；

▲ ISO16439：2014 Methods and procedures for assessing the impact of libraries（图书馆影响/（成效）评价的方法与程序）：第 1 版，2014 年 4 月发布[7]。

自 1998 年 ISO 颁布第一版图书馆绩效指标 ISO 11620 国际标准起，许多国家图书馆界纷纷把这些国际标准翻译成本国文字，研究制定适合本国的统计标准或绩效评估指标体系，建立基于国际标准的国家图书馆统计体系，或集统计与绩效测评为一体的网络系统。

迄今为止，在国际图书馆界有影响力的统计评估系统有[2]：

（1）LIBECON 项目（International Library Economics Research Study，简称 LIBE-

CON），由欧盟委员会牵头，基于国际标准 ISO2789"国际图书馆统计"和 ISO11620（2001—2004 年），收集、发布和诠释国家级层次的图书馆统计数据集合，该项目的统计数据不仅包括欧盟、欧洲自由贸易协议国、中欧和东欧的 30 个国家，美国、加拿大、韩国、日本、墨西哥、土耳其和俄罗斯等国也加入其中。

（2）LibQUAL+®"图表化图书馆服务质量系统"项目，由美国研究图书馆学会牵头，为美国及国际图书馆界提供统计及服务质量评估的在线测评系统，目前有来自欧美、亚洲、非洲国家的 1200 所图书馆，利用该系统进行图书馆服务的测评，我国香港、台湾地区部分图书馆加入。

（3）SCONUL（Society of College, National and University Libraries）英联邦大学和国家图书馆学会"绩效门户"网 [http://www.sconul.ac.uk/]，为图书馆质量管理和绩效、成效评估提供了各种方法及工具的选择。

2 国外高校图书馆评估案例

国外高校图书馆是如何利用国际标准及其指标体系来进行图书馆的评估、促进图书馆的管理呢？我们试以几个案例来说明，在列举这些案例之前，作者首先要对提供这些案例资料的人表以致谢，他们是：Simon Bevan, the Chair of the Performance Portal sub-group of the SCONUL Working Group on Performance and Quality，他提供了：英联邦国家一些大学图书馆绩效指标的线索，以及 SCONUL（英联邦大学和国家图书馆学会）的国家级年度统计表（包括核心绩效指标）；以及 Jacqueline F. Dowd, the Management Information Officer from the University of Glasgow Library，她提供了：格拉斯大学图书馆的核心绩效指标、2009—2010 核心绩效指标的平衡计分卡，以及 SCONUL 的国家级核心绩效指标。

2.1 SCONUL——74 个国家级核心绩效指标和比率（SCONUL National KPIs & Ratios）

前文我们已经提到，在 SCONUL（Society of College, National and University Libraries）英联邦大学和国家图书馆学会的网站上，设立有专门的"绩效门户"，该门户网站发布国家级核心绩效指标和比率，并按照每个指标或比率的数据进行单项排名并发布。以下表格中是 2010 年发布的 74 个国家级核心绩效指标和比率（表 1）。

表1　2010年发布的74个国家级核心绩效指标和比率

SCONUL National KPIs & Ratios
国家级核心绩效指标和比率（以下有关的用户与学生都是指等同全职的数量）

Library Provision and Use 图书馆提供与利用

1.1　Gross floor area per FTE user 图书馆用户人均面积

1.2　Gross floor area per FTE student 图书馆生均面积

1.3　FTE users per seat 每座位对应的用户数量

1.4　Average Opening Hours per week per 1,000 FTE student 图书馆每周生均每千人开放小时数

1.5　FTE students per workstation 生均工作站数量

1.6　Percentage seats with laptop access 配备有手提电脑接入的座位比例

1.7　Users in Library per 100 FTE student 生均每百人中图书馆的用户数

1.8　Annual study hours per FTE student 生均年度学习时数

1.9　Annual visits per FTE user 用户人均年度到馆访问率

1.10　Percentage seats with workstations 配备有工作站的座位比例

1.11　Average percentage seats occupied 平均座位上座率

1.12　FTE students per seat 生均座位数量

1.13　Seat hours per week per FTE user 座位每周对用户开放的人均小时数

Stock – Provision 库藏—提供

2.1　Books per FTE user 用户人均图书册数

2.2　Books per FTE student 生均图书册数

2.3　Replenishment rate (%) 补充率

2.4　Serials purchased per 100 FTE student 生均每百人杂志订购的数量

2.5　Total serials per 100 FTE student 生均每百人杂志总量（包括纸质和电子的）

2.6　E – books per 100 FTE student 生均每百人电子图书的数量

2.7　Additions to stock per FTE user 用户人均年度书刊增加量

2.8　Additions to stock per FTE student 生均年度书刊增加量

Stock – Expenditure (£) 库藏—费用

2.9　Information provision expenditure per FTE user 用户人均信息购置费用

2.10　on provision expenditure per FTE student 生均信息购置费用

2.11　Book expenditure per FTE student 生均图书购买费用

2.12　Periodical expenditure per FTE student 生均报刊购买费用

2.13　ILL expenditure per FTE student 生均馆际互借费用

Stock – Use 库藏—利用

3.1　Book loans per volume in stock 馆藏图书平均借阅次数

3.2　Total loans per FTE student 生均借阅册数

3.3　Total loans per active borrower 活跃用户平均借阅册数

3.4　Average total loans per visit 每次到馆平均借阅量

3.5　Toal loans of Audio Visual & other materials per FTE student 视听及其它非书资料生均借阅量

续表

Inter – Library Activity 馆内活动

4.1　Borrowing as percentage of book loans 外借在图书借阅中的比例

4.2　Borrowing success rate 外借成功率

4.3　Items supplied as percentage of requests received 成功的文献提供占用户需求的比例

Enquiries 咨询

5.1　Enquiries per 100 FTE users 年度用户每百人的咨询量

5.2　Enquiries per 100 FTE students 年度生均咨询量

Staff Workload 员工工作量

6.1　FTE student per FTE professional staff (Level 7 and above) 每名专业人员对应的学生数量

6.2　FTE student per FTE library assistant 每名图书馆助理人员对应的学生数量

6.3　FTE student per FTE library staff 每名图书馆职工对应的学生数量

6.4　FTE Research & Teaching (academic) staff per FTE library staff 每名图书馆员工对应的教学科研人员数量

6.5　Volumes in stock per FTE library staff 每名图书馆员工对应的库存书刊册数

6.6　Enquiries per FTE library staff 图书馆员工人均咨询量

6.7　Staff hours information Literature instruction per FTE professional staff 专业员工人均完成信息素质教学的课时数

6.8　Session hours attended per 100 FTE users 用户人均每百人参加的培训课时数

Efficiency Measures (£) 效率测评

7.1　Total expenditure per FTE user 用户人均图书馆经费总支出

7.2　Total Expenditure per FTE student 生均图书馆经费总支出

7.3　Cost per seat per hour per year 年度每座位每小时开放成本

7.4　Staff cost per professional staff 专业人员的人均成本

7.5　Staff cost per other library staff 图书馆其他员工的人均成本

Expenditure Ratios (%) 经费支出比例

8.1　Library as percentage of institutional expenditure 图书馆经费占学校经费的比率

8.2　Information provision as percentage of total institutional expenditure 信息购置费占学校总经费的比例

8.3　Professional staff expenditure as percentage of total staff expenditure 专业人员开支占图书馆人员总开支的比例

Net Expenditure 净支出

9.1　Expenditure per FTE user 用户人均图书馆净支出

9.2　Expenditure per FTE student 学生人均图书馆净支出

续表

Percentage of Total Information Expenditure 信息购置总费用的比例
11.1 Books 图书购置费
11.2 Serials 报刊购置费
11.3 Electronic Resources 电子资源费用
11.4 Binding, preservation & repairs 装订、保护和维修费用
11.5 Inter – Library transactions 馆际互借和文献传递费用
11.6 Percentage of Serial expenditure on Print only 印刷型报刊购买经费比例
11.7 Percentage of Serial expenditure on Print & Electronic 印刷和电子报刊购买经费比例
11.8 Percentage of Serial expenditure on Electronic only 电子报刊购买经费比例

Electronic Resources 电子资源
12.1 Article downloads per FTE user 用户人均文献下载量
12.2 E – book section requests per FTE student 学生人均电子图书访问量
12.3 Section requests per e – book 电子图书平均访问量

Average Costs (£) 平均成本
13.1 Cost per journal title 每种杂志平均成本
13.2 Cost per e – journal 每种电子杂志平均成本
13.3 Cost per e – book 每种电子图书平均成本
13.4 Cost per e – book section request 每次电子图书访问平均成本
13.5 Cost per article download 每次文献下载平均成本

2.2 格拉斯哥大学图书馆（Glasgow University Library）核心绩效指标和比率

许多英联邦国家的大学图书馆，除了按照SCONUL制定的国家级核心指标收集数据与评估外，还根据自己图书馆的实际情况制定了本地的核心指标及要求，以下是格拉斯哥大学图书馆2009—2010的核心指标（表2）。

表2　格拉斯哥大学图书馆（Glasgow University Library）核心绩效指标和比率

Local KPIs & Ratios 本地核心绩效指标和比例
E – Journals per Publishers deals 每个出版商每种资源的电子期刊
1.1 Downloads per FTE Student 学生平均下载
1.2 Downloads per FTE user 用户平均下载量
1.3 Average cost per title 每种报刊的平均成本
1.4 Average cost per download 每次下载平均成本
1.5 Average cost per FTE student 学生人均成本
1.6 Average cost per FTE user 用户人均成本
1.7 Number of titles with high, medium, low and zero use per deal 每种资源中高、中、低及零利用率的种数

续表

Databases 数据库

1.1　Sessions per FTE Student 学生人均登录量

1.2　Sessions per FTE user 用户人均登录量

1.3　Searches per FTE Student 学生人均查寻量

1.4　Searches per FTE user 用户人均查寻量

1.5　Average cost per database title 数据库每种文献平均成本

1.6　Average cost per download 每次下载平均成本

1.7　Average cost per FTE student 生均数据购买成本

1.8　Average cost per FTE user 用户人均数据库购买成本

User Perspective：用户视角

KPI U‐1a　Seat hours per week per FTE user to exceed RLUK median（1g）

座位每周对用户开放的人均小时数超过 RLUK 平均值

KPI U‐1b　FTE students per seat to be lower than RLUK median（A9）

每座位对应的用户数量低于 RLUK 平均值

KPI U‐1c　Average percentage of seats occupied in the Library to exceed RLUK median（A5）　平均座位上座率超过 RLUK 平均值

KPI U‐2a　LibQUAL + Library as Place：average perceived service level score to be greater than SCONUL average and greater than 6.4

LibQUAL 图书馆整体：用户感知的图书馆服务水平得分大于 SCONUL 平均值并大于 6.4

KPI U‐2b　LibQUAL + Information Control：average staff/PG perceived service level score to be greater than SCONUL average and greater than 6.8

LibQUAL 图书馆信息控制：教职员工和研究生感知的图书馆服务水平得分大于 SCONUL 平均值并大于 6.8

KPI U‐2c　LibQUAL + Affect of Service：the average academic staff & postgraduate students perceived service level score to be greater than SCONUL average and greater than 6.8 LibQUAL 图书馆服务影响：学术人员和研究生感知的图书馆服务水平得分大于 SCONUL 平均值并大于 6.8

续表

KPI U-2d　LibQUAL + General Satisfaction: the average scores to be greater than SCONUL average and greater than 6.7　LibQUAL 图书馆整体满意度：得分大于 SCONUL 平均值并大于 6.7

KPI U-3a　90% of user suggestions/complaints receive a response within 2 days 90%　用户建议或抱怨能够在 2 天内得到答复

KPI U-3b　100% of enquiries received by Special Collections and Archives will be answered within 20 working days.　特色馆藏和档案部门收到咨询要在 20 个工作日内 100% 给以回答

KPI U-4　The number of e-journal titles available to increase annually　可获取的电子期刊种数逐年增加

KPI U-5　LibQUAL + Information Literacy Outcomes: the average satisfaction score to be greater than the SCONUL average and greater than 6
LibQUAL 信息素质成绩：平均满意度得分大于 SCONUL 平均值并大于 6

KPI U-6　90+% of manuscript collections should be discoverable via GUL Manuscripts Catalogue, and Archives Hub as appropriate and at least 75% visible at a lower, series or item level　90% 及以上的手稿收藏应该能够通过图书馆的手稿编目系统查询得到；档案中心则视情况而定，但至少要达到 75% 的可见度，编目层次可稍低，按套件或是单件著录皆可

KPI U-7　Inst Rep: An annual increase of 20% in the number PDFs being downloaded from Enlighten　从"启蒙"站点下载的 PDF 文件年度增长量达到 20%

Financial Perspective 财经角度

KPI F-1a　Information expenditure/FTE student to be no lower than 95% of RLUK median (7m/3b)　生均信息购置费低于 RLUK 平均值的 95%

KPI F-1b　Glasgow to be within the top ten RLUK ranking re information expenditure
格拉斯哥图书馆信息购置费要保持在 RLUK 排名的前十位

KPI F-2　Library Materials Budget to increase by at least relevant inflation level
图书馆资讯购置预算的增长至少要与相应的通涨水平持平

KPI F-3a　Total Library expenditure to be no less than 2.3% of the total University expenditure (H2)　图书馆总支出至少不能低于学校总支出的 2.3% (H2)

KPI F-3b　Library expenditure on Information Provision to be no less than 49% of total Library expenditure (7m)　图书馆用于信息提供的费用至少不低于图书馆总支出的 49% (7m)

KPI F-4　Cost/download for e-journals to be no higher than 95% of RLUK median (L5)　电子期刊下载平均成本至少不高于 RLUK 平均值的 95% (L5)

KPI F-5a　Cost/download for e-journals to be lower than the year before　电子期刊下载平均成本要低于上一个年度

KPI F-5b　Cost/search for databases to be lower than the year before　数据库查寻平均成本要低于上一个年度

KPI F-5c　Cost/access for e-books to be lower than the year before　电子图书访问平均成本要低于上一个年度

KPI F-6　At least one major initiative should be funded from outside the Library's core budgets　至少有一项主要项目的启动资金是从图书馆核心预算之外获得支助的

续表

Internal Processes Perspective 内部加工处理角度

KPI I-1　Average number of working days between receipt of order in Book Acquisitions and availability to users of in-print, English-language titles not to exceed 35。图书采访从收到订单之日起，到提供给用户可用的英文文献止，其间的工作日平均不超过 35 天

[PI I-1i　Average number of working days between receipt of order in Book Acquisitions and order on Millennium of in-print, English-language titles not to exceed 5　图书采访从收到订单之日起，到在 Millenniun 上完成英文文献的订购止，其间的工作日平均不超过 5 天

PI I-1ii　Average number of working days between order date and receipt date of in-print, English-language not to exceed 15　从文献的订购之日起，到接收文献完成验收止，其间的工作日平均不超过 15 天

PI I-1iii　Average number of working days between receipt date and cataloguing date not to exceed 10　从接收文献完成验收之日起，到完成编目数据止，其间的工作日平均不超过 10 天

PI I-1iv　Average number of working days between cataloguing date and completion of processing not to exceed 5]　从完成编目数据之日起，到完成所有其它加工处理止，其间的工作日平均不超过 5 天

KPI I-2　95% of items to be shelved within 24 hours of return or in-house use during staffed hours 外借还回或馆内利用的文献再上架率要在工作日 24 小时内完成 95%

KPI I-3　95% of newly acquired archive and manuscript collections should be discoverable on-line at collection level within 6 months of receipt 新购档案和手稿文献要在到馆后的 6 个月内完成 95% 的加工处理和编入馆藏，并通过在线目录查询得到

KPI I-4a　100% of course reading lists, if received within guideline periods and in print, to be available by the required date 教学课程参考书目，如果在指定的期限内接收了打印件，应该在其要求的日期前 100% 完成处理

KPI I-4b　100% of E-course material requests, if received within guideline periods and covered by our copyright licence, to be available by the required date 电子教学课程参考资料需求，如果在指定的期限内收到并符合我们的版权授权，应该在其要求的日期前 100% 完成处理

KPI I-4c　The annual increase in available E-course material should be no less than 10% 可有效获取的电子课程参考资料年度增长量至少不低于 10%

KPI I-5a　85% of document delivery requests to be received within 5 working days 85% 的文献传递请求应该在 5 个工作日内接收完成

KPI I-5b　Percentage of documents supplied via Secure Electronic Delivery to increase 通过安全电子传递系统的文献提供比例要逐步增加

KPI I-6　Percentage of eligible first time issues from the Main Library via Self Service machines to increase annually 主馆内第一时间需要处理的事务通过自助服务设备得到解决的比例要逐年增长

Staff Development Perspective 人员发展角度

KPI S-1　At least five staff to have received upgrade/accelerated increment　年内至少 5 名员工获得提高或升级

KPI S-2a　At least 60% of staff to have taken part in one or more personal development/training activity annually 年度内至少 60% 的员工参加过至少一次个人发展或培训活动

KPI S-2b　Expenditure on training and development to be at least 1% of salary expenditure 图书馆用于人员培训和发展上的开支至少占薪金支出的 1%

KPI S-3　Staff perceptions survey 85% to express positive views 员工感觉调查有 85% 表达积极正面的观点

2.3 拉夫堡大学图书馆核心绩效指标（Loughborough University Library Key Performance indicators）

在拉夫堡大学图书馆网站上，我们可以从"about your library"［http：//www.lboro.ac.uk/services/library/about/］栏目找到该图书馆每学年颁布的核心绩效指标（见下图）。相比格拉斯哥大学图书馆，拉夫堡大学图书馆所关注的绩效指标要简略些，相当于是其最基本的服务标准，以下是其2011年发布的核心绩效指标[8]（表3）。

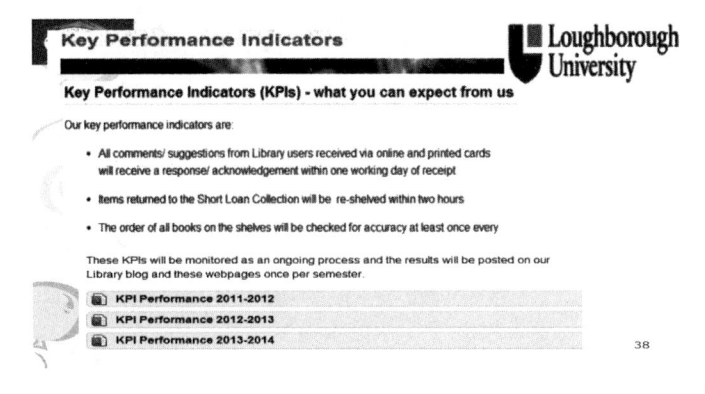

表3　拉夫堡大学图书馆核心绩效指标

Loughborough University Library Key Performance indicators
拉夫堡大学图书馆核心绩效指标
• All comments/ suggestions from Library users received via online and printed cards will receive a response/ acknowledgement within one working day of receipt 通过网络和书面提交的读者意见和建议要在收到后一个工作日内给予答复
• Items returned to the Short Loan Collection will be re–shelved within two hours 短期借阅库中的资料要在还回后两小时内归架
• The order of all books on the shelves will be checked for accuracy at least once every two years 所有上架的图书每两年至少要全面清理一次其准确率
• Items returned from loan, or consulted in the Library, will be returned to the correct floor, within one working day. 外借或在馆内参考利用的资料要在一个工作日内归还到所在的库藏楼层
• Inter–library loans will be processed/ verified within one working day of receipt 馆际互借要在收到后一个工作日内处理或确认
• Advertised opening hours will be maintained for 100% of the year 年度公布的开放时间要100%保障
• Library controlled systems (e.g. library management system, institutional repository, readings lists, room bookings, etc.) are available 98% of the time during standard opening hours 图书馆管理的系统（例如图书馆管理系统，机构知识库，好书推荐目录，研究室预定系统，等等），在标准开放时间内要保障98%的有效性
• No user should wait to be acknowledged for more than 3 minutes to be helped from any Library front line desk 保证任何图书馆一线服务台用户等待时间不超过3分钟

2.4 莱斯特大学图书馆（Leicester University Library）的案例

莱斯特大学图书馆为我们提供了该馆有关图书馆理念、战略规划计划及绩效评估的一揽子信息，我们从该馆网站（http：//www2.le.ac.uk/library/）的"about us"栏目可以看到有关该图书馆的价值观、战略规划、核心绩效指标、服务标准、行动计划等等内容（见下图与表）[9]。

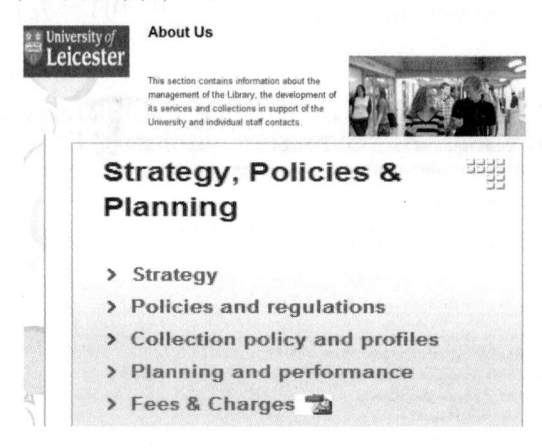

2.4.1 莱斯特大学图书馆的"使命，愿景和价值观"（表4）

表4 莱斯特大学图书馆的使命，愿景和价值观

莱斯特大学图书馆的使命，愿景和价值观
使命
莱斯特大学图书馆通过促进信息发现，促进科学研究的创造与传播，从而丰富校园的知性与创造性生活。

续表

愿景
- 处在英联邦科研密集型领先的大学中心，莱斯特大学图书馆作为全英科研图书馆网络的伙伴，为校内外的科研工作者提供杰出的研究支撑。
- 大学图书馆是整体学校教育的一部分，致力于为卓越的教学和学生体验做贡献。为包括业余和远程学习的学生在内的所有学生提供高水准的支持和获取，是传递图书馆使命的关键。
- 大学图书馆是复合型图书馆，既提供数字型和印刷型资源，又兼备虚拟和面对面服务，以支持多种多样的教学和科研方法。
- 戴维·威尔逊图书馆是一个独特的、颇受欢迎的教育和文化活动场所，拥有现代化的设备与设施。

价值观
我们相信：
- 提供以读者为中心的服务
- 为支持学校的教学和科研来建设馆藏
- 采纳高标准的馆藏管理
- 为传递图书馆使命创新信息技术的利用
- 在课程教学中提升信息素质
- 承诺图书馆作为一个持续学习型组织，并促进员工的个人发展
- 拓展校内外的合作和伙伴关系，使我们的用户受益
- 以创业精神和高效管理各种资源，确保图书馆经费的价值回馈

2.4.2 莱斯特大学图书馆"服务标准"（表5）

表5 莱斯特大学图书馆"服务标准"表

莱斯特大学图书馆服务标准 University of Leicester Library Service Standards

Definitions 说明
Time commitments in these standards relate to the working week, Monday – Friday, 9am – 5pm and exclude Public Holidays and University closed days. 在这些标准中的时间是指工作周，从周一至周五，上午9点至下午5点，不包括公共假期和大学不开放的日子。

Liaison and Communication with Academic Departments
和院系的联系与沟通

1. An Information Librarian or a senior member of Library staff will always attend the Student/Staff Committee meetings for all Departments 信息馆员或高级职员要随时参加院系的学生/职工委员会

User Feedback
用户反馈

2. The Library Users' Forum (LUF) will be convened three times a year 图书馆学生论坛一年要召开3次
3. Replies to 'Comments, complaints and compliments' forms will be given within 4 days 对"评价、投诉和表扬"的回复要在4天内完成

Acquiring Books and Journals

图书和期刊采访

4. 85% of the annual book budget will be committed by the 31 March 年度图书预算的85%要在3月31号前完成

5. Books will be ordered within 7 days of receipt of the request（Target 95%）图书预定必须在要求接受后7日内完成95%

6. Newly acquired material that is being catalogued will be made available to the user within 48 hours of the hold being placed 新采访图书资料已完成编目的要在48小时内纳入馆藏并与用户见面开放利用

7. In – print books and audio – visual material will be available for use within 12 weeks of the order being placed（Target 80%）80%的再版图书和视听资料要在下订单后12个星期内向用户开放利用

8. Print journals will be made available within a day of receipt by the Libraries 印刷型期刊要在到馆1日内开放利用

9. Users will need to wait no more than 5 minutes to have books issued 用户借阅等待时间不超过5分钟

10. Notifications that held items are available will be sent to users within 24 hours 预约资料已到馆的通知要在24小时内送达用户

Retrieval Service

索取服务

11. Theses will be made available for collection within the advertised times（see http：//www2. le. ac. uk/library/services/retrieval）学位论文要在规定的时间内纳入馆藏开放利用

12. External Store items will be made available for collection within the advertised times（see http：//www2. le. ac. uk/library/services/retrieval）外部保存的资料要在规定的时间内纳入馆藏开放利用

13. Special Collections items will be made available for consultation within the advertised times（see http：//www2. le. ac. uk/library/services/retrieval）特藏资料要在规定的时间内纳入馆藏用作参考

Short Loan Collection

短期借阅馆藏

14. Books required for the Short Loan Collection and available in the libraries will be placed in the Collection within 48 hours 在馆内被指定为短期借阅的图书要在48时内调整到位

Shelving

上架

15. All items will be reshelved within 24 hours at the Clinical Sciences Library 临床科学图书馆的所有图书资料要在24小时内归架

16. 60% of all items will be reshelved within 24 hours at the David Wilson Library 戴维·威尔逊图书馆的所有图书资料归架率要在24小时内达到60%

17. Shelves will be tidied on a rotational basis, with heavily – used subjects tidied daily 书架要循环整理，利用率高的学科要每天整架

续表

Enquiry Services

咨询服务

18. The Libraries will provide an enquiry service throughout their staffed service hours 图书馆要在有员工服务的时间内提供咨询服务

19. E – mail enquiries will receive an answer or an acknowledgement within 24 hours 邮件咨询要在24小时内给予答复或确认

20. Enquiries that cannot be answered on the same day will be answered within 5 days 不能当天回答的咨询要在5日内回答

21. Special Collections enquiries will normally be answered within 10 days 有关特藏的咨询通常要在10日答复

The Library Catalogue

图书馆目录

22. 24/7 access to the Catalogue will be available for 99% of the time 全天候开放的目录检索的有效性要达到99%

Document Supply

文献提供

23. Inter – Library Loan requests will be actioned within 24 hours of their receipt 馆际互借的请求要在收到后24小时内执行

24. Postal Loan requests from distance learners will be actioned within 24 hours of their receipt 远程邮政借阅的请求要在收到后24小时内执行

Literature Search Requests

文献检索请求

25. 80% of legitimate requests for literature searches will be supplied within 5 days. The remaining requests will be supplied within 10 days.

合理的文献检索请求要在5日内完成80%,其余的请求要在10日内完成

Opening Hours

开放时间

26. The libraries will be open for the advertised opening hours 图书馆必须在规定的开放时间内开馆

Study Environment

学习环境

27. At least 1,200 reader places will be provided 至少提供1,200个阅览座位

Information Skills Teaching

信息技能教学

28. 95% of participants completing an evaluation form will rate the teaching session as satisfactory or better 参加信息技能培训的参加者中95%以上对教学的评价为满意或更好

2.4.3　莱斯特大学图书馆"2010/11 行动计划（Action Plan）"（表6）

表6　莱斯特大学图书馆"2010/11 行动计划"表

For students：针对学生
• Introduce 24/5 opening during term time and 24/7 for January as well as Summer exams 导入学期中每周5天24小时开放，一月份和暑期考试期间实施每周每天24小时开放
• Introduce self-service online booking for group study rooms in the David Wilson Library 在戴维·威尔逊图书馆开展在线自助服务预定团体研究室
• Continue to increase expenditure on student textbooks 继续增加学生课本购买的资金
• Increase the provision of electronic books 增加电子图书的供应
• Improve the library presence in Blackboard and produce guidance for academic staff on integrating library resources 在黑板上提升图书馆出现率，为学术员工制作如何整合图书馆资源的指南
• With Widening Participation evaluate the Realising Ambitions Compact 扩展更多参与着来评价"实现雄心"一揽子项目
For researchers：针对研究人员
• Integrate Leicester Research Archive with the new Research Support Office software 采纳新的科研支持办公软件来整合"雷斯特科学研究档案"
• Contribute to the Graduate School research skills online tutorials 为研究生院研究技能在线课程作贡献
• Promote the use of bibliometrics and introduce the Incites database 提升文献计量学的应用，导入激励数据库
• Purchase a number of key new electronic resources and journals requested by academic staff 购买一些学术人员要求的新的关键电子资源和杂志
• Review and improve our registration procedures for university staff and others 评价和改进大学员工和其它用户的注册程序
• Successfully deliver the JISC funded local history digital archive project 成功地展开 JISC 支助的地方历史数字存档项目
Planned digital library developments：数字图书馆发展计划
• Redesign the library's web presence to ensure it is more interactive and to improve the user experience 重新设计图书馆网页的表现力，确保其更为互动，并改善用户的体验
• Modernise the library catalogue such with features such as PIN lookup & spellcheck 采用 PIN 查找和拼写检查等特征功能，使图书馆目录现代化
• Pilot a new library search engine to improve ease of access to our digital library 试验采用一个新的图书馆检索引擎，改善数字图书馆的易用性

备注：2010/11 年行动计划列出了几项重要的图书馆服务拓展的活动，以与图书馆战略计划保持一致。已经稳定开展的服务，已经贯穿了整个学年度的，没有包括在此。

2.4.4 莱斯特大学图书馆"2009/2010年度核心绩效指标"(表7)

表7 莱斯特大学图书馆"2009/2010年度核心绩效指标"

2009/2010年度核心绩效指标

KPI 核心绩效指标	Aim 目标	2009/10 实际绩效	2008/09 上年度绩效
1. Financial 财经			
1.1 Library as % of total institutional spend 图书馆经费占学校总经费比例	Top 5 (5th = 2.8%)	9th (2.5%)	10th (2.6%)
1.2 Total expenditure per FTE student 生均图书馆经费总支出	Top 5 (5th = £413)	4th (£418)	6th (£415)
1.3 Information expenditure per FTE student 生均信息资源购置费	Top 5 (5th = £190)	4th (£197)	3rd (£197)
1.4 Book expenditure per FTE student 生均图书购置费	Top 5 (5th = £43)	5th (£43)	6th (£44)
1.5 Periodical expenditure per FTE student 生均期刊购置费	Top 5 (5th = £112)	3rd (116)	2nd (£117)
1.6 Electronic information expenditure per FTE student 生均电子资源购置费	Top 5 (5th = £34)	5th (34)	5th (£30)
1.7 Staffing as % of library expenditure 图书馆人员开支占总经费的比例	2nd quartile	7th (47%)	9th (48%)
2. Stock 库藏			
2.1 Book Additions per FTE student 生均年购书量	Top 5 (5th = 2.6)	13th (1.3)	11th (1.4)
3. Usage 利用			
3.1 Loans per FTE student 生均借阅册数	Top 5 (5th = 71)	13th (53)	12th (54)

续表

2009/2010 年度核心绩效指标			
3.2 Article downloads per FTE user 生均文献下载量	Top 5 (5th = 96)	7th (86)	5th (75)
4. User satisfaction 用户满意度			
4.1 National Student Survey score for Library question 2009	Top 5 (85%)	1st (91%)	7th * (81%) for 2007/8

通过以上大学图书馆联盟或大学图书馆的评估个案，我们可以看到，无论指标体系是详细或简约，或者图书馆服务标准是否从绩效指标中单列出来，这些只是形式上的差别，最终评估指标都是要配合图书馆的战略规划，并随着规划或计划的改变而取舍变更，其宗旨是为了促进图书馆的服务、管理与发展。

3 海南省高校图书馆评估的案例

过去，国内高校图书馆评估，主要依据的是国家教育部相关的文件，如 2004 年 2 月《普通高等学校基本办学条件指标（试行）》，以及教育部高校图工委发布的 2002 年《普通高等学校图书馆规程（修订）》、2003 年《普通高等学校图书馆评估指标》（修改稿）。新世纪后，由于中国图书馆事业的飞速发展，这些评估文件中对图书馆的规范已经滞后于图书馆事业的整体发展，因此，近几年高校图书馆的评估几乎停顿，高校图书馆规程的修订也一直在酝酿当中。

与此同时，国家教育部对高等学校的评估进行了全新改革，建立健全了新时期我国高等教育"五位一体"的评估制度，即：以学校自我评估为基础，以院校评估、专业认证及评估、国际评估和教学基本状态数据常态监测为主要内容，政府、学校、专门机构和社会多元评价相结合，形成中国特色现代高等教育体系相适应的评估制度。这种新的评估改革，首先是从观念上突出了分类评估、分类指导的理念，比如评估不再一刀切，而是根据学校的办学层次进行分类评估，在本科、专科的分类之外，本科院校又分 985、211、重点、普通本科；其次是改革原来几年一次的办学水平评估，采用"审核评估"的新模式。

3.1 海南省高校图书馆绩效评估指标体系构建的主要原则

为了促进图书馆事业的发展，海南省高校图书馆在海南省教育厅及省高校图工委的指导下，对图书馆评估的变革进行了积极的尝试。2012 年海南省教育厅将《海南省"十二五"高等学校图书馆评估方案》列为重点课题，以课题项目的方式来推动高校图书馆评估的研究与改革。课题由海南大学图书馆张红霞主持，成员是各高校馆馆长或业务骨干。

根据海南省教育厅及省高校图工委的要求，即：海南省高校图书馆新的评估方案要主动适应我国新时期高等教育评估的新政策和新要求，吸纳国际图书馆界最新的评估理论与实践，制定与地方相宜的评估指标体系，课题组经过近3年的努力于2014年底完成了项目研究。项目研究成果《海南省"十二五"高等学校图书馆评估方案》包括：《海南省"十二五"高等学校图书馆评估指南》、《海南省"十二五"普通高等学校图书馆评估指标（本科、高职高专通用表）》、《海南省"十二五"普通高等学校图书馆评估指标（可选用清单一览表）》，其中评估方案的核心——是《海南省"十二五"普通高等学校图书馆评估指标》，其构建的主要原则是：

▲ 政府评估与自我评估相结合，突出自我评估；

▲ 办馆条件与服务水平相结合，突出服务绩效；

▲ 指标体系以绩效评估为核心，简洁实用，促进自我改进。

3.2 海南省高校图书馆绩效评估指标体系构建的主要依据

为了科学合理地构建评估绩效指标体系，使其既有一定前瞻性，又在承前启后上有所创新，指标体系构建的主要依据有：

1）国家教育部关于高校评估的最新文件及精神：如《教育部关于普通高等学校本科教学评估工作的意见》（教高〔2011〕9号）；教育部办公厅关于开展普通高等学校本科教学工作合格评估的通知（教高厅〔2011〕2号），及其附件《普通高等学校本科教学工作合格评估实施办法》、《普通高等学校本科教学工作合格评估指标体系》；教育部办公厅关于普通高等学校编制发布2012年《本科教学质量报告》的通知（教高厅函〔2013〕33号），及其附件《普通高等学校2012年度本科教学质量报告基本要求》、《普通高等学校2012年度本科教学质量报告支撑数据》；教育部关于印发《高等职业院校人才培养工作评估方案》的通知（教高〔2008〕5号），及其附件《高等职业院校人才培养工作评估方案》

2）国际标准：ISO11620图书馆绩效指标2008年最新版（第4版）；ISO2789：2006国际图书馆统计

3）国外高校图书馆绩效评估实践

4）《海南省高校图书馆"十二五"发展规划》、《海南省高等学校图书馆评估方案（2005）》

3.3 海南省高校图书馆绩效评估指标体系的框架与结构

《海南省"十二五"普通高等学校图书馆评估指标》体系结构，设立：馆舍与基础设施建设、办馆思路与领导作用、馆藏资源建设、馆员队伍建设、图书馆经费投入、服务质量控制、资源利用绩效、用户评价、特色或创新项目 9 大项一级指标，其下设二级指标 23 个，70 个观察点，体系中既有定量、又有定性的指标。具体框架与结构如下[10]（参见表 8）：

表 8　海南省高校图书馆绩效评估指标体系的框架与结构表

一级指标	二级指标	主要观测点
A 馆舍与基础设施建设	A1 馆舍概况	A11 图书馆服务点总数与总面积
		A12 生均馆舍面积
		A13 生均座位数
	A2 馆舍布局与环境	A21 馆舍布局
		A22 配套设施齐全
	A3 信息化基础设施	A31 业务自动化管理
		A32 生均工作站数
		A33 智能化与网络化建设
B 办馆思路与领导作用	B1 图书馆定位	B11 图书馆定位与规划
	B2 领导作用	B21 领导配备
		B22 领导能力
C 馆藏资源建设	C1 馆藏建设政策	C11 馆藏建设方针
	C2 馆藏实体资源	C21 馆藏实体资源总量
		C22 生均图书册数（不含电子资源）
		C23 生均年进书量（不含电子资源）
	C3 馆藏电子资源	C31 电子图书册数
		C32 电子期刊种数
		C33 其他电子资源
	C4 自建特藏与数据库	C41 学位论文
		C42 学校机构知识库
		C43 其他自建文献数据库
	C5 馆藏资源总量	C51 馆藏文献资源总量
		C52 生均文献资源量
		C53 生均年购文献资源量
	C6 免费获取资源	C61 OA 开放资源
		C62 其他网络免费资源

续表

一级指标	二级指标	主要观测点
D 队伍建设	D1 工作人员总数与素质	D11 工作人员总数与结构比例
		D12 专业人员占全职馆员的比例
		D13 全职馆员学历结构
		D14 全职馆员职称结构
	D2 工作人员与读者、资源的比例	D21 持证师生占师生总数的比例
		D22 校外读者占读者总人数的比例
		D23 每名工作人员服务的师生数
		D24 每名工作人员对应的馆藏实体资源数量
	D3 员工培训与发展	D31 培训经费投入
		D32 业务培训课时
		D33 员工培训普及率
E 经费投入	E1 图书馆经常性经费	E11 校拨正常经费占学校经常性预算内教育事业费拨款的比例
		E12 文献资源购置费比例
		E13 信息化基础设施维护和更新费
	E2 非常规经费比例	E21 非常规经费占图书馆年度资金总投入的比例
	E3 资源购置经费总投入比例	E31 生均文献资源购置费用
F 服务质量控制	F1 质量管理制度	F11 规章制度
		F12 质量控制
	F2 工作人员服务绩效	F21 年度实体文献采访平均时间
		F22 年度实体文献加工处理的平均时间
		F23 馆藏书目数据库与实体资源的一致性
		F24 馆际互借成功率（包括文献传递在内）
		F25 咨询服务响应度
		F26 排架准确率
		F27 设备完好率（列入固定资产登记的）
		F28 周开馆小时数
		F29 图书馆自动化系统及设备故障处理响应度

一级指标	二级指标	主要观测点
G 资源利用绩效	G1 资源利用绩效	G11 馆藏实体文献周转率
		G12 馆际外借占馆藏实体文献的比例
		G13 读者年人均实体文献利用量（按册数计）
		G14 读者年人均电子文献利用量
		G15 读者年人均参加信息素质培训课程的次数（读者按千人计）
		G16 年度信息服务业务量
		G17 读者年人均参加图书馆活动的次数（读者按千人计）
		G18 读者年人均到馆率
		G19 免费网络资源利用推送
	G2 资源利用成本	G21 馆藏实体文献借阅平均成本
		G22 电子资源访问平均成本
		G23 内容单元下载平均成本（指电子资源）
		G24 图书馆访问平均成本
H 用户评价	H1 用户满意度	H11 用户满意度
I 特色或创新项目	I1 项目美誉度	I11 社会美誉度
		I12 同行评价
		I13 馆际合作与共享

3.4 海南省高校图书馆绩效评估指标体系的特点：

1)《指标体系》未设权重：所有指标均没有设立权重，原因：

之一、根据教育部分类评估的理念，图书馆评估也应该分类，同类同级才可参照比较。海南省17所高校，其中本科6所（1所211），高职高专11所，类型多，难以为不同类别设计权重；

之二、评估导向：突出自我评估的纵向比较，弱化不分实情的横向比较；

之三、很多指标虽然在国际上已经同行，但用在本省高校图书馆还是第一次，作为尝试，积累经验。

2)《指标体系》各指标或各观察点，未赋予统一要求（或值），其中

① 有定量或有定性要求的指标，其根据是：

之一、教育部教发〔2004〕2号文件要求；

之二、省"十二五"高校图书馆规划中要求要达到的数据；

之三、课题组提议、省图工委确认的。

② 未定量或未提定性要求的指标：自我对比连续几个年度的数据或情况，以说

明该项工作的进展

3)《指标体系》作为尝试，只覆盖图书馆基本业务范畴，不涵盖可能的一切，不尽善尽美。

作者介绍：张红霞，海南大学图书馆研究馆员。国际图联（IFLA）统计与评价专业组常务委员。中国图书馆学会第九届学术委员会图书馆统计与评估专业委员会副主任。

参考文献：

[1] 张红霞. 国际视野下的图书馆评价——走向卓越绩效的历程. [J]. 图书馆建设, 2012 (9)：67-69

[2] 张红霞. 图书馆质量评价体系与国际标准 [M]. 北京：国家图书馆出版社, 2008

[3] TC 46/SC 8 Quality – Statistics and performance evaluation [OL]. [2015-03-09]. http://www.iso.org/iso/home/store/catalogue_tc/catalogue_tc_browse.htm?commid=48826

[4] ISO 2789 Information and documentation – International Library Statictics [S]. （包括2006年版和最新2013年版）ISO 2789：2013 Information and documentation – International Library Statictics.

[5] ISO 11620：2014 Information and documentation – Library performance indicators [S]. （2014年版）

[6] ISO/TR 28118：2009 Information and documentation – Performance indicators for national libraries [S].

[7] ISO16439：2014 Methods and procedures for assessing the impact of libraries [S]. 第1版

[8] Key performance indicators（KPIsa) – what you can expect from us [OL]. [2015-03-09]. http://www.lboro.ac.uk/services/library/about/kpi/

[9] Strategy, Policies & Planning [OL]. [2015-03-09]. http://www2.le.ac.uk/library/about.

[10] 张红霞. 海南省教育厅科研项目《海南省"十二五"高等学校图书馆评估方案》（Hjsk2012-05）.

高校图书馆战略分析方法研究

云南师范大学图书馆　赵益民

摘　要：高校图书馆战略分析方法为战略环境、愿景、定位、资源和支持意愿等方面管理决策提供技术支持。战略环境分析针对政治、经济、技术、行业、服务、读者、资源、管理等影响因素进行一致性相关程度考察，做出未来情景预测。战略愿景分析通过高校图书馆组织变革预期矩阵，明确战略发展目标。战略定位分析通过定位评价矩阵和战略模式定位坐标系，明确战略发展模式。战略资源和利益相关者的意愿分析通过量化的评价矩阵，能够揭示高校图书馆的战略优势与劣势，以及战略规划受到的支持程度。

关键词：高校图书馆　战略规划　战略分析　管理方法

战略思想和理论起源于两千多年前的军事领域，20世纪初开始受到工商管理界的重视。兴起于20世纪80年代的"新公共管理运动"促使战略管理从私人部门（工商企业）向公共部门普及，成为一种新实践模式和新理论范式。自现代图书馆诞生以来，图书馆个体与事业的发展策略经历了与企业类似的从工作计划到长期计划，再到战略规划乃至战略管理的过程。高校图书馆的战略规划借鉴了商业和公共部门的管理方法与技术，在近年来的管理实践中取得了一定的成效。

正式的战略规划活动通常包括分析与制定两个大的环节，对战略发展环境、组织变革预期、战略资源差距和利益相关者意愿等内容进行全面、细致的分析，将为战略规划的制定奠定坚实的基础，提供必要的参考依据。本文利用柯平、赵益民等学者针对图书馆战略规划开展的实证研究结论，探讨一些符合高校图书馆战略发展特性的分析方法，希望能为"十三五"规划，乃至更长期的规划编制实践提供方法论层面的决策参考。

1　战略环境分析

战略环境是高校图书馆谋求长期发展的内外影响要素的总和，包括政治、经济、文化、教育、技术、资源、读者、馆员等内容。环境分析是确定组织变革预期，编制未来愿景的前期基础，也是明确战略目标、设计行动方案的必要依据。正确认识和分析战略环境是科学制定战略的先决条件,战略的实施也会对环境的变化产生影响,实时、准确地分析战略环境在战略管理活动中显得非常重要。

相对于被动和漠然的态度,就环境变革采取提前、主动和交互性行动的反应,是战略分析的一种新理念。管理理论中的情景分析法为战略环境的分析提供了新的思路和选择,其基本原理是通过分析组织未来发展的影响因素可能出现的状态及其出现的可能性,将组织未来发展环境界定在一定的范围内,并针对出现概率最高的预测环境确定战略方向和战略措施[1]。该方法依靠预测人员的创造性思维,对未来可能出现的若干状态、出现概率及产生过程进行描述,从而帮助战略决策者对环境变革的可能状态形成全面而深入的认知。这一技术被认为是能够将外部环境中的变化和不确定性融入整体战略之中的一种非常有价值的工具[2]。

由于情景分析法拥有将高度不确定的宏观环境因素与变革驱动力进行不同组合的能力,避免了将现实状况以线性的、单因素的投影方式延伸到未来的简单预测。因此,可以将其与传统的环境分析方法结合起来,对战略发展环境进行多种可能的未来情景的预测分析,进而拟定不同演进态势中的背景选项,为高校图书馆战略规划的进程提供较为科学、合理的决策依据。

战略管理理论中的"场不规则松弛法"(Field Anomaly Relaxation)认为社会领域内的逻辑结构将控制未来的状态,那些可行的状态之间的联系将暗示通往未来的道路。由"事物的形式和结构"形成的"场"总是由更宽泛的方面构成[3],高校图书馆战略环境中的各类关系场同样也能够通过理性系统地进行分析预测。借此观点,本研究综合PEST模型和情景分析法的优势与特点,构建战略发展环境分析矩阵,如表1和表2所示。

表1 高校图书馆战略发展环境影响因素

政治(P)	经济(E)	技术(T)	行业(I)	服务(S)	读者(U)	资源(R)	管理(M)
P_1:教育政策倾斜,法制健全	E_1:快速增长	T_1:成本低廉,效益显著	I_1:联盟紧密合作,相关行业协同发展	S_1:文化教育服务项目众多,方式创新	U_1:人数众多,需求旺盛	R_1:馆藏持续增长,人才队伍稳定,经费充足	M_1:组织结构优化,制度健全,流程科学
P_2:政策常规保障,法制逐渐完善	E_2:正常的匀速增长	T_2:成本较高,应用受阻	I_2:组织松散运作,独立发展	S_2:仅限于传统服务项目的普及和推广	U_2:人数较少,需求专深	R_2:馆藏增长缓慢,人才队伍不稳,经费缺乏持续保障	M_2:组织结构合理,制度、流程逐渐完善

续表

政治（P）	经济（E）	技术（T）	行业（I）	服务（S）	读者（U）	资源（R）	管理（M）
P₃：政策不稳，法制欠缺	E₃：起伏不稳	T₃：更新快速，便于利用	I₃：竞争激烈，发展受阻	S₃：规模萎缩，效能低下	U₃：人数稀少，需求淡薄	R₃：馆藏陈旧萎缩，人才流失严重，经费极度匮乏	M₃：机制不够健全，管理有待突破
P₄：社会公益意识淡漠	E₄：开始衰退，呈负增长	T₄：更新缓慢，使用不便	I₄：文化教育事业开始衰退	S₄：公益性服务被营利性组织垄断	U₄：读者及其需求划分日益细化	R₄：财政投入较不稳定，馆员专业结构失衡	M₄：机制弊端众多，管理效能低下

资料来源：作者整理

表中的8个变量来自于战略管理理论和专家调查关于高校图书馆内外部环境的分析结果，代表了高校图书馆战略发展的主要环境影响因素，涵盖了组织内外的未来情景构成要素，涵盖行业、服务、读者和资源等要素的PETISURM比传统战略管理理论中的PEST更能全面、准确地体现出高校图书馆的服务属性。如有必要，还可适当补充文化、教育等因素，但环境变量原则上不宜过多，否则会极大地增加未来情景的预测难度。表中每个变量的若干取值是未来发展可能状态的示例，特定的高校图书馆可以按照自身所处的环境特点及受其影响的程度进行取舍、增加或修改。变量及其取值没有固定的排序或分组，以便适应多元化、非线性的社会发展状态。

环境影响因素及其可能发展状态为未来情景的构建提供了素材，表2进一步为每个变量取值提供了逐一匹配的机会。

表2　高校图书馆战略发展环境影响因素相关匹配矩阵

	E₁ E₂ E₃ E₄	T₁ T₂ T₃ T₄	I₁ I₂ I₃	S₁ S₂ S₃	U₁ U₂ U₃	R₁ R₂ R₃	M₁ M₂ M₃ M₄
P₁	2 2 1 0	1 0 2 0	4 1 0	3 2 0	2 1 0	4 1 0	3 2 1 0
P₂	2 1 1 0	1 0 1 0	2 1 0	2 2 1	2 2 1	2 1 0	2 2 1 0
P₃	0 1 2 2	0 2 0 1	0 1 3	0 2 4	0 1 2	0 1 3	0 1 2 4
E₁		2 1 2 1	2 1 0	3 3 0	3 3 0	3 1 0	3 2 1 0
E₂	— — —	2 1 2 1	2 1 0	3 4 1	3 2 1	3 1 1	2 2 1 1
E₃		1 2 1 2	1 2 2	2 1 1	1 2 2	0 2 2	1 2 2 2
E₄		0 1 0 1	0 1 2	0 1 3	0 2 3	0 1 3	0 1 2 3

续表

	E₁ E₂ E₃ E₄	T₁ T₂ T₃ T₄	I₁ I₂ I₃	S₁ S₂ S₃	U₁ U₂ U₃	R₁ R₂ R₃	M₁ M₂ M₃ M₄
T₁	— — — —	— — — —	2 2 0	4 3 0	3 2 0	2 1 0	3 3 2 0
T₂			0 2 2	0 1 3	0 2 3	0 1 2	0 1 2 3
T₃			3 1 0	3 2 0	3 3 0	1 0 0	4 2 1 1
T₄			0 2 2	1 1 2	1 1 3	1 1 1	0 0 2 3
I₁	— — — —	— — — —	— — —	3 3 0	3 2 0	2 2 0	3 2 2 0
I₂				2 2 1	2 2 2	2 2 2	2 2 2 1
I₃				1 1 2	0 1 2	0 2 3	1 1 2 2
S₁	— — — —	— — — —	— — —	— — —	4 2 0	3 3 0	3 3 2 0
S₂					3 2 1	3 2 1	2 2 1 0
S₃					0 2 3	0 1 3	0 0 2 4
U₁	— — — —	— — — —	— — —	— — —	— — —	3 2 0	3 3 1 0
U₂						1 2 1	1 1 2 2
U₃						0 1 3	0 0 1 2
R₁	— — — —	— — — —	— — —	— — —	— — —	— — —	3 2 1 0
R₂							0 1 2 2
R₃							0 0 2 3

资料来源：作者整理

表2所示的矩阵旨在确定各环境因素的可能状态之间的一致性相关程度。评分标准：0表示完全不一致，1表示基本不一致，2表示基本一致，3表示非常一致，4表示完全一致（表中评分仅为示例）。矩阵分析需要全景式的"格式塔"（Gestalt）思维，综合各类环境因素，从局部去感受整体的形式、意义和价值。将相关得分较高的可能状态自由组合，剔除内部逻辑不一致的部分，通过合理判断，能够形成若干个符合逻辑的未来预期情景，为高校图书馆战略规划确立几个可能性较大的未来环境，以此作为科学决策和规划制定的预见性背景基础。

例如：$P_1E_2T_3I_1S_2U_1R_1M_2$代表着一种法制健全、政策有所倾斜，经济持续发展，技术更新且应用良好，组织内外健康运作，资源丰富、供求兴旺的乐观发展态势；而$P_3E_4T_2I_3S_3U_2R_3M_4$则代表着一种极为不利的政治、经济环境，新技术难以有效应用，行业之间充满恶性竞争，管理混乱、效能低下，读者流失、资源匮乏。除了最为极端的战略环境，在二者之间还能形成一些较好、较差或较为中性的未来预测情景。

以此方法进行环境分析的前提是社会领域内的逻辑结构将控制未来的状态，由于考虑了所有察觉到的可能性，那些可能的状态间的联系便将暗示通往未来的可追溯的发展路径。分析结果建立在敏锐的想像力、洞察力和判断力的基础之上，能够根据规划的要求确定情境的数量；虽然并不直接支持某项决策，但能通过描述具有内在一致性的未来情境，作为战略制定和决策行为的背景。

如果环境分析得到的未来预期情景数量过多，需要规划人员做出取舍判断，则可以使用表3的判别矩阵针对每个预期情景进行评判。

表3 高校图书馆战略发展未来情景判别矩阵

未来情景 N		影响程度		
		高	中	低
发生概率	高			
	中			
	低			

资料来源：作者整理

针对未来情景N，矩阵纵向与横向各有三个单元，横轴表示情景影响的大小，纵轴表示情景发生的概率。由每名规划人员针对每个未来情景做出评价，在矩阵中的相应单元格中标注记号。所有评价结果汇总后，选出既对高校图书馆拥有重大影响，又很有可能发生的情景（即获得尽量靠近左上角的标记）。对于明显与大多数人有分歧的观点，可请其持有人充分发表自己的见解，这样既能有效避免群体性的认知盲区，又能通过集体讨论达成共识。

规划人员的知识结构与认知水平等方面的差异可能导致分析结果的重大分歧，这种经验判断的特点无须强行统一，寻求不一致性存在的合理解释才是激发更多灵感的动力和源泉。就此而言，对未来情景的书面化描述显得非常必要，每种可能状态的合理组配都应该适当详细地描述其实质和特征。通过分享和讨论这些预期情景，战略管理者能够更加深入地了解发展环境中的各类因素及相互关系。配合共享理念的推广和规划制定的进程，高校图书馆馆员的价值认知将得以提升，高校图书馆的组织学习能力也将得到提高。

2 战略愿景分析

愿景展望和目标体系是规划体系中必不可少的组成部分，具有描绘高校图书馆远景蓝图的引领作用。高校图书馆的愿景是对自身长远未来中的预期性描述，是对远景目标的方向性陈述，指引着高校图书馆的未来发展框架和航向。高校图书馆愿景通常用于指导制定战略决策，向利益相关者传达预期效益信息，清晰地展现竞争优势，并强调组织的运作规则。就其实质而言，愿景就是一种充满号召力的目标，指向特定的、可靠的、引人注目的未来状态，促使高校图书馆的战略管理者能够构筑从现在通向长远未来的重要桥梁，同时，在高校图书馆的精神源泉、组织信念、社会责任及理想诉求等方面发挥作用。

为了明确高校图书馆的未来发展愿景，首先应厘清各类战略要素，并为每个要素设定不同的发展阶段，然后分析高校馆在各要素中目前所处的状态，以此为基准，规划未来的理想目标。战略发展是组织变革的过程，现状与预期之间的距离和关系可以通过表4的矩阵进行判别。

表4 高校图书馆组织变革预期矩阵

事业投入			运作职能		社会效益	
资源（R）	馆员（H）	设施（F）	管理（M）	服务（S）	读者（U）	形象（I）
R_1：经费充足，纸质馆藏丰富，共享网络发达	H_1：吸引并拥有高素质人才，薪酬较高，人尽其才	F_1：拥有技术一流的设备，运行、维护良好	M_1：管理人才众多，管理绩效显著	S_1：对所有读者提供优质、高端的服务	U_1：读者来自国内外，拥有高端信息需求	I_1：全国一流的信息机构
R_2：拥有大量国内外电子资源，经费持续投入有保障	H_2：综合素质普遍较高，工作满意度较高	F_2：定期更换、维护各类设施，运行正常	M_2：管理层级健全，领导配备合理，管理方式先进	S_2：拥有一些面向重点读者的高端、稀有服务手段	U_2：在系统内外拥有众多的读者，信息需求广泛	I_2：本地首选的信息机构之一
R_3：馆藏以纸质文献为主，经费投入不足	H_3：拥有一定数量的核心人才，能有效推动事业发展	F_3：拥有基本满足业务需要的各类设施	M_3：拥有科学的业务流程，规章制度基本健全	S_3：完善传统服务，吸收先进经验，开发新的服务领域	U_3：读者限于系统内，数量多，信息需求旺盛	I_3：拥有较好的服务口碑，成为教学、科研的良好伙伴
R_4：馆藏增长较慢，但拥有一定的共享资源	H_4：拥有少量人才，但存在吸收、引进的困难	F_4：拥有必需的主要设备	M_4：基本能够保障管理人才的配备和组织的正常运作	S_4：服务手段单一，缺乏新技术支撑	U_4：比较稳定的读者群体，拥有较高层次的信息需求	I_4：普通的阅览场所，仅能满足基本阅读需求
R_5：馆藏资源陈旧，经费持续缩减	H_5：综合素质普遍较低，工作积极性较低	F_5：设施陈旧，技术落后	M_5：管理人才缺乏，管理手段落后	S_5：服务手段落后，无法满足读者需求	U_5：读者数量少，层次低，借阅量较小	U_5：书刊更新较慢，设施陈旧，缺乏吸引力
	H_6：队伍结构较不合理，人浮于事	F_6：非常缺乏先进设备和维护经费保障	M_6：管理绩效低下，管理人才大量流失	S_6：服务质量低下，读者投诉较多	U_6：读者持续流失，信息需求锐减	U_6：无法保证正常开放，令人忽视其存在

注：表中的加粗字体代表组织现状，加粗斜体字体代表未来预期。
资料来源：作者整理

表4中的事业投入、运作职能和社会效益为概括性的一级战略要素,其下设资源、馆员、设施、管理、服务、读者、形象等二级战略要素,设计思路源自关于高校馆内部环境影响因素的专家调查结果。各要素的变量取值用于示例,如该馆社会形象方面的愿景是从仅能满足基本阅读需求的普通阅览场所,发展成为本地首选的信息机构之一。各层级的设计参考了国内外战略规划文本的具体内容,分别代表着水平、程度上存在高低差异的不同阶段的发展态势。

具体的实践步骤包括:

第一步,由规划委员会成员分别构思、描述针对每个战略要素的不同发展阶段;

第二步,集中讨论,并记录、汇总所有观点;

第三步,整合共同意见,深入阐述、剖析重大分歧,充分发表个人见解,最终取得共识;

第四步,公布愿景草案,广泛征询建议,力求获得各利益相关者的认同;

第五步,使用宣言式的语句撰写愿景;

第六步,通过各类渠道和方式公布正式的愿景,以此明确本馆的现实定位,为制定未来发展的预期目标提供纲领性的指导。

如同使命阐明了高校图书馆发展的宗旨和信念,愿景对于战略规划的意义也极为重大,战略目标的制定成为未来愿景的实作性体现。尽管很多规划没有被书面化,但现实当中的许多高校图书馆管理者在不同程度上都拥有规划,这与组织愿景有着很大关系。目标对于愿景的价值在于有助于确定面向理想结果的进程,有助于协调为实现愿景而开展的各种行动,为业绩评估与资源配置提供标准与依据。

3 战略定位分析

战略模式定位是以高校图书馆的未来发展为重点,为赢得持久的竞争优势所进行的战略谋划和战略选择,目的是谋求一套适合本馆战略发展的典型方案。有关战略定位的实践早已超出了商业领域,如Boschken(1992)关于公共服务部门的研究表明,战略定位和运作效率之间存在着负相关关系($r = -0.564$,$p < 0.05$),即"追求长期的战略管理与运作的即时需求"之间存在矛盾。[4]战略定位与行动评价矩阵(Strategic Position and Action Evaluation Matrix,SPACE)[5]则被用于通过内外部环境变量的考察,确定组织战略要素的发展状况和未来的总体定位。本研究借鉴成熟的战略管理理论,在规划分析的基础上,根据战略发展内外部环境分析的结果,力图确定针对特定高校馆的发展定位,选择适宜的战略模式,以促进核心竞争优势与能力的高效构建。

通过相关研究的内外战略要素的量化分析,表5的高校图书馆战略定位评价矩阵和图1的高校图书馆战略模式定位坐标系将共同完成战略模式定位。本模型的设计思路源自 SPACE 矩阵，但所有的战略要素和战略模式均已按照高校图书馆的组织特征和行业特点进行了修正、改进，以契合其为教学、科研服务的基本属性。

表 5 高校图书馆战略定位评价矩阵

定位要素	评价指标	得分	定位要素	评价指标	得分
资源优势	馆藏文献	−2	发展环境	政策法律	3
	运行经费	−4		国民经济	4
	基础设施	−2		公共文化	5
	电子设备	−3		高等教育	5
	社会形象	−3		信息技术	4
平均得分		−2.8	平均得分		4.2
服务优势	馆员素养	1	社会需求	纸质文献	−4
	管理机制	2		电子文献	−6
	创新服务	1		馆舍环境	−4
	科研力量	1		硬件设备	−5
	技术应用	2		交流共建	−6
平均得分		1.4	平均得分		−5

资料来源：作者整理

根据高校图书馆战略规划的特点，资源优势和服务优势被选做主要的内部战略要素，发展环境和社会需求被选做主要的外部战略要素。每个要素内含若干评价指标，是在战略实践中必须重点考虑的影响因素，主要参考了国内外战略规划文本中的目标、任务的设置。特定的高校图书馆在实际分析时，可视自身具体情况进行增删、调整。

对形成服务优势和社会需求要素的各个指标分别赋予范围在 +1（最差）到 +6（最好）之间的评分。而对形成发展环境和资源优势要素的各个指标分别赋予范围在 −1（最好）到 −6（最差）之间的评分。汇总各变量的评分分值，分别计算每个定位要素的平均得分，获知高校图书馆内外部战略要素的基本情况。

定位评价矩阵中的分值仅为示例，以便图 1 的高校图书馆战略定位坐标系的绘制。

坐标系的 4 个象限分别代表了进取、协同、聚焦和培育等 4 种主要的战略模式类型。鉴于高校图书馆公共服务的根本属性，战略模式明显异于企业的进攻、保守、防御等类型的划分。作为总体战略地位最重要的决定力量，高校图书馆战略发展的两个内部因素（服务优势和资源优势）和两个外部因素（发展环境和社会需求）被分置于两个轴线的正负两端。按照定位要素的内在关联性，发展环境和资源优势被赋予 X 轴，服务优势和社会需求被赋予 Y 轴。战略定位的评价分值决定了高校图

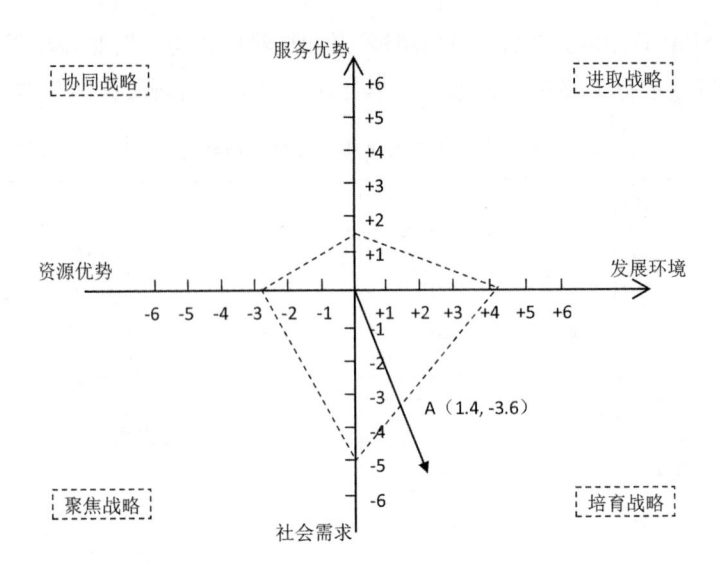

图 1　高校图书馆战略模式定位坐标系

资料来源：作者整理

馆战略发展向量的坐标点（x，y），落于不同象限的坐标点意味着高校图书馆应该采取相应的发展战略模式。

将每个定位要素的平均分值分别标在对应的坐标轴上，用虚线连接 4 个分值点，可得到高校图书馆战略发展内外要素状态示意框架，能够表现出该馆大致的战略取向。将 X 轴上标出的两个分值相加，得到发展向量在 X 轴上的对应位置（x）；将 Y 轴上标出的两个分值相加，得到发展向量在 Y 轴上的对应位置（y）。最后，画出坐标原点至坐标点（x，y）的向量，以此确定高校图书馆的战略定位，明确应该采取的主要战略模式。

右上方的第一象限为进取战略，表明高校图书馆正处于较好的战略地位，资源充足，需求旺盛，但良好的发展环境也会带来激烈的行业竞争，营利性组织和相关公共部门均会对高校图书馆的读者资源和运行经费形成威胁。这种情况下的战略主导思想应该是采取积极主动的行动方案，充分利用自己的内部优势来利用外部机会、回避外部威胁。具体战略方案包括业务拓展、服务延伸、挖掘需求、扩充馆藏资源、壮大人才队伍等。

左上方的第二象限为协同战略，表明高校图书馆虽然拥有一定的资源，具备一定的服务能力，但却面临着不利或不稳定的发展环境。这意味着高校图书馆应围绕基本核心资源和能力开展业务，不冒过大的风险去拓展业务领域，而是以联盟、协作为战略主导方向，联合更多的相关机构共同满足社会需求。具体战略方案包括稳固读者，创新服务，强化资源建设，利用社会需求形成的文化市场，加强与相关机构的协同合作，形成具备足够竞争优势的知识信息链（网）。

左下方的第三象限为聚焦战略，表明高校图书馆处于极为不利的发展态势，应集中有限的资源，向特定读者提供必要的信息服务，形成相对其他公共文化服务机构而言的差异化发展路径。具体战略方案包括开发特色馆藏，挖掘馆员潜力，优化管理效能，提升服务品质，避免读者流失，强化个性化服务等。

右下方的第四象限为培育战略，表明高校图书馆的发展环境良好，但自身优势不足，社会需求欠缺，需要利用环境条件，强化资源建设和能力培养，创建核心优势。具体战略方案包括创建多元化的经费保障渠道，加强对外交流合作，扩大读者群体，拓展服务领域，增设服务网点；培育文化氛围、阅读习惯，关注知识需求、信息体验等。

本示例中的高校图书馆对应的战略定位坐标点是 A（1.4，−3.6），位于坐标系的第四象限，向量显示其所处位置应该属于社会需求旺盛，发展环境有利，但自身资源平庸，服务水平低下的状态。该馆亟须采取培育型战略，以创建核心优势为战略主导思想，在强化资源建设的基础上，通过终身学习、日常休闲、文化社交等方式响应日益增长的读者需求，以需求的满足促进经费的投入，以良性的竞合环境推动服务品质的提升。

通过高校图书馆战略定位要素评价矩阵及坐标系的运用，高校图书馆的战略地位和规划选择有了由定性到定量的决策依据，便于更加直接、清晰地把握总体规划的指导思想。然而，由于为评价指标赋值所需要的很多客观数据往往不易获取，评分时的主观因素影响也在所难免，因此，不能完全拘泥于坐标点的计算和发展向量的走势，应该将分析结果还原到战略环境中予以考察和检测，最好再通过其他工具的佐证和专家研讨的结论，形成最终的战略模式定位。

4 战略资源分析

战略资源是高校图书馆所拥有或控制的，用以维持其生存和发展的关键性活动要素，主要来自于经费、人员、设施、文献、管理、形象等方面。战略管理理论通常将资源分为有形资源（资金、设备等）、无形资源（技术、声誉等）和人力资源等类。[6]对资源的重视导致了以 Barney 为代表人物的资源基础学派的形成，同一时期的 Prahalad 和 Hamel（1990）提出核心能力的概念，使人们对战略资源的理解更加深入。综合现有的理论认识，可以将资源视为高校图书馆能够掌控的外显、静态、有形、被动的"使役对象"，将能力视为体现在馆员身上的潜在、动态、无形、能动的"主观条件"，二者均以完成特定任务为目的，但资源需要通过能力的运用才能实现其价值，能力也只有通过资源的利用和需求的满足才能得以表现。如果将资源视作一种"存量"，能力则"更多地表现为一种利用存量开发流量的活动"。[7]资源与能力的相互依存关系决定了二者在战略进程中的一致性，为方便讨论，本研究将这些主观和客观战略要素统称为战略资源，在战略规划流程中予以统一分析。

高校图书馆与其他非营利性的公共服务机构一样，无法从其提供的服务中获取盈余，以加大进一步的发展，只能将战略决策的重点置于在有限的预算内不断提高效率以保持或提高服务水平。因此，对高校图书馆来说，资源的科学测评、优化配置和适度开发显得尤为重要。

对资源的分析评价研究由来已久，在《公司战略》一书中，Ansoff（1965）从企业主要职能部门角度分析了研究开发、作业、营销、总经理和财务等能力，专门就战略能力设计了一个"水平比较"模型，以能力检测清单的形式作为分析组织内部资源能力的工具。[8] 前文的组织变革预期确立了高校图书馆未来发展的愿景和目标，在此需要进一步考察实现目标所需的战略资源。为揭示现实与预期之间的资源差距，以及弥补该差距的可能性，表所示的矩阵从纵向的维度进行比较和评估，以量化分值针对组织变革的客观基础，进行战略资源的保障性检测。

表6　高校图书馆战略资源差距矩阵

战略要素	分析指标	起点	终点	成本	难度	差距分值	合计
		R_3	R_2				
资源（R）	纸质文献	2	3	1	2	2	21
	电子资源	1	2	3	3	9	
	共建共享	0	3	2	1	6	
	运行经费	2	3	2	2	4	
		H_4	H_3				
馆员（H）	学历层次	1	2	1	1	1	23
	职业素养	1	3	2	2	8	
	招聘培训	2	3	2	1	2	
	职业满意度	2	4	2	3	12	
		F_5	F_3				
设施（F）	基建馆舍	2	3	2	2	4	19
	办公用具	2	3	1	1	1	
	电子设备	1	3	3	2	12	
	维护保养	1	2	2	1	2	
		M_5	M_3				
管理（M）	业务流程	1	3	2	2	8	20
	组织结构	1	2	1	1	2	
	规章制度	2	4	1	3	6	
	监测评估	2	3	2	2	4	

续表

战略要素	分析指标	起点	终点	成本	难度	差距分值	合计
		S₄	S₃				
服务（S）	业务拓展	1	3	2	2	8	26
	个性服务	1	2	1	2	4	
	技术应用	2	3	3	2	6	
	资源开发	1	3	2	2	8	
		U₅	U₄				
读者（U）	需求满足	2	3	3	3	9	22
	交流互动	2	4	2	2	8	
	参与建设	0	1	1	2	2	
	数量规模	1	2	1	3	3	
		I₄	I₂				
形象（I）	品牌意识	0	1	2	2	4	28
	营销策略	0	1	2	3	6	
	社会认知	1	3	1	3	6	
	行业地位	1	3	3	2	12	

资料来源：作者整理

本方法按照组织变革预期矩阵提出的战略要素，分设若干评价分析指标，设计思路源自国内外战略规划文本中的目标体系。粗体字的"起点"为高校图书馆目前的发展水平，粗斜体字的"终点"为经过愿景展望形成的战略目标，对二者进行 0 - 4 的评分，0 表示不具体该项资源，1 表示资源较少，2 表示处于平均水平，3 表示资源较多，4 表示资源丰富，处于优秀水平。起点分值代表高校图书馆的现有资源状况，终点分值代表实现战略目标所需的资源水平。"成本"代表补足资源差距需要付出的各类代价，如人力、物力、财力或时间。以 1、2、3 表示从低到高的付出水平。"难度"代表补足资源差距的难易程度，以 1、2、3 表示从低到高的困难等级。"差距分值"的计算公式为：（终点 - 起点）×成本×难度，每一项战略要素的合计分为其下所有分析指标的分值之和。

表中的分析指标和评估分值仅为示例，具体的实践中，可根据特定高校图书馆的实际情况进行适当增删、调整。如在管理要素中，为强调馆员、设备、技术及其他资源的整合，可增加"组织惯例"指标，以表示由一系列个体的协调活动组成的常规、可预测的活动模式，也以此遵循专家调查中超过半数的专家对其支持观点。

示例评估分值中的总评分为 28 的"形象"属于资源差距最大的战略要素，说明社会公众对该馆的认可度和赞誉度不高，是与理想状况距离最为遥远的领域；其中，以实现"营销策略"和普及"社会认知"的难度最大，提高"行业地位"的成本最高。"设施"要素以最低的 19 分成为相对容易达到目标的战略模块，其中"维护保养"和"办公用具"难度最小，购买后者的成本也最低。由于分析指标之间不一定存在足够的关联度和可比性，资源差距等级之间也不一定等距，因此，评价分值之间不具备严密的运算意义。尽管如此，本矩阵的优势在于充分考虑到了资源分析的非线性特征，通过投入成本和实现难度的引入，得以进行综合判断，利用量化的评价结果反映资源差距状况，并能针对战略要素及其包含的具体指标进行横向比较。

战略资源差距的分析矩阵除了能够从横向和纵向的维度针对战略要素和现实与预期进行比较剖析，还能在更大的领域发挥作用：一是根据差距分析结果，及时修订未来愿景，调整战略目标；二是明确资源的优势与劣势所在，为行动计划的编制提供合理的设计依据；三是通过对自身资源的认识和定位，为实施定标赶超战略提供科学的决策参考。

5 支持意愿分析

意识形态在公共部门战略制定过程中发挥着比在商业领域中更大的作用，利益相关者（stakeholder）对战略方案的接受程度在公共部门发挥的影响也远大于商业领域。有效的高校图书馆战略规划很难仅由规划人员完成，其分析和制定应该是高度协作的过程。尽管主要的起草和建议工作由少数人员承担，但最终的文本却体现着高校图书馆全体馆员、服务对象、上级机构、政府部门、相关组织，以及其他利益相关者的思想意志。

战略管理理论对利益相关者的研究由来已久，这一概念最早出现于斯坦福研究中心 1963 年的内部备忘录中的一篇管理论文，是指可以影响组织战略成果或受其影响的个人或群体。[9] 他们依靠组织来实现其自身的目标，相应地，组织的发展也依赖于这些个人或集体，战略定位、目标实现和业务开展均受其影响。Hussey 和 Langham（1978）提出利益相关者环境中的机构模型，被用于分析管理在公司规划方法中发挥的有效作用。Derkin 和 Crum（1979）在对项目设置战略的分析中运用了利益相关者思想，很多基于利益相关者理论的技术评估方法、战略分析技术纷纷涌现。[10] 在利益相关者分析当中，有必要将各类利益相关群体的价值观念和他们各自的资源、地位、关系和行为考虑在内，因为高校图书馆战略性方向的调整或改变有可能影响到这些方面。显然，任何高校图书馆的战略都无法同时满足所有利益群体的要求，发展愿景和战略目标的制定至少应该得到大多数利益相关者的支持和认可。

根据合作潜力和竞争威胁的大小程度，利益相关者被分成四种不同类型的团体："摇摆性"，"防御性"，"攻击性"，"牵制性"等。高校图书馆因其明显异于企业的公益性特征，利益相关群体更多地体现出行政隶属和协同合作的关系。根据专家调查和大样本问卷调查的结果，读者、馆员、资源供应商、所属高校、同类型高校图书馆和相关文化机构可以视为高校图书馆最主要的利益相关者。

前文的组织变革预期确立了高校图书馆未来愿景和发展目标，并据此进行了资源差距分析，现在需要进一步考察实现目标对利益相关者的影响情况。为揭示不同利益群体对战略目标的意愿态度，表7所示的矩阵针对各战略要素的现状与预期进行意愿评分，以量化分值检测基于利益相关者意愿的组织变革主观可行性基础。分值代表着各类利益相关者对组织变革的支持程度，其中：3表示非常赞同，2表示比较赞同，1表示基本赞同，0表示不关心，-1表示基本反对，-2表示比较反对，-3表示非常反对。

表7 高校图书馆利益相关者意愿矩阵

战略起点	战略终点	读者	馆员	资源供应商	所属高校	同类型高校馆	相关文化机构
资源 R_3：馆藏以纸质文献为主，经费投入不足	资源 R_2：拥有大量国内外电子资源，经费持续投入有保障	2	2	3	-2	2	0
馆员 H_4：拥有少量人才，但存在吸收、引进的困难	馆员 H_3：拥有一定数量的核心人才，能有效推动事业发展	1	3	-1	2	1	2
设施 F_5：设施陈旧，技术落后	设施 F_3：拥有基本满足业务需要的各类设施	1	3	0	1	1	2
管理 M_5：管理人才缺乏，管理手段落后	管理 M_3：拥有科学的业务流程，规章制度基本健全	3	3	0	2	1	-1
服务 S_4：服务手段单一，缺乏新技术支撑	服务 S_3：完善传统服务，吸收先进经验，开发新的服务领域	2	2	1	2	0	2
读者 U_5：读者数量少，层次低，借阅量较小	读者 U_4：比较稳定的读者群体，拥有较高层次的信息需求	-1	-1	2	0	1	3
形象 I_4：普通的阅览场所，仅能满足基本阅读需求	形象 I_2：本地首选的信息机构之一	1	1	2	-1	-1	1
意愿评分总计		9	13	7	4	5	9

资料来源：作者整理

表7中各战略要素的战略起点和终点来自由前文中"组织变革预期"确立的本馆发展现状与未来理想愿景，各项评分仅为示例，显示了一种最受馆员欢迎（最高

的 13 分）的发展愿景，但所属高校和同类型高校图书馆（最低的 4 分和 5 分）却抱保留态度，支持度较低。这种一致性的分析框架能有效避免不同的利益群体间无谓的争辩，能将常规性认识与换位思考的想像力结合起来，对明显的分歧也能采用理性的方法申辩理由、民主讨论。

　　规划人员往往站在其他利益相关者的角度代其表达意愿，加上不同的主观倾向，无疑会增加本方法的运用难度。全景式的格式塔能帮助决策者从众多评分中发现内在逻辑一致的合理解释，或容易被忽略的愿意表达。另外，德尔菲法也有助于处理分歧较大的评分现象。

　　战略要素之间存在程度不同的性质差异，导致愿意评分之间很难进行对等的比较，甚至连每个利益相关者的简单累计总分也缺乏精确的评价意义，只能通过与其他利益相关者的横向比较，得出一个反映相对差异的结论。有时更重要的是就某一最为关键的战略要素，考察所有利益相关者的支持态度，通过关键群体或机构的愿意来决定是否应该调整相应的战略目标。当然，如果没有绝大多数利益相关者的评分达到预期的底线，如仅能保证"基本赞同"的 7 分，就必须考虑对原先制定的本馆战略发展愿景进行修订。

　　利益相关者的分析不仅局限于对组织愿景的认同程度方面，战略规划的整个过程都有必要研究、吸收来自各方的意见和诉求。加拿大的英属哥伦比亚公共图书馆在制定战略时，非常重视与图书馆馆员、图书馆董事会、市区代表和其他利益团体的交流，为了确保利益相关者能够全面参与到协商过程中，规划委员会聘请了 Zethof 咨询集团来协调工作以及进行电话采访、邮件和电子调查。关于形势评估的协商会议纪要在网上公布，或被广泛发送给利益相关者，请其提出有针对性的意见。规划过程中，图书馆使用了超过 6 个月的时间征求各方代表的意见，通过协商奠定规划文本的基础，进而制定并完善政策，以此推进实施战略。[11]

　　随着组织机构间关联、合作形式的日益多样化，利益相关者的概念已超出了实体的范畴。英国的苏塞克斯（Surrey & Sussex）卫生保健图书馆组建的利益相关者组织委员会就包含了如萨里郡和国界圆桌会议专门研究小组这样的虚拟利益相关者（Virtual Stakeholders）团体，这些跨组织，甚至跨行业的团体负责审查图书馆提交的年度服务计划和目标，以及战略发展的年度报告和实施步骤。新型的利益相关者有其明显的优势，可作为一个论坛，反馈、讨论和协商有关图书馆提供的服务和未来发展的问题，既有效地代表着各利益方的需求，以确保与图书馆战略目标的契合；同时，又为各实体的利益群体提供一个正式的交流平台。[12] 我国区域性的图书馆联盟正逐步得到普及，与网络科技、出版发行等相关文化产业的交往与合作也日益频繁，公共文化服务体系中的图书馆面临着形式多样的利益相关群体，对其意愿与反应的研究已成为图书馆战略规划的工作重点。

6 结语

高校图书馆的战略分析方法既是战略管理理论的提炼，又是战略管理实践的总结，同时也要在实践活动中得到检验。战略分析方法的运用，需要遵循马克思主义的基本原理，以历史唯物主义和辩证唯物主义作为指导思想。具体而言，一是强调高校图书馆战略管理活动过程的客观性，以实证调研作为管理决策的首要依据；二是重视高校图书馆战略管理活动要素的关联性，以普遍联系的思想审视内外部战略环境；三是围绕高校图书馆战略管理系统的本质性，以管理对象的基本特征和核心功能作为分析重点；四是突出高校图书馆战略管理实践的动态性，以发展的眼光做出前瞻性的判断。客观、关联、本质、动态等历史唯物主义和辩证唯物主义的重要思想，应该成为高校图书馆战略分析的方法论基础。

作者介绍：赵益民　云南师范大学图书馆 研究馆员。

[1] Kees Van Der Heijden, Bradfield R., et al. The six sense: Accelerating organizational learning with scenarios. John Wiley & Sons, 2002：14

[2] Schoemaker P J H. Multiple scenario development: Its conceptual and behavioral foundation. Strategic Management Journal 1993（14）：193~213

[3] ［美］杰夫·科伊尔. 战略实务：结构化的工具与技巧，王春利，常东亮译. 北京：中国人民大学出版社，2005：66~67

[4] Boschken H L. Analyzing performance skewness in public agencies: the case of urban mass transit. Journal of Public Administration Research and Theory, 1992（2）：265~288

[5] Rowe H, Mason R, Dickel K. Strategic management and business policy: A methodological approach. Reading, MA: Addison-Wesley Publishing Co. Inc., 1982：155

[6] ［美］罗伯特·M·格兰特. 现代战略分析：概念、技术、应用，罗建萍译. 北京：中国人民大学出版社，2005：123

[7] ［美］梅森·卡彭特，杰瑞德·桑德斯. 战略管理：动态观点，王迎军，韩炜，肖为群等译. 北京：机械工业出版社，2009：56~57

[8] Ansoff H Igor. Corporate strategy: an analytic approach to business policy for growth and expansion, New York, McGraw-Hill, 1965：97~99

[9] ［美］迈克尔·A·希特等. 战略管理：竞争与全球化（概念），吕巍等译. 北京：机械工业出版社，2002：26

[10] ［美］R·爱德华·弗里曼. 战略管理：利益相关者方法，王彦华，梁豪译. 上海：上海译文出版社，2006：40

[11] The Public Libraries in British Columbia. Libraries Without Walls: The World Within Your Reach. ［2010-08-02］. http://www.bced.gov.bc.ca/pls/library_strategic_plan.pdf

[12] Surrey & Sussex Healthcare NHS Trust. Library & Information Service Strategy 2006 – 2009. [2010 – 08 – 02]. http://www.surreyandsussex.nhs.uk/lis/documents/Library_strategy_2006_2009.pdf

规划与评估配合：海南的经验

海南大学图书馆 詹长智

摘 要：周期性（一般以五年为一个周期）地制订发展规划和开展图书馆评估是海南省高校图书馆界长期以来形成的传统。这种做法坚持了近20年，已经形成一套成熟的机制和操作规范，实现了政府主管部门与业界的良性互动，并且成为海南省高校图书馆界推进事业发展的一种重要的方式和手段。本文在介绍全省图书馆规划与评估的同时，也简略地介绍了海南大学图书馆的单馆规划以及过去十年海南大学图书馆所推进的一些管理与服务创新的实践做法。

关键词：高校图书馆 规划与评估 海南经验

1 海南省高校图书馆周期性规划与评估机制的形成

1.1 背景和意义

海南省高等教育事业在20世纪90年代后期有一次跨越式的大发展，在邓小平教育理论的指导下，肯定了教育的基础性和先导性地位，高等教育发展迅速。21世纪初期完成了高等教育从精英教育向大众教育的转变，学校大量扩招，新建高职高专学校大量出现，与此同时，高校图书馆事业在整个教育事业发展的进程中出现了滞后。在此背景下，海南省教育厅与省高校图工委商议提出，为了加快全省高校图书馆事业的发展，提高服务质量，要在总结教育部推进图书馆事业发展经验的基础上形成一整套适应地方发展的运行机制。特别要求通过周期性的规划和评估，推动全省高校图书馆事业的发展。于是，从2002年开始，海南省教育厅启动图书馆规划和评估的各项准备工作。2005年，海南省教育厅组织开展了全省本科学校图书馆的水平评估和高职高专图书馆的合格评估。此后，全省高校图书馆周期性地制订五年规划，并且在五年规划结束的对应年份开展评估工作，已经成为海南省高校图书馆的一项常规性工作。

海南省高校图书馆经过"九五"、"十五"、"十一五"、"十二五"的规划建设，已经积累一整套完整的经验和做法，这就是"统一规划、协作共建、整体发展、注重效益"。在每一次"五年规划"研制工作启动之前，为了保障规划工作的科学性，实用性，合理性和连续性，在省教育厅的大力支持下，规划课题均作为省教育厅科研立项项目，提供必要的经费保障。每一次的规划制订过程，也是全省高校图书馆的管理团队与业务骨干开展调研学习的过程。自"十五"规划以来，省高校图工委每次都组织规划项目课题组到国内教育事业发达地区的部分985、211高校，以及同等同类高校图书馆参观考察，学习调研。有条件时，也组织规划课题组出国参加学术会议和学习调研。"十一五"规划由海南医学院图书馆于挽平馆长牵头，"十二五"规划由海南大学图书馆詹长智馆长牵头，外出学习考察的足迹遍布国内外，调研结束之后，组织全体课题组成员认真讨论，反复对比分析，找出对本地有用的经验，在此基础上完成五年发展规划的研制工作。因此，每次制定的规划既能紧跟时代发展的步伐，也能反映本地的实际，为规划工作的科学性，实用性提供了保障。

比如，"十二五"发展规划制订过程中，除了组织学习《国家中长期教育改革和发展规划纲要（2010—2020年）》和海南国际旅游岛建设的各项重要政策文件之外，省高校图工委还组织规划项目组成员到新加坡、马来西亚6所高校图书馆学习调研。以各种形式讨论的次数不下10次，提炼出各种有价值的经验与工作思路。我们在"十二五"规划中提出高校图书馆"四中心，一平台"的功能定位和发展目标——高校图书馆应该成为文献信息资源集成中心、知识服务中心、自主学习中心、校园文化和社区文化中心以及区域知识创新的服务平台。业界普遍认为，海南高校图书馆的"十二五"发展规划对高校图书馆在新的历史条件下的功能定位既有前瞻性，也符合客观的实际。

周期性地开展规划与评估极大地促进了海南省高校图书馆事业的建设和发展，通过制订规划提炼清晰的目标，凝聚全省高校图书馆界的共识是其的直接效果。通过评估检验规划的执行情况和图书馆发展的实际水平，有利于认清自身的优势和差距，激发人们奋起直追。实践证明，周期性地开展规划和评估是一套行之有效的发展路径和工作机制，值得继续发扬光大和总结提升。

2 海南省高校图书馆制订五年规划的一般流程

2.1 规划制订的一般流程

有一套规范的工作流程，是确保五年规划能够按时保质完成的重要前提。一般情况下，基本流程是由以下步骤组成：

第一，省图工委组织专家制订方案。

第二，教育厅科研项目立项，拨付专项经费，纳入课题管理。一般由资深馆长牵头任课题组组长，全省各高校图书馆馆长参加，担任课程组成员。

第三，教育厅正式发文启动规划工作，要求各院校和各图书馆提供配合。

第四，省高校图工委组织规划工作团队。一般邀请资源专家担任顾问，并且由有丰富经验的资深馆长担任规划组组长，有经验的高校图书馆馆长担任规划组成员，再加上若干工作人员。

第五，在本省图书馆选择创新亮点开展考察，赴国内发达地区或者有特色的图书馆学习考察，有条件时安排出国考察。

第六，起草规划初稿，省高校图工委召集全省馆长和各专业委员会展开讨论。

第七，教育厅高教处组织省内外专家讨论，提出修改意见。

第八，课题组修改定稿后由教育厅高教处按课题结项方式组织专家评审通过。

第九，教育厅将定稿的五年规划以正式文件形式发布，并且配发正式通知，要求各高校组织落实实施此规划。

2.2 贯彻实施规划的一般安排

教育厅定稿的五年规划以正式文件发布之后，省高校图工委会组织全省高校图书馆馆长开展规划的宣传推广和集中学习，并且在每年召开的两次常规性图工委工作会议上，围绕五年规划，分解工作任务，提出工作重点。检查上一年工作落实情况，布置本年度工作。

3 海南省高校图书馆如何开展周期性评估工作

3.1 背景与意义

长期以来，国内对高校图书馆的评估工作，主要依据的是教育部的相关文件。比如，2002年教育部发布的《普通高等学校图书馆规程（修订）》、2003年发布的《普通高等学校图书馆评估指标》（修改稿），2004年发布的《普通高等学校基本办学条件指标（试行）》等。进入21世纪之后，由于中国高等教育事业和图书馆事业的飞速发展，这些评估文件中对图书馆的规范已经滞后于图书馆事业的整体发展水平，因此，近几年高校图书馆的评估几近停顿，高校图书馆规程的修订也一直在酝酿当中。

与此同时，教育部对高等学校的评估进行了全新改革，建立健全了新时期我国高等教育的评估制度，即：以学校自我评估为基础，以院校评估、专业认证及评估、国际评估和教学基本状态数据常态监测为主要内容的"五位一体"评估制度。政府、学校、专门机构和社会多元评价相结合，形成中国特色现代高等教育体系相适应的评估制度。这种新的评估改革，首先是从观念上突出了分类评估、分类指导的理念，比如评估不再一刀切，而是根据学校的办学层次进行分类评估，在本科、专科的分类之外，本科院校又分985、211、重点、普通本科；其次是把原来几年一次的办学水平评估进行改革，采用"审核评估"的新模式。在这种新的形势和背景下，海南根据自身的实际情况，也在不断改革与调整，形成了一套切合本地实际需要，有特色的高校图书馆评估制度。

3.2 主要原则

为了促进图书馆事业的发展，海南省高校图书馆在海南省教育厅及省高校图工委的指导下，从2003年开始，对全省本科和高职高专图书馆评估进行了长期的探索和积极的尝试。分别在2003年、2008年和2012年，由海南省教育厅将高等学校图书馆评估方案的研制列为重点课题，以科研项目的方式来推动高校图书馆评估的研究与改革。三次课题分别由海南大学图书馆安邦建研究馆员和张红霞研究馆员主持，全省各高校馆馆长或业务骨干参与。

以2012年评估研究课题为例。根据海南省教育厅及省高校图工委的要求，即：海南省高校图书馆新的评估方案要主动适应我国新时期高等教育评估的新政策和新要求，吸纳国际图书馆界最新的评估理论与实践，制定与地方相宜的评估指标体系，课题组经过近3年的努力，于2014年底完成了项目研究。项目研究成果《海南省"十二五"高等学校图书馆评估方案》包括：《海南省"十二五"高等学校图书馆评估指南》、《海南省"十二五"普通高等学校图书馆评估指标（本科、高职高专通用表）》、《海南省"十二五"普通高等学校图书馆评估指标（可选清单一览表）》，其中评估方案的核心——《海南省"十二五"普通高等学校图书馆评估指标》，其构建的主要原则是：规划与评估的相互配合；目标的配合；指标的配合；五年一评估；评估要素围绕规划、规程，教育目标设置。

4 海南省高校图书馆评估工作的一般流程

评估方案课题研究的一般流程

第一，省高校图工委组织专家制订方案，2003年、2008年课题组组长是安邦建研究馆员，2012年课题组组长是张红霞研究馆员。

第二，教育厅专项立项，拨付专项经费，纳入课题管理。

第三，教育厅正式发文启动课题研究。

第四，图工委组织专业团队到现场考查，召开读者座谈会，进行读者调查，测量读者满意度。

第五，按办馆条件、办馆水平、办馆效益评分。办馆效益＝办馆水平/办馆条件。

第六，发现问题，提出整改要求。

第七，教育厅三个月后再检查，最终按三个类别确定优秀、良好、及格等级。

第八，教育厅正式发文公布评估结果。

第九，在每年全省图书馆年会上进行总结表彰。

5 海南省高校图书馆规划与评估工作的特点

5.1 教育主管部门的高度重视

教育厅通过发文、拨款、立项管理，对规划与评估方案研制过程全程参与，既非常务实，也非常有力度。为全省高校图书馆的规划和评估提供了组织保障和经费保障。

5.2 省高校图工委的全程组织和推动

省高校图工委在推进全省高校图书馆事业规划与评估工作有章法，有好的传统。由于有评估的配合，让人感觉制订规划是非常实在的，不是玩虚的。

5.3 强化规划意识 形成质量文化

五年一规划，五年一评估，在海南已经进行了三个周期。规划与评估紧密配合，相互促进，极大地推进了海南省高校图书馆事业的发展，提升了办馆水平和办馆质量。重视规划和评估已经成为海南省高校图书馆界的一种习惯，内化成一种文化。

6 海南大学图书馆五年规划的制订过程

在介绍全省高校图书馆的规划和评估工作之后，我简要介绍海南大学图书馆制订五年规划的过程和一些体会。

海南大学图书馆在过去十年中高度重视质量管理和规划工作。为此，我们做了两件事：

第一，开展全面质量管理。2005年7月15日第一次通过了ISO9001系列的第三方认证。

第二，制订规划。我们制订第一个规划是2006—2010年五年规划。

6.1 海南大学图书馆制订规划的过程有四个特点

（1）全员参与，请资深专家为顾问，馆长为组长，副馆长副组长，全馆所有部主任和骨干馆员担任规划课题组成员。

（2）制订规划的过程，是认真学习，了解情况，统一认识，统一步调的过程。制订规划的过程非常重要，要在馆内反复地组织讨论，多次征求业界专家意见，最后定稿。要让全馆同仁明白为什么做规划，规划能给我们带来什么。

6.2 规划的主要内容（略）

规划分十二大块，涉及图书馆建设方方面面（见附录4）。

7 海南大学图书馆的十年探索

本人在海南大学图书馆担任馆长工作10年时间，有一些工作的体会。

合并之前的海大图书馆是1983年成立，二校合并后从1958年算起，仍然是历史不长的高校，由于海南传统上属于老、少、边、穷地区，高等教育的基础是比较差的，图书馆的情况尤其如此。因此，要为读者提供一个较好的读书环境，我们必须打破常规，用一切力所能及的办法，聚集更多的资源，迅速改善我们的条件，为读者提供更好的服务。概括10年来海大图书馆工作，有如下值得提及。

第一，实施全面质量管理，让服务质量成为一种文化，让服务质量无处不在。我们是做服务的，服务要讲质量，服务质量要成为一种文化。我们从ISO9000认证开始，到ISO11620指标体系的研究，从专注质量到兼顾绩效，目的只有一个，就是通过规范我们的服务，持续改进我们的服务，提升图书馆的服务质量。

第二，加入国际图联（IFLA），让自己有更多的学习机会，眼界更加开阔。海南大学图书馆为了拓展国际交流渠道，2014年10正式加入国际图联。并且通过竞选，担任了国际图联三个专业组常务委员会的委员，其中詹长智馆长担任了一届大学与一般研究型图书馆专业组常务委员会委员，张红霞研究馆员担任了两届统计与评估专业组常务委员会委员。

第三，推进二级图书馆建设。全校的文献资源建设和文献服务不能图书馆一头热，要将院系的积极性充分调动起来。院系资料室统一规范、编目，实现全校文献资源共享，稳固教学科研服务前沿。

第四，创办历史文化基地，打造区域文献搜集整理和区域文化研究中心。海南大学图书馆已经将海南省自宋代以来所有碑碣作了拓片，整理成《海南碑碣匾铭图志》出版。我们还将古代所有海南地方文献收集整理出来，编纂成《海南全书》出版。通过对地方文献的搜集、整理、出版和应用，打造有一定文化品位的图书馆。

第五，充分发挥科技查新站的社会服务功能。海南大学图书馆2008年成功申请教育部科技查新工作站，积极面向社会服务，成为地方的科技创新平台。

第六，在原全省文献中心的基础上，创办海南教育科研数字图书馆。2006年酝酿初建，2009年正式开馆，不仅为高校服务，中专、中小学、科研机构、企业都有加盟，为全省教育科研服务。如中科院在海南的研究机构、中国（海南）改革发展研究院、南海研究院和一大批研发型科技企业，都成为我们的用户，教育科研数字图书馆成为名副其实的地方科研创新平台。

第七，创办海南大学历史文化博物馆。构建海南大学图书馆实物馆藏体系，形成融文献和实物为一体的特色馆藏。围绕地方文化建设，打造对外文化交流的窗口。海南大学历史文化博物馆的另一个功能是文化人类学实验室，成为校内各相关专业科研和教学实践的重要平台。

第八，建设 8 个特藏库，为地方文化和产业发展提供深度服务。海南大学图书馆从 2009 年开始，重点建设一批与本地历史文化和主干产业有关的特色文献库，将特藏库与本地学科建设和产业开发结合起来。如宋氏家族特藏库、中国海疆文献库、少数民族文献库、旅游产业信息库等，围绕地方历史文化、特色产业，提供特色文献和知识服务。

第九，推进馆舍文化建设，将图书馆打造成校园文化的窗口。从无障碍通道到"四园一湖一广场"、校史长廊、文体活动、咖啡时间到休闲小站。突出书香氛围，提升文化品位。海南大学图书馆是海南第一个获得全国和省级"三八红旗集体"的单位。

第十，开展周期性规划与评估，建立持续改进机制（上节已有详细介绍，此处从略）。

作者介绍： 詹长智　海南大学图书馆原馆长，海南省高校图书情报工作委员会主任委员，教育部高等学校图书情报工作指导委员会副主任委员，战略规划研究组组长。

参考文献：

1　张红霞；詹长智；黄群庆.《国际图书馆界全面质量管理二十年述评——走向卓越服务的历程》《图书馆论坛》2008 年 03 期。
2　李春；詹长智；安邦建.《ISO9000 质量管理体系在海南大学图书馆有效运行》《大学图书馆学报》2007 年 01 期。

河南高校图书馆建设现状与发展思路

郑州大学图书馆 崔波

郑州升达经贸管理学院 王槐深

摘　要：近年来，河南省高校图书馆事业得到了迅猛发展，从两个校园，即"数字化校园"建设和"书香校园"建设。到每年开展的五项基本工作，高校图书馆的同仁们凝心聚力，有力地推动图书馆各项工作的开展，取得了一系列的成绩。同时，面临新的形势，怎样化解困难，在"十三五"期间稳步发展，进行了有益的探索。

关键词：河南省　高校图书馆　共享　发展

1　概述

河南省现有普通高等学校 127 所，其中本科院校 50 所（含独立学院），高职（专科）院校 77 所。另有成人高等学校 13 所。河南高校图工委积极履行"组织高校图书馆馆际协作、交流图书馆建设和管理工作经验、开展业务研究和学术活动、协助组织高校图书馆专业人员的培训工作"等职能，在长期的工作实践中提出了以"两项基础建设"和"五项基本工作"为抓手的工作思路。"两项基础建设"又称"两个校园建设"：一是以"河南省高等教育文献保障体系"为标志的"数字校园"建设；二是以"阅读文化经典，建设书香校园"活动为标志的"书香校园"建设。"五项基本工作"又称"五个一"工程：每年召开一次全省高校图书馆馆长会议，举办一次专题学术研讨，组织一次业务培训，进行一次研究成果评选，出版一本学术论文集。正是有了这些翔实的工作内容，使得图工委的工作开展得有声有色，在全国产生了极具影响的"河南模式"。

与此同时，河南高校图工委积极与省内图书情报界进行广泛协作，创造了"3+1"合作模式，即高校图工委、省图书馆学会、省科技情报学会三大学会，加上图书情报学教育机构——郑州大学信息管理学院，形成合作共赢的协作机制。2008年9月三大学会联合承办的中国科协第十届年会之"文化强省战略与科技支撑论坛"，即是一个成功的范例。

河南高校图工委注重推广"以科研促服务、促发展"的成功经验，河南大学、华北水利电力学院、河南科技学院、郑州大学、中原工学院等院校图书馆先后成立了学术研究机构。2007年12月利用"郑州大学科技信息研究所、周易与古代文献研究所成立大会"之际，邀请全省40余所高校图书馆馆长参加会议，针对如何凝聚科研力量，加强科研工作，提升管理和服务水平等问题展开了讨论。促进了承担国家级、省部级、厅级科研项目明显增多，科研实力大大加强。

2　文献信息资源共建共享成效显著

2001年启动建设的河南省高等教育文献保障体系（Henan Academic Library & Information System，简称HALIS）是由河南省教育厅领导的省级高等教育公共服务体系之一。2004年11月，作为中国高等教育文献保障体系（China Academic Library & Information System，简称CALIS）的"省级文献信息服务中心"纳入CALIS三级文献保障服务体系建设项目

2.1　建设背景

20世纪90年代末期，我国政府以实现高等教育文献信息资源共建、共知、共享理念为目的，以中国教育科研网（CERNET）为依托，于1998年由教育部领导启动建设"中国高等教育文献保障系统（CALIS）"项目，随后部分省市相继启动建设省级高等教育文献保障系统项目。标志着我国有组织的基于网络环境的，全面提升高校图书馆整体保障与服务能力进入了一个全新发展的历史时期。

正是在此背景下，河南省教育厅在河南省高校图书馆基本完成自动化建设的基础上，根据省教育厅"教育信息化发展规划（2001—2005）"的总体实施方案，省教育厅于2001年8月和10月先后下发了《关于印发河南省高等教育文献保障体系建设方案的通知》（豫教高［2001］162号）和《关于开展河南省高等教育文献保障体系建设的通知》（豫教高［2001］500号），成立了HALIS建设领导小组、专家咨询委员会、管理委员会、管理中心和5个省级学科文献中心等组织领导及管理运作机构，将HALIS建设纳入河南省教育信息化建设的重要内容，作为河南省高等教育公共服务体系的重要组成部分正式启动建设。

2.2　建设历程

自HALIS建设启动以来，得到省教育厅的高度重视与经费的大力支持，省高校图工委的指导与协调，中国高等教育文献保障系统（CALIS）管理中心在政策与技术上的支持与帮助，全省高校图书馆的团结与合作，使得HALIS建设取得较好的阶段性建设成果。

截至2014年，省教育厅累计投入建设经费1 250万元，各中心所在学校投入配

套经费2 000万元，共计投入3 250万元，主要用于建设全省集中式保障网络环境的软硬件设施和共享文献资源的购置。目前，全省高等教育文献资源共建、共知、共享基本框架初步建立，文献资源整合与服务初见成效，共建共享与合作意识日益增强，形成良好氛围，为HALIS的可持续发展奠定了坚实的基础。

2.3 主要成果

HALIS建设始终坚持因地制宜、效益优先的原则，创造了投资少见效快的建设经验。比如，与CALIS管理中心合作建立了全国首家省级高校联合书目数据库；积极申报承担CALIS"十五"重点建设项目等，成为我国中西部欠发达省份建设省级高等教育文献保障体系的典型经验。由此，被CALIS管理中心确立为首批启动建设的六个省级中心之一，有力地推动了HALIS的建设与发展。

2.3.1 网络公共服务平台建设初具规模

在省教育厅建设经费的支持下，目前已建成基于河南省教育和科研计算机网（HERNET），由35余台高中档服务器和存储设备构成的HALIS网络公共服务平台（HALIS网站）和共享资源数据存储局域网，存储容量已达45TB。为全省高校图书馆提供共享资源数据长期保存、镜像数据库检索与网络信息服务奠定了坚实的基础。建成了由100台计算机构成的多媒体培训教室，为开展各种类型的培训活动创造了条件。

2.3.2 全省高校共享资源建设初见成效

（1）建立了《河南省高校联合书目数据库》，为实现全省高校图书馆文献信息资源共建、共知、共享奠定基础。HALIS管理中心于2002年7月启动《河南省高校联合书目数据库》建设项目，在CALIS管理中心和联机编目中心的帮助与支持下，于2003年8月依托"CALIS联机编目数据库"，将河南省具有代表性的9所高校图书馆馆藏书目数据进行整合，构建了全国首家省级高校书目数据中心和《河南省高校联合书目数据库》，同年11月成功组织了"河南省高校联合书目数据库开通仪式暨客户端软件培训班"。作为全国首家省级高校联合书目数据库的正式开通使用，得到中央电视台、河南电视台、《光明日报》、《科技时报》、《河南日报》等十几家新闻媒体极大关注和报道。

（2）积极组织电子资源集团采购，丰富了各高校图书馆电子资源馆藏，降低了购买经费的投入。HALIS管理中心采取省教育厅下拨经费资助与学校自筹相结合，成功组织了超星、维普、中文社会科学引文索引、一线图请、EBSCO、Springer等涉及面广量大、使用效益高的17个中外文数据库的集团采购，累计购买中文电子图书25万余种、中文全文电子期刊8 000余种，外文全文电子期刊8 200余种。其中，有4个数据库，利用省教育厅经费购置供全省高校免费使用。通过电子资源集团采购取得了较好的经济效益和社会效益。一是集团采购运作机制初步形成，降低了失误风险。二是丰富全省高校馆电子资源馆藏，有效提升了整体文献信息资源保障能力。三是为各馆单独购买同样资源，节约了数以千万元计的购置经费。四是通过实施扶持高职高专馆电子资源建设的相关优惠政策，使其成为集团采购的最大受益者。五是增进了HALIS管理中心的凝聚力和向心力。

2.3.3 积极参与CALIS"十五"重点项目建设

（1）承建CALIS"十五"重点建设项目成绩显著

在CALIS"十五"建设期间，HALIS管理中心抓住机遇，积极组织有条件的高校图书馆申报、参建CALIS"十五"期间重点建设项目，实现了河南省高校图书馆承担CALIS重点建设项目零的突破。由郑州大学、河南农业大学、河南工业大学、洛阳师院和郑州牧业高专等高校图书馆承担了CALIS"十五"期间重点建设项目中6个子项目的建设任务，其中重点资助项目1项，一般资助项目5项。各承建单位严格按照CALIS"十五"重点建设项目管理组的规定和要求，完成"十五"期间建设任务，顺利通过验收并取得显著成绩，获得特色资源建设一等奖1项，二等奖2项，三等奖2项，鼓励奖1项。

（2）承担CALIS三期"专题特色数据库"项目建设

CALIS三期建设期间，郑州大学、河南工业大学、洛阳师院、河南大学、华北水利水电学院、河南农业大学等高校图书馆，积极申报承担由CALIS华中地区中心武汉大学图书馆牵头组织实施的"专题特色数据库建设项目"7个子项目的建设任务，一般资助项目1项，后期资助项目3项，指导性项目3项。各承建单位严格按照项目管理组的规定和要求，按时、保质、保量完成建设任务，顺利通过验收。

（3）承建CALIS河南省文献信息服务中心

2004年11月5日—6日，由教育部高等教育司主办，北京大学"CALIS管理中心"承办的"中国高等教育数字化图书馆（CADLIS）项目建设启动大会"在北京大学召开。我省HALIS管理中心应邀作大会发言介绍"河南省高等教育文献保障体系建设进展情况"，同时与CALIS管理中心签署了CALIS首批启动建设的六个CADLIS省级中心之一"CALIS河南省文献信息服务中心"的承建协议，将HALIS建设正式纳入CALIS三级文献保障与服务体系，作为省级"文献信息服务中心"、"培训中心"和"宣传中心"，承担河南省高等教育文献资源"共建、共知、共享"的组织协调和建设任务，标志着我省HALIS建设已跨入全国省级高等教育文献保障体系建设先进行列。

（4）积极宣传、推广CALIS和CASHL文献传递服务

HALIS管理中心于2006年4月建成并开通"CALIS馆际互借与文献传递服务系

统",同年 5 月与中国高校人文社会科学文献中心（CASHL）华中地区中心签订文献传递服务协议。同时成立了文献传递工作组，配备了计算机、扫描仪、传真机、复印机等硬件设备，开通了文献传递专用长途电话和 E-mail 信箱。制定了《馆际互借与文献传递工作手册》和《馆际互借与文献传递服务协议书》，正式开展面向全省高校的文献传递服务。

2007 年 10 月成功组织召开了"首届河南省高校图书馆馆际互借经验交流暨馆际互借员培训会议"，有效推动了我省高校馆际互借与文献传递服务的开展。

据不完全统计：CALIS 文献传递系统受理服务并满足请求达 90.5%；CASHL 文献传递系统受理服务并满足请求达 92.17%。由此可见，我省 HALIS 在宣传推广 CALIS 和 CASHL 文献传递服务取得明显成效。

（5）积极开展成员馆培训工作

为了更好地发挥省级培训中心的功能和作用，HALIS 管理中心积极组织、协调和开展各类、各层次的培训活动。一是积极组织有关高校馆参加 CALIS 组织的各种培训活动，为顺利完成所承担的 CALIS "十五"建设项目和开展相应业务工作，培养和储备了技术力量。二是结合河南省高校图书馆现代化建设的需要，先后举办了提高数据存储扩容投资效益和特色库建设软件选择等论证研讨会，为有关高校提供了建设性的参考方案。三是积极组织相关数据库商开展定期或不定期的面向馆员和终端用户的宣传培训活动，以提高集团采购的中外文数据库的使用效果和投资效益。据不完全统计 HALIS 建设启动以来，累计组织开展各类培训活动 20 余次，参加培训人员 2800 余人次，为全省高校图书馆现代化建设培养了一批业务技术骨干。

（6）积极承办 CALIS 和 CASHL 会议

2009 年 5 月，成功承办了由 CASHL 华中地区中心（武汉大学图书馆）主办的"牵手河南，相约 CASHL"--CASHL 走入华中之河南行宣传推广培训会议。进一步提升了我省高校和科研院所对文献传递服务的认知和利用的积极性。

2011 年 5 月，承办了由 CALIS 管理中心主办的"2011 数字资源建设与服务的统计分析研讨会暨 CALIS 第九届国外引进数据库培训周"活动。来自全国各地 200 多所高校图书馆的代表，高校图书馆数字资源采购联盟（DRAA）理事会成员及 DRAA 成员馆代表，其他图书情报系统特邀代表，数据库商、代理商、合作单位的代表共计 500 多人参加了会议。2012 年 5 月，在国外引进数据库培训周十周年会议庆典仪式上，因承办"CALIS 第九届国外引进数据库培训周"活动成绩突出，受到 CALIS 管理中心颁发"CALIS 引进资源培训工作组织贡献奖"的表彰和奖励。

3 阅读推广活动蓬勃开展

自 2003 年 11 月以来，河南省各高等学校开展了扎扎实实、有声有色的"阅读文化经典，建设书香校园"活动。这次活动由河南省高校图书情报工作委员会发起，并得到了全省各高校的积极响应和大力支持。各高校在图书馆的精心组织下，在各校党政领导的大力支持和校工会、党委宣传部、教务处、学生处、团委等部门的密切配合下，活动开展的富有成效，受到了广大师生的好评，也引起了社会各界的关注，具体体现在：

3.1 主动参与，强化引领

河南省高校图工委长期坚持图书馆要主动参与素质教育的理念，积极探索参与素质教育的切入点。2003年11月河南高图工委召开了常委会议，专门研究"高校图书馆如何利用书源优势，如何发挥导读的优良传统"。大家一致认为：目前大学校园里面蔓延着一种浮躁情绪，学习浮躁、科研浮躁、交往浮躁、工作浮躁等；西方文化的传播对青年大学生的影响太深，大学生对中国优秀文化经典的认识在逐渐弱化。在高校开展阅读文化经典活动也正是落实"十六大"、"十七大精神"，建设小康社会，也可以充分发挥图书馆在提高大学生综合素质方面的作用。图书馆不仅要适应现代技术的发展，做好数字化图书馆的建设，更应为大学生提供丰富的文献资源，引导大学生多读书，读好书，做高尚的人。

自2003年开始，河南省高校图工委每年下发了《关于在全省高校图书馆开展"阅读文化经典，建设书香校园"活动的通知》。通知要求"各高校图书馆要结合自身的特点，加强与学校党委宣传部、团委、教务处、学生处、学生会的协作，开展生动活泼、富有实效的活动项目"；"在开展活动的过程中，应注意内容与形式的创新，并以此为契机促进图书馆服务水平的再提高"；"各高校图书馆应将'阅读文化经典，建设书香校园'活动作为每年的主要工作之一。"

截止2014年，全省高校坚持不懈开展"阅读文化经典，建设书香校园"，目的在于"通过'反映读书生活，畅谈阅读感受，评论名著名篇'的征文及系列读书活动，推动学校的素质教育，加强校园文化建设，弘扬和培育民族精神，提升大学生的文化品位、科学素养与思想道德建设。"

3.2 组织得力，覆盖面广

"阅读文化经典，建设书香校园"活动在各高校由图书馆牵头，会同校工会、党委宣传部、团委、教务处、学生处以及有关院系，组成活动组委会，形成具体的活动方案，然后向学校领导进行汇报。许多学校还将读书活动提交校长办公会议讨论，或就读书活动专门召开有关部门协调会议，不仅给予活动经费上的大力支持，而且校院长、党委书记亲自参加"阅读文化经典，建设书香校园"活动的启动仪式或总结表彰大会，并做重要讲话。同时图书馆和协作部门制作了活动招贴画、在校园里悬挂各种宣传标语，布置宣传专栏，利用各种媒体进行了广泛的宣传报道，营造浓郁的读书氛围。

"阅读文化经典，建设书香校园"活动在河南高校中蓬勃开展，不仅历史悠久的老院校开展活动，而且一些新升格的高职高专院校和民办高校也都积极参与到书香校园建设活动中，开展富有成效的读书活动。

3.3 形式多样，持续深入

各高校在读书活动期间组织了读书报告会、文化经典阅读征文比赛、书刊展览、书刊评论、优秀图书推介、读者座谈会、读书知识竞赛、读书演讲比赛、读书方法辅导、名著名篇朗诵、双语比赛、数据库使用辅导、网页设计大赛、优秀读书网站推荐、图书展销、评选读书标兵等丰富多彩活动形式，吸引了广大的师生参加，深受欢迎。

许多学校的读书活动独具特色，注重内容与形式的创新。如郑州大学利用校内广播，开办了"聆听经典——世界名著半小时"栏目；信阳师院图书馆举办了主题为"让历史告诉未来——读书伴我成长"的大型读书互动交流活动，邀请13位即将离校的优秀毕业生畅谈读书、自学的体会等等。

各高校活动的开展都得到了校内外专家的关心和支持，例如：中国科学院院士杨叔子先生，著名小说家二月河先生，著名散文家周同宾，北京大学博士生导师王余光先生，中国阅读学研究会会长、南京大学徐雁教授，以及崔慕岳教授，曾祥芹教授，萧鲁阳先生，张怀涛教授，崔波教授等专家学者被多家高校邀请作专题读书报告，受到师生的普遍的欢迎和赞赏。

有些高校充分发挥学生读书组织的作用，如郑州大学"学生读书会"、平顶山工学院与河南财专的"读书协会"、河南大学的"书评学社"、南阳师院的"绿茵读书会"、中原工学院的"书友会"、河南工程学院的"读书俱乐部"、新乡学院的"书友社"等，在各校的读书活动中都发挥了积极的作用。

许多高校的读书活动已形成系列，如郑州大学2009年安排14类30余项活动、中原工学院"读书节"成为学校一项常规的大型活动、郑州轻院图书馆安排了5大类17项活动；大多数图书馆的读书报告会、数据库使用讲座形成了制度，长期持续不断的开展。有的高校还专门确定了自己的"读书节"和"读书月"，如郑州牧专把每年的3月定为自己的"读书节"；郑州升达经贸管理学院确定将每年的4月为"大学生读书节"、10月为"图书馆服务宣传月"、12月为"全民读书月"等独具特色的阅读推广活动，并将其纳入了校园文化的建设，常抓不懈。

3.4 承办会议，加强交流

河南省高校图工委通过积极承办全国性阅读推广会议，促进河南省高校阅读推广活动持续深入开展。

2010年10月21日至24日承办了由中国图书馆学会大学生阅读委员会、阅读与心理健康委员会主办的以"大学生阅读与心理健康"为主题的委员工作会议暨学术研讨会。中国图书馆学会副理事长王余光、中国阅读学研究会会长徐雁、常务副会长甘其勋、河南省高校图工委主任崔慕岳、教育部高校图工委副秘书长王波、中国图书馆学会阅读推广委员会副主任黄鹏和来自国内60多所著名高校及公共图书馆的近百名专家，围绕大学生阅读与心理健康领域的最新成果进行了广泛的交流与探讨。

2012年10月19日至21日承办了由中国图书馆学会阅读推广委员会主办的"悦读青春"专题研讨会暨中国图书馆学会大学生阅读委员会、阅读与心理健康委员会、青少年阅读推广委员会2012年工作会议。中国图书馆学会阅读推广委员会、中国图书馆学会大学生阅读委员会、阅读与心理健康委员会、青少年阅读推广委员会的领导及来自全国各地图书馆界的80多名专家学者参加了会议。

2013年9月12日承办了"提升阅读质量，树立推广品牌"专题研讨会暨中国图书馆学会阅读推广委员会大学生阅读委员会、阅读与心理健康委员会2013年工作会议。中国图书馆学会阅读推广委员会副主任徐雁、副主任黄鹏、秘书长窦英杰，大学生阅读委员会主任崔波，阅读与心理健康委员会主任王波及来自全国各地图书馆界的30多位专家学者参加了会议。

2013年9月13日至15日承办了由中国图书馆学会、中国图书馆学会阅读推广委员会主办的"中国图书馆学会阅读推广委员会2013年工作会议暨第七届全民阅读论坛"。来自全国各地公共图书馆、高校图书馆、图书馆相关媒体等150多名代表参加会议。邀请著名作家二月河，中国图书馆学会副理事长、北京大学教授王余光，中国图书馆学会阅读推广委员会副主任、南京大学教授徐雁，河南省高校图书情报工作委员会主任、郑州升达经贸管理学院院长崔慕岳四位学者在第七届"全民阅读论坛"上，围绕本届论坛的主题"经典重读与书香未来"作精彩的学术报告，引起社会各界的广泛关注和报道。

3.5 追求实效，成绩显著

河南省高校图工委紧密联系河南的实际，紧密联系高等教育的实际，紧密联系大学生成才的实际，做好调查研究工作，提出切实可行的方案和措施，使开展的各项活动具有很强的政治性、理论性、针对性和可操作性，不搞花架子，追求工作的实效性。河南各高校在开展阅读推广活动中不断创新形式，以丰富多彩的活动内容吸引到在校大学生积极的参与，对提高大学生的深度阅读率起到了积极的促进作用，形成河南省高校图书馆事业独特的优势，得到图书馆界同行的高度评价。为此，河南高校图工委多次应邀在全国高校图工委会议、中国图书馆学会阅读推广委员会议、中南六省图书馆学术年会、陕西省高校图书馆工作会议上介绍河南省高校开展阅读推广的经验，收到很好的效果。

自中国图书馆学会于 2004 年评选全民阅读奖以来，河南高校图书馆界先后有 10 家单位、12 次获得全民阅读示范基地、全民阅读优秀组织奖、全民阅读先进单位奖等奖项。目前，河南省高校中已有郑州大学、河南大学、中原工学院和南阳师范学院等四所高校先后被中国图书馆学会命名为"全民阅读示范基地"，这充分反映了河南高校图书馆界在阅读推广工作和校园文化建设方面所取得的成绩得到社会各界的认可。

4 《河南省高校图书馆"十三五"发展规划》制定的思路

4.1 理清思路 科学规划 重在持续

持续是指保持、继续发展的好势头。发展是第一要务，是永恒的主题。高校图工委要以可持续发展为理念，深入调研、科学规划全省高校图书馆事业的发展路向；各高校要在巩固成果的基础上，进一步明确新时期高校图书馆的责任与任务，建立事业发展的长效机制。

第一，巩固发展势头，规划发展战略。高等教育主管部门和高校图工委要明确新时期河南高校图书馆发展的态势，引领各高校图书馆巩固现有的工作业绩和建设思路，紧密配合各高校教学、科研工作的开展，不断总结，不断创新；深入调研兄弟省市高校图书馆发展的特点和趋向，认真研究他们的办馆理念、服务模式、创新思维，在国家中长期教育规划纲要精神指导下，科学规划今后一段时间内河南高校图书馆的发展战略，制定出一个切实可行的发展计划，真正引领和规范河南高校的图书馆事业，使其更全面、更高效地服务于学校的教学、科研、生产及社会的各行各业。

河南高校图工委和 HALIS 中心要努力建设好河南高等学校文献资源保障体系，积极争取高层次的科研项目，把管理和研究结合起来；高校图工委要继续组织好高校图书馆专业人员和管理干部的继续教育和培训，组织好高校图书馆的经验交流、业务研讨、学术研究活动，并且要组织和部署一些针对性强、促进作用大的阅读、服务活动；同时，要进一步科学地、客观地评价图书情报工作的绩效，协助高教处加强对升格院校和新建院校的对口指导和检查，促进河南高校图书情报工作整体水平再上新台阶。

第二，推广成功经验，实现持续发展。河南高校图书馆近年来发生了深刻的变化：新图书馆楼都矗立在新校区中心的位置，各类文献资源成倍数的增长，队伍素质明显提高，有不少的博士硕士走进了图书馆，网络化、数字化图书馆发展迅速等等，这些变化是各级领导高度重视的结果，是坚持改革开放的结果，是图书馆工作者辛勤努力的结果，因此，我们要积极推广这些成功的经验。各高校党委和行政要切实把图书馆工作列入议事日程,加大人力、物力、财力的支持力度,积极引进高层次图书情报专业人才进入图书馆工作。进一步理顺人事关系,形成合理的人才结构;馆长们要对自己高标准、严要求、懂业务、懂管理、爱学习,树立人文意识、服务意识、责任意识、创新意识、协作意识、知识产权意识,精心打造高校的文献资源平台。希望每一个高校图书馆都能拥有丰富的文献资源、畅通的网络信息、先进的管理手段、优质的服务效果、良好的服务育人环境,力争河南高校图书馆事业实现快速发展。

第三,加强制度建设,强化规范管理。制度是做好工作的基础和保障。2002年教育部颁发的《普通高等学校图书馆规程》(修订版)正在修订中,期待早日颁布。《规程》将是新时期高校图书馆管理的重要规章,是当前和今后高校图书馆工作的政策依据。各高校一定要继续贯彻落实《规程》的精神,全面检查、总结《规程》的落实情况,不断巩固和强化高校图书馆在学校的地位和作用。按照《规程》的要求,各高校要建立健全图书馆工作委员会,明确职责与任务,切实加强对整个学校文献资源建设和服务工作的指导;进一步健全图书馆管理制度和业务规范,完善管理办法,全面提升图书馆管理工作的质量和水平。

第四,发扬优良作风,树立良好形象。多年来,河南高校图书馆工作者热情服务、开拓进取、积极创新,形成了许多好的作风,要继续发扬。一是要发扬理论联系实际的作风。各高校要高度重视理论学习和培训,坚持理论学习与服务读者相结合,不断提高图书馆工作者的思想素质,为图书馆各项工作的开展提供思想保证;二是要发扬无私奉献、热情服务师生的作风。高校图书馆和高校师生互为依存,相辅相成,要建立创新服务模式,开拓网络服务渠道,健全服务制度,完善服务手段。图书馆工作者要敢于吃苦,乐于奉献,急师生之所急,想师生之所想,为师生提供热情、周到、细致的文献服务,为学校的教学、科研提供全面的文献保障。

4.2 夯实平台 稳步发展 重在提升

提升,就是提高、升级,着眼于工作上台阶、上水平。各高校要进一步提升信息资源共建、共知、共享力度,夯实高等教育发展的公共服务平台;进一步提升高职高专图书馆的管理层次,使图书馆建设与学校的办学任务和目标相适应。

第一,加大投入,夯实平台,全面提升文献资源的保障率。高等教育发展的公共服务平台是高校实现快速发展的必备条件。高校图书馆作为这个平台的重要组成部分,只有走信息资源共建、共知、共享之路,才能从根本上解决文献资源不能满足读者需求的问题。在建设这个平台过程中,不仅教育厅高教处、财务处要持续加大对河南省高等教育文献保障体系(HALIS)的投入力度,使其具有可持续发展能力,更重要的是各高校要加大对文献资源建设经费的投入,提升占学校总经费的比例;高校图工委要组织好一些大型信息资源数据库的集团采购,能采用全省买断的形式最好，全面提升河南高校文献资源网络平台拥有资源库的质量、数量、覆盖面，使所有高校都能分享到这一改革的成果；各高校要重视全校信息资源的整体化建设，提升信息资源配置的科学性。信息资源建设要从"以收藏为主导"转变为"以利用为主导"，全面实施纸质文献与数字文献并举、拥有权与使用权并举、独购与共享并举的战略，以获得文献购置费使用效益的最大化；各高校图书馆要加快各类型文献联合目录数据库、特色数据库、学科导航库的建设进程，全面提升文献资源的保障率。

第二，与时俱进，规范发展，全面提升管理水平。要实现管理水平的全面提升，不仅需要明确管理工作的内容，更重要的是要真正做好管理工作。高校图书馆管理工作的内容非常丰富，如文献采集、文献编目、文献典藏、书库管理、数据库管理、借阅信息管理、读者信息管理、读者服务、网络管理、设备管理，等等，已形成一个完整的管理系统。各高校要明确重点，健全措施，强化管理。特别是高职高专院校需要与时俱进，明确普通高等学校图书馆的性质与任务，规范图书馆的管理体制、组织机构、文献资源建设、读者服务、科学管理及经费、馆舍、设备等，并提出相应的管理措施，使其尽快走向正规，全面开展工作，快速提高管理水平。各高校图书馆要"以读者为本"，寓管理于服务之中，在服务中实施管理，在管理中体现服务。要急读者之所急，延长开放时间，简化借阅手续，加快图书流通，方便网络利用，扩大文献传递，为读者提供快捷有效的服务

4.3 齐心协力 构建和谐 重在统筹

统筹，就是统领、筹划，要协调好、处理好各方面的关系。各高校图书馆要进一步创新工作秩序，积极构建和谐的公共服务环境；进一步协调好上下、内外、前后、左右的各方面关系，为事业发展提供切实保障。

第一，要认真处理好与上级教育行政部门、行业学会、学校的关系。国家和省级教育行政部门负责制定图书馆工作政策，承担着宏观管理任务；行业学会是图书馆标准制定、理论研究、实践指导的前沿；学校承担着具体的工作任务。各高校图书馆要结合工作实际，把上级的政策、标准、规范学习好、贯彻好、落实好，做到上情下达，下情上达，渠道畅通；要积极参与全国高校图工委、中国图书馆学会、河南图书馆学会的各项活动，走出封闭，展示自我，实现创新。近几年来，高校图书馆有四位馆长被聘为全国高校图工委委员、7位同志成为中国图书馆学会理事或专业委员会委员，省图书官学会、省情报学会、高校图工委联手开展活动等都是良好的开端，也说明高校图工委的统筹工作做的很有成效。

第二，要认真协调好图书馆与相关职能部门和院系的关系。图书馆作为高校办学的三大支柱之一，面向全体教职工生，承担着教学、科研、生活所需各种文献资源的采选、加工、管理、利用、服务的重要任务。要在党委、行政的统一领导下，

围绕工作职能，发挥主动性和创造性，扎扎实实做好工作。要加强与各相关职能部门之间的交流和沟通，积极协调，主动配合，寻求更多的工作支持和经费支持。主动与院系沟通，借助教授、专家、学者的眼光，把高质量、高品位的书刊、数据库引进图书馆；同时，也要充分利用院系的力量办好资料室，使其与图书馆形成一种文献资源上的互补，读者服务上的分流。

第三，要认真协调好与省内外图书馆、情报机构的关系。高校图工委是图书馆之间相互联系的纽带，被全国高校图工委誉为"河南模式"，就是对河南高校图工委这些年创造性开展工作的一种肯定。图工委要再接再厉，进一步发挥作用，通过组织丰富多彩的工作通报会、经验交流会、学术研讨会等，使全省各高校图书馆相互学习、相互支持、齐心协力、共同提高，尤其是带动高职高专图书馆实现跨越式发展。各高校图书馆也要经常走出去，不仅是省内交流，而且要到省外去交流，和更多的兄弟院校图书馆保持一种良好的关系，在交往中学习，在交流中提高。图书馆的对外联系是十分广泛的，除教育行政部门外，还要协调好与文化部门、科技部门、公共图书馆、档案馆、情报所、新华书店、出版社等机构的关系，加强与这些部门的联络、协调、配合，确保各项工作任务顺利完成。遇到问题时，一定要主动沟通，争取得到他们的支持；同时，也要处理好以往、当下和今后的工作关系，处理好继承和创新的关系，要在继承的基础上创新，要在创新的前提下寻求更大更快的发展。

4.4 强化服务 提高质量 重在为民

为民是宗旨和目的，是各项工作的出发点和落脚点，是科学发展观的本质所在。各高校图书馆要进一步落实"读者第一，服务育人"的办馆宗旨，全面提升图书馆服务水平和服务质量；要不断创新书香校园活动和信息素质教育的形式与内容，充分发挥高校图书馆在大学生素质教育和学校文化建设中的作用。

第一，读者第一，服务至上。大学的主体是老师和学生，高校图书馆为老师和学生提供优质服务是义不容辞的责任。各高校图书馆要在学校党委和行政的领导下，大力加强科学管理和民主管理，认真贯彻以人为本的精神，充分调动馆员的工作积极性，发挥馆员的聪明才智，强化服务意识，改善服务态度，提高服务水平。要围绕读者需求开展工作，尊重读者，研究读者，想读者所想，急读者所急，把服务质量和效益看作是图书馆的生命线，对读者热心、耐心、诚心、关心、虚心、细心。针对高等学校不同的读者群的特点，采取相应方式，开展个性化服务和主动服务，体现人文关怀，最大限度地提高师生的满意率。

第二，以即将颁布的《全民阅读条例》为契机，继续深入开展阅读推广活动，使其常态化。引导学生"爱读书、多读书、读好书"，培养学生成熟、健康的思想和人文素质。图书馆是知识的宝库，是大学生的第二课堂，各高校一定要充分利用好这块阵地，健全管理制度，完善服务措施，强化责任意识，努力形成读书育人、服务育人、管理育人、全方位育人的工作格局。图书馆应结合青年学生的特点，经常组织一些形式多样、内容丰富的大学生读书活动。继续争取学校领导的大力支持，积极与学校宣传部、教务处、学生处、团委等相关职能部门密切配合，将阅读推广活动纳入校园文化建设活动的重要组成部分。

第三，重视技能培训，提高动手能力。图书馆拥有各种各样的藏书，如何使用是一个既普通又重要的课题。图书馆开设的《文献检索》课，就是一门技能训练课，是大学生学习和就业的必备条件。各高校要继续扩大开课范围，有条件的高校应将其作为正式课程列入教学计划，制定教学大纲，开展教学研究，提供实习条件，培养师资队伍，提高教学质量，真正把这把开启知识和智慧之门的金钥匙送到大学生手中。

结语

河南高校图工委将积极应对未来五年我国高等教育事业的发展形势和需求，以及新信息技术在高校图书馆的广泛应用而带来的深刻影响，引导全省高校图书馆深入探讨，达成共识。未雨绸缪，制定切实可行的"十三五"发展规划。

作者介绍：

崔波，郑州大学图书馆馆长，研究馆员。

王槐深，郑州升达经贸管理学院图书馆馆长，研究馆员。

拓展高校图书馆的知识服务领域

——江苏大学图书馆的探索实践

江苏大学图书馆　卢章平

摘　要：立足转型环境下高校图书馆的知识服务领域拓展，阐述了知识服务社会化拓展的认识与服务定位，介绍了江苏大学图书馆服务企业科技创新、政府决策咨询、地方社会发展、学校事业发展等多层面的拓展实践，并从发展平台建设、组织机构重组、管理体制改革和人才队伍建设四方面探讨了拓展深化知识服务的举措对策。

关键词：高校图书馆　知识服务　社会服务　服务转型

1　引言

自20世纪90年代末，知识服务概念被引入国内图书情报界，逐渐引起了业界的广泛关注。近年来，图书馆重新定义与转型发展的迫切需求，进一步促进了图书馆知识服务的快速迈进。尤其是大学与研究机构图书馆已将知识服务看作是图书情报工作的生长点和核心能力[1]，且许多大学和研究机构图书馆在理论研究与应用实践中也普遍形成了以学科化服务实现知识服务的共识，培育出了一批特色化、个性化、知识化的服务产品和成果[2]。

当前信息环境的变化促使知识生产和存在的整个形态发生巨大变化，用户的知识获取、使用、需求呈现多样化，图书馆的社会服务职能被强调突出、知识服务能力被寄予更高要求。高校图书馆不仅立足于面向校内师生提供教研和学科的知识服务，同时也将服务触角延伸至校外更宽域的用户，努力拓展知识服务领域、不断深化知识服务内涵，是实践新境遇下图书馆服务转型与功能变革的积极探索。近十年来，江苏大学图书馆一直积极探索实践知识服务社会化拓展的发展理念思路、服务模式内容、管理体制机制，在服务企业、政府、社会公众等多领域形成了一些经验与成果。

2 知识服务社会化拓展的认识与服务定位

2.1 高校图书馆知识服务社会化拓展的认识

结合图书馆的功能变革与转型,以确立知识服务定位,树立现代知识服务观念,是图书馆实现知识服务可持续转型发展的关键。当前新型文化体制、新型市场经济、新型信息技术、创新型国家和学习社会的建设发展形势[3],促使不同层次的不同用户都对知识有着强烈的需求,高校图书馆知识服务社会化拓展是转型环境下图书馆社会功能和社会价值的重要体现。

早在本世纪初,教育部颁发的《普通高等学校图书馆规程(修订)》就对高校图书馆面向社会提供文献信息和技术咨询服务提出政策导向[4],然而推进十分缓慢,其中传统观念、本位意识的束缚禁锢是主要的制约因素之一。江苏大学图书馆立足解放思想、更新观念、开拓思路,着力思想层面根本转变,认识到高校图书馆知识服务社会化拓展对其服务学校教学科研职能具有积极促进作用。形式多样社会化知识服务的开展一方面促进图书馆与企业、社会等多方面的联系合作,有利于加强高校图书馆信息资源的完善与特色资源的建设;另一方面,有利于跟踪社会用户的信息需求,搭建学校科技成果与企业技术需求对接的平台,促进学校学科科研成果的转化[5];同时,也有利于促使馆员的被动服务意识根本性改变,专业服务能力极大提升,专业人才和技术团队的培养,实现能力水平的多重跨越,切实提升图书馆反哺校内学科化知识服务的核心竞争力。

2.2 高校图书馆社会化知识服务定位

知识服务是一种用户需求驱动的服务方式,针对知识服务的社会用户对象及服务需求内容,高校图书馆社会化知识服务可定位于政府知识库、企业智囊团、社会教育中心三个层面。

2.2.1 政府知识库

政府信息需求具有时效性、客观性、全面性及准确性等特点,图书馆可通过加强共建合作,对政府某一特需层面的信息资源进行挖掘整合、集成优化,构建获取便捷、针对性、深层次、全面化的信息资源与知识服务平台;发挥专业优势,开展专题研究服务,为政府宏观决策和微观管理提供参考借鉴。

2.2.2 企业智囊团

信息情报是企业所需的重要资源,信息情报的开发和利用是企业的核心竞争力。

图书馆应积极发挥图书情报的生产力作用，参与和融入企业用户的技术创新、产品研发、成果转换、市场营销等过程，为企业建立科技信息知识服务平台，为企业提供定制化、个性化、深层次的情报知识服务，为企业的自主创新、竞争发展提供有力支撑。

2.2.3 社会教育中心

高校图书馆作为信息资源的重要集散地、优秀先进文化的教育传播主阵地，应与公共图书馆共同担负起"启迪民智，普及教育"的职能[6]，通过搭建实体与虚拟相结合的自主学习平台，开放多载体的丰富学习资源，提供形式多样的素质教育和知识服务等方式，切实满足全民阅读、终身学习、提升素质的社会公众信息知识需求。

3 面向多层面拓展与深化知识服务的实践

江苏大学图书馆多年来结合自身的发展特点与优势，不断探索实践知识服务的拓展与创新，积极开展了为企业科技创新、政府决策咨询、地方社会发展和学校事业发展等多层面的知识服务。

3.1 为企业科技创新服务

3.1.1 结合学校的特色和优势，定位面向中小企业

图书馆以学校工科特色的教学研究型综合性大学办学定位为主导，明确面向中小企业服务的定位方向；以学校高新技术企业孵化基地建设为服务载体，积极拓展企业服务发展空间；以学校高水平的专业人才资源为坚强后盾，建立了覆盖学校相关专业与学科的知识服务专家咨询队伍。

3.1.2 服务切入点与落脚点，扶持中小企业科技创新

中小企业普遍面临着技术咨询服务缺乏、信息交流不畅等科技创新能力不足的现实问题。图书馆的实体机构科技信息研究所作为校企合作的平台之一，可大大提高高校科技成果的转化率，同时能提供全方位的科技信息知识服务，促进中小企业科技创新能力的提升。

3.1.3 开拓信息知识服务项目，树立服务特色和品牌

图书馆立足企业自主创新能力提升和科技情报信息需求，不断拓展服务项目与服务领域。提供企业科技查新、情报咨询、成果转化与项目代理、专利分析与利用、

知识产权贯标、数字化资源建设等多元化、多层次的信息知识服务项目，同时也在科技查新服务、知识产权服务以及数字化资源建设等方面积极培育自身的服务特色与品牌服务产品。

图书馆在服务校内科技查新基础上，以企业为主体，以市场为导向拓展科技查新服务，现已辐射与覆盖了江苏省的大部分地区，企业查新数量占年均4 000余项总量的八分之七，并且通过自主开发科技查新管理系统，从查新委托、查新审核、缴费等全流程加强管理，依托建立专职、兼职、辅助（学校招募培训的各个学科专业博士生硕士生）三级查新队伍提升服务效能；及时把握国家和地区推进知识产权战略机遇，积极拓展知识产权服务，为30余家企业进行专利挖掘并代理专利申报，为近100家企业进行专利查新、国外失效专利的分析与利用，提供70余家企业的"江苏省知识产权管理规范"贯标服务；从数字化资源建设层面支撑企业情报资源，开发面向全球市场的企业竞争情报系统、面向产业转型和产品研发的专题数据库。

3.2 为政府决策咨询服务

3.2.1 馆所合作模式提供行业决策咨询

共建合作模式是高校图书馆与其他单位或团体合作以共建方式开展服务，双方通过优势互补，实现资源共享与合作共赢。图书馆从2005年开始，与江苏省科技情报研究所展开了全方位的双向交流合作，互派人员进行情报学的学位进修或实战演练，开展人才资源和数字资源的互补共享，面向政府提供馆所合作的创新集成信息知识服务，为省科技厅提供了废水生物处理、新能源汽车、生物制药等18份行业决策咨询分析。

3.2.2 发挥学科专业优势提供学科分析评估

图书馆依托建立的图书情报与档案管理学科点的专业优势，拓展文献计量在学科评估方向的理论与应用研究，实时监测与定期提供江苏省高校进入ESI全球前1%的学科动态及其国际影响力分析报告，立足从国际、国内、省内多方位，国际影响力、优势学科贡献度等多角度观测评价江苏高校学科发展，为省教育厅优势学科的建设与评估、学校的学科发展与科研管理提供决策参考依据。

3.3 为地方社会发展服务

3.3.1 构建地区文献资源共享体服务社会公众需求

本着共建共享共知、以完善公共文化服务体系促进学习型城市构建的服务理念，江苏大学图书馆牵头联合地区的高校图书馆、公共图书馆与社区图书馆开通了镇江地区文献信息资源共享体。市民在任何一个联合馆办理"镇江地区文献信息资源共享联合体"借书证后，即可免费借阅联合馆的图书、阅览报刊，利用共享体平台提供的"一站式"检索、跨区间的网上预约、通借通还、高效快捷的文献传递、联合参考咨询服务。"资源共享体"自 2008 年开通至今深受市民公众的欢迎，发挥了积极作用。

3.3.2　搭建地方知识服务平台服务地方科技创新发展

公共信息服务平台的建设是服务型政府重点推行的一项工作，图书馆主动参与融入到地方科技公共服务平台的建设体系中，为地方政府机构搭建区域性、集成性、专业性的科技创新服务平台。如建立了整合镇江市六大新兴行业专利信息数据的镇江市公共科技信息服务平台、整合高新区三大重点产业的专利信息数据的镇江高新区科技信息服务平台，这些平台为地方经济发展和企业科技创新产生了良好的推动效果。

3.4　为学校事业发展服务

3.4.1　开展多层次的信息与文化素质培养

（1）新生主体的信息素质培养。图书馆每年新生入学的金秋时节举办"叩响知识之门"文献资源利用服务月，包含信息资源、图情服务两大主题，采用专题讲座、现场咨询和检索大赛等多种形式，是图书馆新生入馆教育和大学生信息素质教育的重要组成部分。

（2）研究生主体的信息素质培养。围绕"遵守学术道德，提高信息素养"主题，图书馆联合校研究生院每年举办为期一个月的"信息与科技"研究生系列讲座，针对性的增强提高研究生在选题、开题、论文写作、专利申请、文献管理等方面信息获取与利用能力。

（3）服务学校国际化发展战略的人才素质培养。图书馆联合学校国际合作与交流处、海外教育学院等部门，面向全校师生开办"耶鲁学堂"，邀请多名外籍教师为大学生介绍国际名校的优秀视频课程，将国外著名大学顶尖学者的视频公开课引入到第二课堂，拓展大学生国际视野；邀请新东方学校知名教师，开办"新东方学习讲堂"，扩展学生的知识面，提高学生外语能力与水平。

3.4.2　依托机构知识库开展学科知识与科研管理服务

信息技术的发展驱动促使平台服务成为现代图书馆一种很重要的服务模式。江苏大学图书馆搭建了融资源共建共享、科研团队协同创新、师生自主自助学习于一体的个性化服务平台，学科馆员通过学科服务平台嵌入重点学科团队的教学、科研环境，从学科团队的研究方向、研究领域、研究热点以及学科发展前沿等方面提供个性化信息知识服务。此外，为了提供师生用户更为便捷和多元的一站式服务，图书馆将搭建的机构知识库系统与个性化服务平台建立有效关联，使江苏大学机构知识库实现了可集中存储和分类展现学校的论文、专利、学位论文、教材、笔记、软件等科研教学成果；可为师生提供论文收录引用通知、期刊订阅、实验记录管理、笔记管理、论文写作助手等个人科研助理服务；可为管理人员提供成果统计、重要成果自动检测、报表自动形成等科研管理服务；可为科研学科团队提供团队资源的积累、分享与团队成员的交流、协作服务。

3.4.3 开展学科竞争力的分析评估

ESI已成为学术界、科技管理机构较为重视与信赖的计量评价数据库，图书馆在为江苏省教育厅提供省高校ESI学科分析评估服务的同时，着力于数据挖掘运用的精、广、深度，面向学校开展学科竞争力、学科"诊断"等多层面的深入分析，为学校确立研究性大学目标提供情报支持，为学校潜势学科发展对策提供决策参考。

4 拓展与深化知识服务的举措对策

4.1 建设发展支撑平台

知识服务是以用户为中心，提供知识产品，满足用户需求和知识增值为目标的创新服务，进一步深化与拓展知识服务对于图书馆的服务理念、资源、技术、人才与能力等方面都有着更高的要求。高校图书馆要结合自身的转型方向与特色优势，来确立知识服务定位、建立发展理念共识，可通过采用自主自建模式、合作共建模式等途径，积极搭建一些丰富完善资源、吸引培养人才、锻炼实践能力、拓展社会服务的发展平台。如江苏大学图书馆积极开拓创新，成为"JALIS镜像服务站"，设立"教育部科技查新工作站"，拥有图书情报档案一级学科硕士学位授予权，创办了图书馆学、情报学、档案学学术刊物《图书情报研究》，成为"江苏省教育厅评估中心"，成立了"镇江市亿百特信息服务有限公司"，建立了"信息行为分析实验室"，使"多元化、深层次、全方位"知识服务开展具有坚实的载体。

4.2 健全优化组织机构

传统图书馆的组织机构体系并不能适应现代知识服务的有效开展，重组优化组织机构，是增强知识服务运行组织保障的基础。高校图书馆要打破传统图书馆以资源为载体的业务流程、岗位设置和部门设置的建设思路，采用以服务为主导、以需求为牵引进行业务工作流程重构、组织机构优化重组，将有利于进一步细化、强化、拓展图书馆的服务功能。江苏大学图书馆近年来根据不同阶段的发展特点，进行了两次机构重组，新设立了学科服务部与特藏服务部，科技信息研究所作为服务研究与开展的实体专业部门，下设有教研室、编辑部、信息行为分析实验室、科技查新站、镇江市亿百特信息服务公司等二级组织机构，形成融"产学研服"为一体的新格局；学科服务部根据服务的对象与重点，下设有 ESI 学科评估分析、信息素质教育培训、个性化学科服务等系列专项工作小组。

4.3 加强管理体制改革

知识服务是一种新的服务理念和服务方式，在传统图书馆的管理与分配体制束缚下，全面推进尤其是深化拓展存在较大难度，高校图书馆要加强管理体制深化改革，建立科学的管理模式和有效的激励机制。江苏大学图书馆对开拓性、创新性知识服务工作作为重点工程（如个性化服务体系工程、社会服务工程等）进行长期建设，通过实行项目化运行管理与考核，层层细化分解目标任务，量化考核指标，落实到部门、责任到个人；加强过程管理，制作项目作战图，实时监控与督查协调。建立重实绩、重贡献、重考核的分配机制，充分调动馆员的工作积极、全面激发馆员的工作潜力。

4.4 加强人才队伍建设

知识服务对其实施主体馆员的综合素质和知识结构具有较高要求，目前许多图书馆员的个人能力还难以真正嵌入融合到用户的知识需求中，去开展深层次、拓展性的知识服务[7]，加强人才队伍建设至关重要。高校图书馆可采取引进和培养相结合的方针，优化馆员的学历和专业结构；针对新知识、新技术、新理论加强岗位培训和管理考核，通过科学的长期的在职培训，全面提高馆员的综合素质。江苏大学图书馆以图书情报档案一级学科点地建设为平台带动人才结构优化，引进博士生 4 人、硕士生 18 人，培养硕士生 13 人，其专业背景涉及多个学科领域；注重加强科技信息服务能力培训，20 多人获教育部、科技部科技查新员资质，多人获专利代理人资格、国家信息产业部信息分析师资格；充分整合利用校内多方优势人力资源，形成专家咨询队伍、服务合作队伍、服务辅助队伍等多支知识服务团队；采用市场磨砺到课堂实践的培养途径，将馆员推向社会打拼磨炼，全面提升服务能力，反哺教研学科服务，取得良好成效。

5 结语

转型环境下，拓展与深化知识服务的内涵与外延是高校图书馆提升核心竞争力的重要体现，社会化知识服务定位及其开展也是高校图书馆充分发挥社会功能的重要途径。高校图书馆知识服务的社会化拓展是一项开拓创新性的工作，需要学校领导及图书馆全体员工，突破传统思想观念，创新建设发展理念并着力达成共识；需要图书馆充分结合学校的办学特色、优势和自身条件，树立正确的服务定位；需要图书馆建立健全相匹配的组织机构、人才队伍、管理模式、配套制度等常态化运行保障机制；需要图书馆积极培育塑造自身的服务品牌和特色，不断提升服务的竞争力。

作者介绍： 卢章平 江苏大学图书馆馆长，教授。

参考文献：

［1］ 卢章平，袁润，王正兴. 发现服务：大学与研究机构图书馆的趋势［J］. 中国图书馆学报，2014（03）：20－26.

［2］ 赵树宜. 推动图书馆向知识服务转型——2012 学科馆员服务学术研讨会综述［J］. 图书情报工作，2012（09）：145－147.

［3］ 宗霞. 浅论图书馆功能拓展与转型发展［J］. 图书馆理论与实践，2013（01）：39－42.

［4］ 教育部关于印发《普通高等学校图书馆规程（修订）》的通知［EB/OL］. ［2015－3－23］. http：//www.moe.edu.cn/publicfiles/business/htmlfiles/moe/moe_23/200202/221.html.

［5］ 王建专，王有志，梅伟. 依托科技情报，服务中小企业，江苏大学图书馆：走出深闺开创蓝海［EB/OL］. ［2015－3－23］. http：//www.jskjb.com/html/dv_453183998.aspx.

［6］ 宫平，郭帅. 高校图书馆社会化服务模式探索［J］. 图书情报工作，2014（19）：74－78.

［7］ 本刊记者. 知识服务推动图书馆转型——"2012 知识服务专家论坛"纪要［J］. 图书情报工作，2012（03）：5－11.

关于高职高专院校图书馆综合绩效评估与规划延伸的若干思考

教育部高校图书情报工作指导委员会高职分委员会副主任委员　郭向勇

1　高职高专院校图书馆存在问题的现状分析

当前，我国高等职业教育事业蓬勃发展，为了适应社会发展的需求，高职高专院校办学规模不断扩大，高职高专院校图书馆也正经历着前所未有的发展与变化。但值得注意的是，在这种繁荣表象的背后，还存在着诸多的问题。

1.1　馆藏资源方面

第一，大多数高职高专院校普遍存在着各类资源配置比例不合理的问题。具体表现为数字化图书馆建设欠缺理性思考，片面追求数据库建设，而忽视纸质图书资源的高效配置。在纸质图书的新陈更替、结构调整方面做得不够，使得高职高专院校图书馆的纸质资源建设缓慢，远远不能满足大多数学生读者群的需要。

第二，纸质文献借阅率低和许多图书零借阅率现象在高职高专院校图书馆普遍存在，造成这种局面的主要原因有：一是图书馆缺乏专门的采访制度、未能建立专业的采访队伍，采访行为缺少规范化操作，带有严重的盲目性、随意性；二是高校评估带来了前所未有的压力，大多数高职高专院校图书馆在短期内大量采购图书，一心追求数量上的达标，而忽视了对图书质量把关；三是"图书剔旧"成为形式主义，缺乏实际操作。

实际上，借阅率偏低的直接后果是资源的极大浪费与读者阅读需求得不到满足。

第三，大多数高职高专院校图书馆的特色馆藏资源呈严重稀缺状态。

造成资源稀缺的主要原因：一是经费有限，使得高价位、高成本的文献不能被采购入库；二是图书馆与教学科研一线人员欠缺沟通，特色资源的补充无法系统地进行；三是特色数据库的建设困难重重，建设进程缓慢，某些图书馆甚至无法开展其建设工作。

1.2　人力资源管理方面

第一，人力资源结构不合理。高职高专院校图书馆馆员队伍大体由三部分人员构成：原中职校图书馆人员，虽有多年图书馆工作实践经验，但年龄普遍偏大、文化程度偏低；各种渠道从其他岗位转入图书馆从事管理工作的人员，部分原先的岗位与图书馆工作大相径庭不乏其例；新进的图书馆专业毕业生和非图书馆专业毕业生占馆员队伍的相当比例，使得人力资源结构呈现出严重的不协调状态。

第三，专业骨干力量薄弱。大多数高职高专院校图书馆人力资源管理面临着馆员总体年龄偏大、学历偏低、非专业人员占大多数、年轻的新生代馆员尚处于成长期、中坚专业骨干力量薄弱的问题。整体性地处于青黄不接的尴尬时期，严重影响了高职高专院校图书馆的现代化发展进程。

第三，职业倦怠现象严重。由于知识老化、工作环境封闭、信息技术能力较弱、中职校向高职高专院校转化过程中的许多不适应等原因，造成的职业倦怠现象在高职高专院校图书馆工作人员中普遍存在。具体表现在：一是馆员思想认识不足与自身素质不高导致其工作被动、"守摊子"思想严重，这是他们职业倦怠的主因；二是自身业务能力与高校图书馆的高标准要求不相适应，逐渐形成了馆员的职业倦怠；三是图书馆工作性质决定了工作环境的相对封闭、馆员自身价值感滑落，也成为造成馆员职业倦怠的原因等。

2 高职高专院校图书馆的发展对策

毫无疑问，高职高专院校图书馆发展策略针对上述论及的现实问题逐一予以攻克，即合理布局馆藏资源结构、努力提高纸质文献利用率、加强数字化图书馆建设、强化人力资源管理、拓展信息服务新模式以提高信息服务能力和加强同地方经济相结合的社会化服务等，随着时间的转变，理应逐步得到改善和改进。

高等职业教育经过十多年的发展，比起初创阶段已经有了长足的进步，图书馆正是高职高专院校发展的一个缩影。但是，只要观察一下不同时期其表现出来的问题与不足，我们就可发现高职高专院校图书馆之间差距不是缩小，而是进一步扩大；与本科院校图书馆相比不是差距在缩小，而是渐行渐远，甚至整体表现出的差距越发突出。馆藏资源、管理队伍及服务能力等问题，始终是绝大部分高职高专院校图书馆建设与发展的薄弱环节。

如何从根本上解决这些问题，是在高等职业教育迎来新的发展机遇时，高职高专院校图书馆管理者所面对的巨大挑战。

在制定"十三五"规划的今天，国家明确了高等职业教育培养"高素质技术技能型人才"的目标，加大了培养"技术技能型人才"的比重，使高职高专院校图书馆的发展壮大成了必然趋势。伴随信息化时代飞速发展、运用各种信息技术的手段与方法和数字化图书馆建立的趋势等，给高职高专院校图书馆建设与发展带来了新的契机。

运用"区域联盟，资源共享"，借助 CALIS 为代表的全国性高校图书馆资源共享联盟及各种区域性联盟，实现资源共享推动基础薄弱的高职高专院校图书馆快速发展，最大化满足读者需求是高职高专院校图书馆发展的战略对策之一；

其二，开展"科学评估，以评促建"。推动高职高专院校图书馆的规范发展不是采用传统的阶段性评估，而是通过长期、持续的动态评估来实现，这样的动态评估使受评图书馆能够不必打破正常工作秩序，就可进行常规性的自我评估，实现高职高专院校图书馆在评估过程中的自我学习和健康成长。

因此，编制"十三五规划"，在教育部高等学校图书情报工作指导委员会的统一指导下，开展高职高专院校图书馆"以评促建"的动态绩效评估是整体性地推动高职高专院校图书馆建设与发展的最佳选择和解决现存问题的最佳方法。

3 广东省高职高专院校图书馆绩效评估研究的启迪

3.1 得天独厚的支持与保障

广东省教育厅高等教育处高瞻远瞩，先后在 2008—2014 年期间部署了 4 项研究任务，用广东省教育厅教学改革项目予以支撑和保障，两任处长接力推进。在广东省教育厅高等教育处的指导和关心下，广东省高等学校图书情报工作指导委员会高职分委员会开展绩效评估专项研究，先后取得以下研究成果：

（1）《广东省高职高专院校图书馆建设指南与评估指标》编制；

（2）《广东省高职高专院校图书馆绩效评估与辅助决策支持实施细则》编制；

（3）《广东省高职高专院校图书馆绩效评估与决策支持系统平台》研制并正式交付使用；

（4）《广东省高职高专院校图书馆工作标准》编制。

3.2 研究成果的特点

首先，突出实用性研究，建立实用型的广东省高职高专院校图书馆建设与发展的绩效评估体系。不仅服务于全省高职高专院校图书馆，而且还服务于民办院校图书馆。

其次，注重理论研究与实证研究相结合，选择评估方法、评估模型和指标体系量化处理的数学方法，保证绩效评估落到操作层面而具有实际推广价值。

再有，建立图书馆绩效评估的长效机制，研究开发基于计算机管理的软件系统平台，改变传统评估工作阶段性等弊端，采用全新的模式实现了绩效评估与辅助决策应用始终处于实时地、动态地、持续性地进行数据采集、统计、分析、评估和决策等功能，尤其通过二级管理平台的省厅用户具有行政职能的独特功能，确保了数据采集的真实性、可靠性和完整性，使得综合绩效评估与辅助决策系统平台能够从微观到宏观地指导各地区高职高专院校图书馆建设与发展，从根本上解决全国高职高专院校图书馆建设中存在的诸多问题，进而整体地推动中国高职高专院校图书馆事业的建设与发展。

特别鸣谢广东省为此做出贡献的参编单位：深圳职业技术学院、顺德职业技术学院、广东外语艺术职业学院、广东科技职业学院、广东工程职业技术学院、广东食品药品职业技术学院、广东轻工职业技术学院、广州城市职业学院和河源职业技术学院图书馆等。

4 广东省高职高专院校图书馆绩效评估系统平台建设与应用

基于计算机管理的高职高专院校图书馆绩效评估软件系统彻底改变了传统的评估方式，具有认识自身、建设自身、发展自身、完善自身的智能评估与决策功能。

系统平台主要由数据填报、统计计算、分析评估和决策支持等功能部分组成。该系统平台核心是决策支持功能，具有从发现问题到解决问题的功能，成为图书馆建设指导和辅助决策的有效工具。系统平台实现各类型高校图书馆事实数据统计、分析、评估和智能专家辅助决策功能，直观、形象地为各级教育部门领导进行决策提供参考依据。

主要功能介绍

（1）多用户接口

省厅用户：获取系统平台全部填报数据、统计分析和决策支持意见和建议；

厅长用户：获得主要关键统计数据和决策支持意见和建议，为宏观决策提供参考；

图书馆用户：获得纵向和横向填报数据、统计分析和决策支持意见和建议，指导本馆未来建设与发展。

（2）系统平台数据填报类型

自动生成型：由基础数据与计算结合直接生成。在不同数值范围的（　）填入基础数据计算出结果用于取值范围比较而得到；

单选型：用户在（　）中直接√选择；

多选型：用户在多个选项（　）中√选择；

逻辑型：用（Y/N）直接选择；

文本型：最后Ⅰ维度需要简要说明梗概，由专家判定其评估等级。

（3）系统平台功能特点

第一，应用功能。为广东省高职高专院校图书馆建设与发展提供建立一个实时、动态的数据填报、统计计算、评估分析和辅助决策的系统平台，同时可直接转换为全国高职高专院校图书馆搭建共享型系统平台。

第二，学习功能。评估指标细则实际上为高职高专院校图书馆建设与发展绘出了阶段性规划蓝图，方向性明确。为夯实内涵、优化资源、基础建设和服务创新等方面提出了具体的、可操作性的指导意见，通过数据填报，得到不断学习和拓宽工作思路和视野的机会，使评估过程成为学习过程、研究过程和提升过程。

第三，政策功能。评估指标细则中政策性的内容，源于教育部对图书馆建设指标细则中人、财、物等相关政策的刚性要求，可要求学校予以落实或逐步落实；指标细则中人、财、物相关政策中其他部分指标可作为建议，争取学校的理解和支持。

第四，拓展功能。高职高专院校图书馆绩效评估系统平台的拓展功能，可自动生成年度发展报告，图书馆用户完成数据填报后即可生成本馆"图书馆年度发展报告"、各省主管教育机构用户可生成本省"图书馆年度发展报告"、教育部图工委用户可生成"全国高职高专院校图书馆年度发展报告"等。

再有，社会功能。开展高职高专院校图书馆建设与发展的动态、实时的数据填报、统计、分析、评估与辅助决策，引导高职高专院校图书馆协同发展和创新服务，实现高职高专院校图书馆的跨越式发展。

5 从系统平台开发与应用的启示，聚焦"十三五"规划

5.1 接轨CALIS"十三五"规划

在CALIS平台上开展高职高专院校图书馆资源建设是"十三五"期间的重点工作，关注以下相关内容的规划：

（1）构建资源共享域，实现跨地域、跨行业的资源共享，解决高职高专院校图书馆经费缺乏导致的资源匮乏的痼疾。

（2）构建三级体系架构的全国高职高专院校图书馆绩效评估与决策支持的系统平台，实现以评促建、相互借鉴、共同提高、共谋发展。

5.2 开展全国高职高专院校图书馆绩效评估工作

务实推进高职高专院校图书馆绩效评估体系建设与应用为"十三五"规划另一重点工作。

（1）开展绩效评估工作主要步骤

第一步，以《广东省高职高专院校图书馆建设指南与评估指标体系》为基础或作为参考依据，建设适合各省、自治区和直辖市等地区的建设指南与评估指标，构成全国高职高专院校图书馆建设与发展的绩效评估指标体系。强调共性、突出个性，便于有效实施。

第二步，在完成各省、自治区和直辖市等地区高职高专院校图书馆建设指南与评估指标的基础上，制定评估量化指标实施细则。

第三步，以广东省高职高专院校图书馆绩效评估与决策支持系统软件由专用版本向适用全国的通用版本转换。建立面向全国高职高专院校的基于三级管理架构的综合绩效评估系统平台。实现数据统计、计算、分析、评估和智能专家辅助决策功能。

第四步，开展全国高职高专院校范围内的综合绩效评估的实践与探索，以评促学、以评促建、以评促进，共同提高。

（2）建立三级管理架构的综合绩效评估体系

为有效推进全国高职高专院校图书馆绩效评估工作的顺利开展，需要在现有的二级管理架构的广东省高职高专院校图书馆绩效评估系统平台基础上转换为三级管理架构的全国高职高专院校图书馆绩效评估系统平台。

该三级管理架构的系统平台由图书馆用户、省厅教育主管机构用户和教育部图工委或CALIS管理中心用户三级体系结构组成。

三级管理架构的系统平台逻辑关系，如图（1）所示。

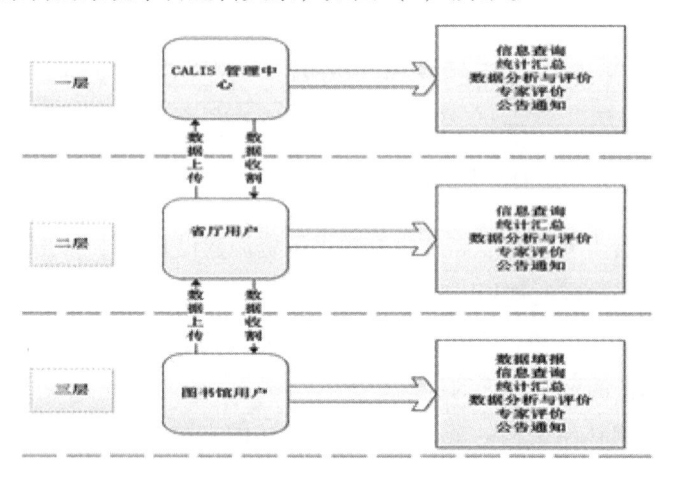

图（1）三层管理架构的逻辑关系及系统主要功能

图（1）示出的三层管理架构功能特点，说明如下：

第一层是教育部图工委或CALIS管理中心用户，主要通过汇总、统计、分析与评估，完整地获取来自各省、自治区、直辖市高职高专院校图书馆的事实数据，通过数据挖掘可进一步获取指导各地区、各类型高职高专院校图书馆建设与发展的有效信息，为教育主管机构决策提供参考依据。

第二层是省厅用户，该中间层通过事实数据的汇总、分析、统计、评估和决策支持，获得本地区高职高专院校图书馆建设过程中实际状况的第一手资料。

第三层是图书馆用户，如实填报图书馆事实数据和相应环节确认，保证上传的事实数据是真实、可靠的。图书馆用户通过系统平台的采集、统计、分析、评估，可了解本馆建设与发展的实际水平与存在问题，也可获得本地区同类型院校、同地区院校等的横向比较结果，以便了解本馆所处在的同类型、同地区院校图书馆的真实状况；针对统计、分析与评估形成的问题与不足，通过决策支持功能的引导性帮助，提出解决问题的意见和建议，使图书馆用户通过绩效评估的"发现问题"到决策支持的"解决问题"有效循环，以达到评估目的，促进和推动本馆业务不断地向前发展。

6 延伸"十三五"规划的若干思考

处于全国高职高专院校图书馆顶层的专家咨询机构，教育部高等学校图书情报工作指导委员会高职高专分委员会，承担着引领全国高职高专院校图书馆发展的责任，肩负着全国高职高专院校图书馆的重托，高职高分委员会在"十三五规划"期间的工作既要轰轰烈烈、更要扎扎实实。

时光飞逝，转眼第四届教育部高等学校图书情报工作指导委员会任期即将过半，只争朝夕还可亡羊补牢，为第四届教育部高等学校图书情报工作指导委员会高职高专分委员会全体委员做点实事，为下一届分委员会留点值得参考的成果，也不辜负教育部高职高专处领导们的殷切期望。

感谢广东省教育厅高等教育处从一开始就在为追求全国高职高专院校图书馆共同发展谋篇布局，感谢参与该项研究进程的广东省高职高专院校图书馆的同行们，还有深圳职业技术学院图书馆的同事们。

作者介绍：郭向勇，深圳职业技术学院图书馆原馆长，研究馆员。

正在来临的大馆配时代

北京人天书店有限公司　邹　进

摘　要：有迹象表明，众多图书馆配商结成联盟的"大馆配"时代正在来临。2014年，馆配商正是从两条战线上运行、向前推进，一是纸质图书期刊的销售持续增长，二是电子图书的平台设计和资源整合取得突破性进展。这种新的发展趋势将对未来五年图书馆的发展带来新的变化和新的发展。

关键词：馆配商　联盟　大馆配时代

1　馆配商联盟的出现是顺势而为

第一，形成馆配商联盟的局面实际上是顺应形势发展的需要。人天书店2014年纸本图书销售增长幅度保持在25%以上，期刊销售相对缓慢，主要是受到图书馆削减期刊订阅量的影响，即使如此，期刊业也有15%的增长业绩。这反映的不仅仅是人天书店一家的情况，从全国馆配商联盟的发展来看，由于有了联盟的平台支持，各地馆配商都有了不同程度的增长。联盟内联合采购的增长率达到40%，远远高于平均的增长率。一些学术类、科技类的出版社曾担心，馆配商联盟联合采购，只是采购单的转移，而不是增量，是各地馆配商的订单从出版社转移到人天书店的馆配中盘。那么从馆配联盟的数据统计得出，加入联盟进行联合采购的中小馆配商，绝大多数没有与核心出版社建立直接的采购关系。已经与出版社建立过业务关系的馆配商，通过馆配联盟联合采购，核心出版社品种和数量都有明显提升。这也证明有了平台的支持，降低了门槛，提升了服务，馆配商有办法把图书馆凝聚在自己周围，有能力把自己做大。所有馆配商都爱惜自己的羽毛，希望买好书，卖好书。有了平台的支持，出现了自身业务增长的良好局面，馆配商联盟达到了我们最初设计的目标，让更多的书商愿意做馆配，而不是在图书馆的门槛前退缩。人天书店三年前发起成立全国馆配商联盟，三年以来，没有一家馆配商退出这个行业，劣币驱逐良币的情况得到初步的扭转。

这仅仅是一种开始，要真正把图书馆配送做成一个既能满足图书馆资源建设的需求，又能给馆配商带来利润的规范市场，需要出版社和中间商达成共识。馆配已经不是低端产业，虽然它的规模不是很大，但它也必然是基于图书馆的资源建设标准、数据规范和网络平台支持的一种保障体系。在传统业务上，人天书店正在向馆配的中盘商转型，希望出版商和馆配商都能看到这一点。馆配中盘的出现是馆配市场的需求，人天书店只是暂时出任这一角色，如果有更好的馆配中盘商也可以取而代之。全国馆配商联盟成立至今已有三年，目前约有百分之七十以上的民营馆配商和部分省市的新华书店加入这一行列，成员数还在不断增加。该联盟从成立之初就获得了业界的极大关注，一直以来，认同之声和疑虑之音就没有少过，但无论如何，该联盟从某种层面改变了馆配生态，打破了原有的竞争格局，未来还将影响深远。该联盟旨在代表馆配商成员的利益获得更多的话语权，引导建立新的符合资源建设的规则，在联盟内采取统一的数据交换标准，并旨在打造中国可供书目数据库和核心书目评价体系，建立现货数据交换平台，将出版社、批销中心、文化公司的数据放在一个统一的平台上，实现图书发行行业的互联互通。全国馆配商联盟，已经成为行业内的一支重要力量，也证明了竞争关系有可能在条件成熟的情况下变成一个长远的合作关系，馆配联盟时代已经到来。

2　馆配电子图书呼之欲出

如果说纸本图书是"飞龙在天"的话，2014年电子图书可谓是"潜龙在渊"。图书馆在数字资源建设上经历了几个阶段，首先是数据库的采购和电子期刊的采购，但这些钱大部分花在国外，好在CNKI把学术期刊做好了。从目前图书馆资源类型来看，我征求了很多馆长的意见，现在只缺与新书同步的电子书这一大项。但今后电子书采购终将告别地摊式的打包方式，与纸本书一样，由用户自主选购。我在这里提出一个建议，电子书不要再搞评估了，图书馆被指标逼迫，一定不顾内容质量，而供应商由于利益驱动也可能出现"一哄而上"的情形，一定会导致盗版猖獗，再次打击出版商和著作权人的信心。

在电子出版发行领域，馆社之间依然存在着供求不够对接的情况，那么作为中间商，搭建电子出版物平台顺理成章，与纸质出版物的中盘商性质应该是大同小异。目前电子出版物发行，对大众零售市场的依赖比较强，尚未注意到图书馆渠道。然而我们应该清醒的认识到，图书馆才是电子图书发行的主渠道。一是因为图书馆采购经费的持续增长，二是电子资源在高校文献资源经费中的占比已经呈现反转的趋势。以三大运营商为主的面向零售的电子图书，几乎都是大众读物，学术类、科技类图书即使有，也是沉底的，不会形成销售。这就是我提出的零售电子图书的1：99律，只有1%的品种可以给出版者带来利润。

相较于出版方盈利难的问题，在馆配领域却出现了采购方数字资源经费持续攀升的局面。2013年高校图书馆经费排行榜显示，复旦大学电子资源经费达到总经费的40%，清华大学达到60%，其他本科院校大体上都在40%到60%之间。清华大学纸质图书馆藏书量是450万册（件），电子资源馆藏已经达到800万种，并且拥有千万级的使用量。电子资源的快速发展对应的是纸质资源下降的趋势，高校图书馆图书借阅率下降似乎已是不可遏止，每年都以百分之五到六的速度递减。清华大学的近三年的数据，借阅总数从一百八十万人次降到一百二十万人次，相应的，纸本图书的采购复本也下降了，图书采购逐渐期刊化。2013年全国数字出版收入是2540亿元，包括游戏广告，而不是传统意义上的出版。2013年移动阅读的总收入将近50亿。而图书出版全国营收才776亿。1990年图书出版18万种，56亿册，2013年是44万种，80亿册，品种年均增长3%，但册数增长在四分之一个世纪里还不到一倍。2013年人均阅读数，纸质是4.77本，电子书达到2.48。数字出版每年3%的速度增长和纸质图书册数几乎不增长，据此情形，只需要三年的时间，这个数字就会反转过来。由此可以看出，纸质图书已经难以承担全民阅读的重任，所以这个担子要由电子图书来挑。

3　畅想之星照耀中国

电子图书的发展大概经过了三个阶段。2009年，中国移动手机阅读平台上线，畅销书出版机构获得了很大的收益。2013年，亚马逊的kindle上市，是数字出版的又一个里程碑。亚马孙的CEO贝索斯说：电子图书业务已经形成了数十亿美元的市场，亚马逊通过kindle占领了美国电子图书市场。在中国，一个数十亿人民币的市场也是毫不夸张的。但是很遗憾，一个面向图书馆的电子图书销售平台始终没有出现。目前来看，出版社的主要渠道是三大运营商和电商平台，前者是移动、联通、电信，后者主要是当当、亚马逊、掌阅，都是面向个人用户。互联网巨头BAT也有迹象进入数字出版领域。腾讯收购盛大文学是一个重要事件。但BAT并不是把数字出版当作主营业务和利润来源，只是当作引流的工具。它们断不会去收购任何一家严肃的学术出版机构。

方正阿帕比公司2001年起就进入数字出版领域，它有方正传统出版印刷技术的优势，数字出版技术想当然也会处于行业的领先地位，由此制定出图书馆电子图书的整体解决方案非它莫属。Apabi分别代表着作者、出版社、流通渠道、读者即购买者和网络，已经面面俱到，但最终它没有成为图书馆的主流采购渠道。原因可能出在流通渠道和购买服务这两个方面，在超星这样强力公司面前无所适从。在这期间书生、超星这类公司应运而生。

非常明确的一点是，在2014年，所有经营、使用电子书的相关利益方，不管它是出版方、中间商，还是终端用户，共同的意见是：我们需要重新开辟一条道路，那就是大家都要遵循伯尔尼公约的精神，按照中华人民共和国著作权法从事电子图书的生产和销售。现在，出版方不再漠视对自己知识产权的侵害，图书馆也不再因为自己是非赢利组织而任意利用未经授权的产品和服务。作为中间商，更不能因为权利方的放弃和购买者的需求而进行非法集成和销售。由于数字出版一直未建立起合法的版权转让机制，违法成本低，甚至根本没有违法成本，作为版权一方的出版人和著作权人，其权益已被侵害日久，他们一方面深恶痛绝，另一方面又束手无策。所以，当一个新的平台运营商出现的时候，他们都避之而不及。我们与出版社谈判的过程是非常艰难的，不是技术问题，而是诚信缺失。我访问了多家出版集团、数十家出版社，每到一地，都是由出版集团召集，下属出版社社长参加，关注程度之高出乎意料，但还是不能掩饰他们的疑虑。我只能亲自推广和释疑，用我的名誉作质押。因此，我要呼吁全国的图书馆，不要购买没有经过授权的数字出版产品，我们保护版权要像保护鲨鱼一样，没有交易就没有杀戮，没有非法交易就没有盗版。我们还要对出版商说，不能因噎废食，对电子图书来说，正版图书不去占领，盗版必然要去占领。我们应该团结起来，就像我们在纸质图书上的合作一样，共同打击盗版，维护市场秩序。仅从这个意义上说，Apabi 尽管不能被立为中国数字出版的一个里程碑，但对图书馆电子图书建设来说，仍不失为一块基石。

到了 2014 年，一切都明朗了。目标明确了，路径也有了。大的馆配商在做自己的 APP，就如同亚马逊做 kindle，人天书店做畅想之星一样，同时也加紧与出版社及版权方进行授权谈判。人天书店的数字资源平台名称是"畅想之星"，目前已与包括北京大学出版社、中国人民大学出版社、中国出版集团、中国作家出版集团、时代出版集团、青岛出版社、重庆出版集团在内的 100 多家出版社签订了电子图书的授权协议。畅想之星能不能成为数字出版的又一个里程碑，还要看它的自我表现，但 2015 年作为馆配电子图书元年则是毫无疑义的。

美国作家斯诺写过一本书《红星照耀中国》，我已经把它改为我们的口号：畅想之星照耀中国。

4 大馆配时代已经来临

一直以来，中国都缺少一个馆配"大中盘"，不过，"大中盘"的格局已经随着馆配商联盟的落地，逐渐显山露水。所谓"大中盘商"，首先是能够突破地域的限制，产生在某种意义上的具有垄断地位的影响力，如市场占有率与规模。这样的中盘商具备足够的整合能力。上至各出版社品种数量、分销能力和渠道推广；中至全国各区域性馆配商的数据收集和目录编制能力；下至对图书馆的配供能力、对图书馆需求调整的反应能力、数字资源和管理软件的服务能力，以及足够的销售能力等。具备将整个馆配上、中、下游环节疏通的能力，这样的馆配商才能称为大中盘。

全国性的大中盘商是针对辐射全国范围的服务需求，最终实现联合采购的一个格局。相对于过去所指的联采统编，这里所指的大中盘更是"信息大中盘"的概念,一个由信息系统带动物流系统,从而带动商流的中盘。人天集团志在于此。

以下是主要的大中盘。

4.1 《人天书目报》

《人天书目报》是由人天书店集团独立完成采集的、除去中小学教材教辅以外的全品种书目。自1999年创始至今,按照每周一期的频率已发布了660期,是一项业已发展得相当成熟的业务。仅2014年1-11月,书目报所收录的馆配新书品种就达到163 802条。

根据历年同国家图书馆数据进行的比对来看,人天书目报可以覆盖当年出版新书95%以上。人天集团的书目数据对客户开放后台,不仅可以提供全品种书目,还可以根据各图书馆的不同需求制作定题通报。

只要使用《人天书目报》,就完全可以满足所有图书馆用户的采购需求。然而,在统计订到率的问题上,图书馆并没有一个基于标准书目进行评价的体系,因而出自各个图书馆的统计数据,其实并不具有权威性,只是本馆到书率的统计和简单排名,更无法对馆配商进行准确评价。在这种情况下,往往形成一个悖论,《人天书目报》搜集的数据越多,图书馆的采到率就会越低。因此,我们提出了一个新的解决方案。

4.2 中国可供书目

如果说《人天书目报》解决的是"出了什么书"的问题,那么"中国可供书目"解决的是"书在什么地方"的问题,这是一个图书物联网的课题,看似简单,实则不易。

2002年前后,中国出版集团提出打造"可供书目"的想法。2003年,人天开始运作可供书目项目,但由于技术手段落后以及没有迫切的市场需求,两年后项目停止。2004年中国出版集团成立中版通公司,专事可供书目项目,亦无多大进展。

由于日趋多元化的出版发行模式,却对应相对单一的书号管理体系,使得馆配采到率始终难以突破90%的瓶颈。一直以来使用的传统采购模式,使得图书难以精准定位,供需无法全然对接,往往会出现图书馆无法配到需要的图书,而供货商货物却滞压的尴尬局面。

2014年,人天书店集团重新推动"中国可供书目"项目,旨在建立一个权威的现货数据交换平台,一个完备的图书物联网体系。

在市场透明、技术手段日益成熟的今天,供货商不需要再各自为阵,而可以通过大中盘将出版社、图书公司、批销中心的数据全部集成到一个统一的平台上,完成数据交换,从而使得图书能够得到精确定位,大大地缩减采购时间,避免采购的盲目性。这涉及图书从信息产生到实务管理的全部过程,解决因多轮采购而带来的人员与经费的大量消耗。

截止今天早晨的数据，人天书店集团的中国可供书目已收集 1 124 877 个可供品种。倘若最终能够在技术上顺利解决与所有出版社的 EDI（电子数据交换技术）对接，并持续化地运作下去，采到率与采到速度的问题将会大大改善。而一旦突破订到率这一瓶颈，现货采购的优势将被削弱，将不再作为图书馆的主要采购方式，图书馆都会回到以目录采购为常态的正轨上来。

4.3 核心书目评价体系

大家可能对馆藏文献资源评价体系比较熟悉。目前，各大高校图书馆拥有大量的图书资源，加上近几年的高校图书馆评估工作的开展，高校原有的馆藏建设体系被破坏，特色馆藏被稀释，所以在高校评估浪潮过后，很多高校图书馆都在重拾文献资源评价体系，根据建馆方针制定相对应的采购原则。但高校合并和扩招，使原来的单一型、专业型学校，组合成多学科的综合性大学，馆藏需求的多样性，对图书采访员的专业要求大大提高了。

同样是采访员，中文期刊不过一万种，期刊采访员有《中文核心期刊要目总览》提供采购参考，图书采访员却要面对超过 40 万种的图书海洋，而且是每年 40 万种。

所以，有必要建立图书的核心书目评价体系，要用核心书目来辅助图书采访员，使之更有效、准确地判断图书的质量和价值。

上海师范大学图书馆的一项研究成果，是把以往某个时段的书目集中起来，再把哲社类学术图书分离出来，对这部图书用引文分析和二八定律遴选，最后经相关专家审定，形成哲社类学术图书的核心书目。这个书目可以作为馆藏质量测评的工具。

但这样的成果来得有点晚了。如何让图书馆的采访人员在没有看到书的情况下，面对采访数据，就能大致判断出哪些是好书，哪些图书符合自己的馆藏要求，不至于在若干年后，等核心书目编制出来后，与自己的馆藏一对比，覆盖率达不到 50%，甚至达不到 30%。所以需要在采访数据中产生核心书目。

核心书目的体系主要分两部分：一个是书目的来源，另外一个是对图书的评价体系。

既然要利用核心书目指导采购，这个书目要建立在采购之前。书目的原始数据来源，就是把出版社最新的目录收集、整理起来。这个工作馆配商都会做。

对书目评价的目的和评价指标确定好了，但单靠人工的方法来对如此庞大的数据量进行评价，无疑是不现实的。我提出了好书因子的概念。好书因子分别从出版社、作者、研究背景，舆情、借阅率几个方面提取。在数据仓库、数据挖掘技术支持下，建立对图书多个维度进行评价的工具模型。基于不同的维度，根据不同的因子，采用不同的方法，对一条 CIP 数据进行评价。可以为一本新书评判一个分数，以决定其是否可以进入核心书目。为此，我们在东北师大计算机科学和信息技术学院建立了图书物联网研究所，开题研究核心书目。当核心书目建立起来以后，图书馆采购专业图书，可以不再借用专业院系师生的力量，只需要按照条件筛选即可。采访人员可以用自己擅长的图书情报专业知识和管理经验，精准地挑选各种专业书籍。

4.4 馆配会公共平台

书业展会的订货功能在不断下降已经成为了一个不争的事实，各大展会纷纷面临转型的挑战。例如上海书展自 2004 年转型以来，已经逐渐成为一个以阅读推广为主的大型文化盛会，但几乎每个书业展会都会毫无例外地配有一个馆配分会作为支撑，因为馆配会有着实打实的订货功能。

稍有实力的馆配商都会去办馆配会。2013 年，区域性质和全国性的馆配会，大大小小不下 50 场，春秋两季尤盛。根据社科文献出版社"2014 年全国馆配会一览表"显示，截至今年 10 月，该社参加的全国及地方性馆配会的数量就高达 27 个场次，与 2014 年的数据基本持平。发行界有种说法，每天"不是在馆配会，就是在去馆配会的路上"。出版社不堪重负，图书馆疲于奔命。

2014 年 9 月，第二届出版物馆配馆建交易会暨全国馆配商联盟秋季图书订货会在合肥举办。参会人员达 2 000 人以上。销售码洋达 1 亿元。

此次交易会，是由中国出版协会联合全国馆配商联盟，共同完成的一个行业馆配会公共平台的搭建，在保证其行业公信力的同时，又突出了其公益性质。该协会认为，以一个商业性的组织来举办行业交易活动，更能够体现出市场经济的需求。所以，此次中国出版协会将全国出版物馆配馆建交易会与馆配商联盟全国图书订货会两者合二为一。一个全国统一的、信息和资源共享的交易平台就此形成。中国出版协会之所以选择全国馆配商联盟来合作办会，是向业界宣示，中国版协永远支持和鼓励最优秀的企业。这是馆配市场发展的必然结果，变重复建设、恶性竞争为共建共享与合作共存，是馆配行业由混乱无序走向整合规范的开始。

作者介绍：邹进，北京人天书店有限公司董事长。

漫谈技术进步推动下的图书馆发展走向

北京超星集团公司　叶艳鸣

摘　要：在以数字化、网络化为主要特征的信息化时代，技术进步在很大程度上已经并将进一步成为图书馆提高工作效率、推动资源快速增长、增强图书馆综合实力、提升图书馆事业发展水平的最重要推动力。本文对未来五年技术进步对图书馆事业发展可能带来的影响进行了初步的分析论证，希望对图书馆界制订"十三五"规划有所借鉴。

关键词：技术进步　图书馆　发展与走向

1　图书馆发展背景扫描[1~6]

上世纪八十年代，随着计算机在图书馆的广泛应用，图书馆从传统的手写和机械打字机打卡片、读者靠手填借书凭证的手工时代快速进入以计算机集成管理系统应用为核心的自动化管理时代。到了九十年代，随着互联网、数字化技术的迅猛发展，图书馆又从传统的以纸质文献为主体的资源体系，以馆舍为主要环境的实体图书馆发展到数字化资源、网络化环境为主要特征的数字图书馆时代。近年来，伴随着3G、4G、智能移动终端设备的快速普及，尤其是大数据、云计算等高科技信息技术的快速发展，图书馆又在知识发现和移动服务领域取得长足发展。

短短三十多年的发展，图书馆经历了历史上前所未有的三大跳跃，在资源保障能力上通过大量数字资源的建设和各种评估推动下的纸质馆藏积累，大体解决了"温饱"问题；在服务模式上通过新馆建设、旧馆改扩建和现代数字图书馆门户建设，初步形成了新的体系和能力；在影响和作用上可以说达到了历史上少有的鼎盛时期。在这样的背景下，未来一个时期里，图书馆的发展该往何处去？这是摆在我们面前的一个重大课题。

2　图书馆发展趋势研判

正像任何事物发展一样，图书馆的每一次飞跃发展无不是那个时代环境和社会需求的驱动产生的。图书馆现在的确比过去任何时候都要繁荣、发达，但在发展过程中也伴随着许多新的问题尚待解决。更重要的是，当今的经济社会和科学技术高速前进又在很大程度上给图书馆的生存和发展带来了新的挑战和发展机遇。

2.1 图书馆全媒体资源体系的组织结构建设

尽管在过去几十年图书馆资源体系建设以取得长足发展,各类资源已相当丰富。从整体上看,虽然图书馆也引进了不少的音频、视频甚至流媒体的资源,但以传统的图书、期刊、报纸等文献形态为主体的资源框架结构没有重大改变。这些资源还停留在依托各自平台独立提供使用的粗放型利用方式上,虽然在过去一个时期基于元数据预索引仓储的技术在一定程度上解决了资源的统一搜索和资源发现问题,但在资源体系的组织结构上还缺乏行之有效融合手段和方法。

在这方面,近几年在全球教育变革浪潮中出现的"慕课"思想为图书馆的资源体系建设提供了有益的思路和方法。"慕课首先是一个优质教学资源的聚宝盆,优质慕课实际上就是用现代技术手段对知识进行富集、重构、再利用的一种全新知识组织方式。"《慕课,撬动图书馆变革的支点》一文为我们描绘了图书馆全媒体资源的组织形态[7]。《2013 地平线报告》指出,慕课首先是一组可扩充的、形式多种多样的内容集合,这些内容由特定领域相关专家、教育家、学科教师提供,汇集成一个中央知识库[8]。

因此,未来或许借助这样的思想来建设和组织图书馆庞大的全媒体资源体系。在这个体系中,各种媒体资源围绕着特定的领域规划,并按照研究和学习有关专题任务的实际需要,有目的、有应用地去采购并以类似于"慕课知识点"的富媒体组织形态来使各类零散的信息形成具有内在知识逻辑关联的知识体,这样的方式无疑与把每一个领域的资源建设都用图书馆界最熟悉的"特色库"思想统一起来,类似于"慕课知识点"的富媒体组织形态将使图书馆的资源具有了内在的知识逻辑和实用结构,从而在根本上改变图书馆仅靠目录和聚类搜索的方式揭示和组织资源的传统。

2.2 高度集成化的新型业务管理系统建设

首先,图书馆在新约思想、新的技术应用和新的服务方法不断涌入过程中,在资源建设、服务管理等方面的确取得突破和进步,但在未来实体与虚拟服务空间日益结合、有线网络与无线网络融为一体、拥有资源与使用资源界线淡化的趋势面前,如何构建线上和线下统一、传统和现代统一、建设和共享统一的新型集约化服务管理系统,将是未来一代图书馆需要重点解决的重大难题。这个新型集成管理系统需要解决以下几个方面的问题:

(1)图书馆已有和未来各独立信息系统间的统一身份认证问题。过去这个问题在一些大型图书馆有了一定程度的解决。但作为行业的发展,图书馆用户身份的认证及其背后的用户权限的管理还远没有形成规范、高效且可大规模推广和互联互通的解决方案，需要未来加以彻底解决。

（2）图书馆自有和共享的纸质文献与数字文献统一目录控制问题。图书馆对称为"馆藏"的资源编目和控制问题一直解决的较好，但对于越来越多通过年费取得限定期限的使用权的资源和更加不可控的网络免费学术学术资源，如高质量的OA资源、免费公共资源等的控制和管理能力还十分薄弱，需要新的技术和机制加以解决。

（3）异构资源在不同网络、不同终端设备之间打通应用的技术和法律控制问题。由于观念、技术、商业及传统业务流程等诸多因素的影响，图书馆现有资源尤其是数字资源的利用通道基本依附于数据商所界定的途径。电脑上能用的资源手机上不能用，校内能用的资源校外无法连贯使用，用户的阅读和研究行为被一个个网络、平台和设备切割成"碎片"，个人资料管理和持续利用存在很大困难。未来应该通过网络空间的建设来解决这一难题。

（4）用户使用行为的大数据分析与服务管理自适应调整问题。关于这一点几乎是数字化网络化后的图书馆界伤心的痛。原本计算机和网络的应用为图书馆进行精细的用户行为分析进而不断改善和提高资源建设水平和服务能力创造条件，但现实是，上一代以OPAC为核心的集成管理系统所能实现的这些读者研究在现在的数字图书馆门户框架下弱化得无法进行。因此，在未来图书馆管理系统中有效解决这一难题就显得十分迫切和重要。

（5）图书馆信息系统接入用户自有应用环境问题。在互联互通犬牙交错的信息化时代，图书馆信息资源系统不应是一座信息孤岛，而应该真正成为知识传承和学术交流的信息中心。因此，一个高度集成化的新型业务管理系统必须是一个开放的信息交流系统，有足够的能力接纳或介入各种学术应用环境，比如与慕课系统对接、校园信息系统对接、公共文化服务体系对接、区域及全球共享系统对接等。

2.3 图书馆资源应用推广平台建设

受图书馆通过整合来解决信息资源孤岛现象一站式服务思想的影响，图书馆也需要打造一个面向所有用户的一站式信息利用和信息服务统一平台。

图书馆的核心社会价值是为最广泛的受众传播有价值的信息，并为他们所吸收、利用而产生新的创造。要实现这一目标，前提是图书馆服务对象能够被最大限度地被吸引和凝聚在图书馆周围。然而，现在的图书馆系统基本都是游离在应用环境之外，靠着用户的信息需求驱动而自觉上门上网索求的姜太公钓鱼式的服务方式维系生存。其结果是到馆人数下降，借书量下降，大量数字资源利用率不高，图书馆网站粘着度、回头率不高，甚至时不时传出图书馆消亡论、边缘论的担忧。

应该说，这些现象的存在有其深刻的时代背景和图书馆自身发展局限的影响。传统图书馆是靠优质的、稀缺的资源和优美便捷的环境以及优质的服务吸引了读者的"高回头率",那么,现代信息化条件下,如何重塑图书馆凝结人气的范围呢?这就是未来图书馆必须面对的最核心问题。

现代化图书馆是以网络为舞台的。这不禁令我们想到了人气鼎沸的 QQ 空间、微信、微博等现代社交平台。他们的共同点是用公众最广泛拥有和使用的渠道构建一个为个人所有又广泛互联互通的信息交流空间。目前,这种空间的应用已深深地植入几乎人人拥有的移动互联网和手机终端。因此,我们有理由相信,图书馆应该拥有一款属于自己、更属于用户的融有线网与无线网于一体的"读者通"客户端。在 PC 端,"读者通"就是一站式的图书馆资源门户、服务窗口和个人书房;在手机端,"读者通"就是轻型图书馆、移动阅览室和无时不在的交流互动空间,这里会创建具有读书人属性的读书圈、讨论圈、校园圈、社区全。利用现代而大众化的信息交流工具,以网络通讯为支撑,以图书馆信息资源为基础,以适应 PC 和移动终端一站式信息搜索应用为核心,以云共享服务为保障,通过手机、iPad 等手持移动终端设备,为用户提供搜索和阅读,自助查询和特定内容订阅以及精准、实用的推荐信息服务,满足任何人,在任何时间、任何地点获取所需要的任何知识的信息服务平台。这将为实现现代信息技术环境下的公益性、基本性、均等性和便利性图书馆普遍服务精神[9],构建一个集人气、书香气、生态气于一体的知识空间平台。

图书馆的核心理念是实现人类对所有知识的普遍访问。图书馆肩负着文化传承和学习型社会建设的重任。在过去发展的基础上,创新图书馆信息资源体系建设思想,搭建统一集成服务管理平台,构建实体与虚拟服务空间有机结合、有线网络与无线网络无缝融合、线上和线下统一、传统和现代统一、建设和共享统一的新型现代图书馆服务体系,将是未来相当长一段时间图书馆发展必然的方向。

作者介绍:叶艳鸣,中国索引学会副理事长、北京超星集团副总经理,研究馆员。

参考文献

[1] 吴建中. 浅谈 21 世纪图书馆发展趋势 [J]. 图书馆杂志, 1997 (1): 35 - 37, 26.

[2] 初景利, 吴冬曼. 图书馆发展趋势调研报告(一):环境分析与主要战略 [J]. 国家图书馆学刊, 2010 (1): 3 - 11.

[3] 初景利, 吴冬曼. 图书馆发展趋势调研报告(二):总体发展趋势 [J]. 国家图书馆学刊, 2010 (2): 21 - 31.

[4] 初景利, 吴冬曼. 图书馆发展趋势调研报告(三):资源建设和用户服务 [J]. 国家图书馆学刊, 2010 (3): 3 - 9.

[5] 初景利, 吴冬曼. 图书馆发展趋势调研报告(四):图书馆管理、人员发展及结论 [J].

国家图书馆学刊，2010（4）：3-8.

[6] 黄金霞．解读2010年美国学术型图书馆的十大发展趋势：以美国康奈尔大学图书馆为例[J]．图书情报工作，2011（1）：93-96.

[7] 叶艳鸣．慕课，撬动图书馆新变革的支点[J]．国家图书馆学刊，2014（1）：3-9.

[8] Johnson，等．2013地平线报告高等教育版（上）[J]．龚志武，等，编译．广州广播电视大学学报，2013（2）：1-6.

[9] 程焕文．图书馆精神——体系结构与基本内容[J]．图书馆杂志，2005（2）：3-9。

服务外包：图书馆发展史上的重要变革

海南省高校图书情报工作委员会　詹长智
安徽儒林图书馆服务有限公司　余伯成

摘　要：十八届三中全会之后，我国社会经济的各个领域都启动了全面深化改革。随着改革的进一步深化，我国文化体制改革的步伐进一步加快。图书馆作为公共文化服务的重要提供者，如何通过深化改革管理体制和运行机制，提高服务质量和服务效率，成为业界最关注的话题。而图书馆的服务外包也由此成为大家普遍关注的问题之一。图书馆服务外包对未来五年我国图书馆发展将会产生什么样的影响，是本文探讨的主要问题。

关键词：服务外包　图书馆史　管理模式　变革

1　图书馆发展史上的重要变革

服务外包作为图书馆运营模式的一种创新，引起业界和社会的广泛关注已经有一段时间了。有不少业内人士认为，服务外包对于图书馆事业未来的发展具有重要的指标性意义——它将成为图书馆发展史上一次新的变革。

这个问题首先要从图书馆目前所面临的挑战和困难说起。随着网络信息技术日益普及，社会大众的生活方式、阅读方式、社交方式、购物方式等等方面都发生了巨大的变化，传统图书馆都面临被社会边缘化的窘境。过去的图书馆被人们尊称为"知识殿堂"，但是到了今天，已经没有多少人依然带着诚惶诚恐之心看待图书馆了，因为一部手机联上网络和文献数据库就可以进入知识的海洋。面对现实，人们会问，图书馆的价值在哪里？图书馆的出路在哪里？图书馆还有存在的必要吗？

要回答这些问题，需要从事物发展的一般规律谈起。

任何一种新技术的产生都会使人类生产方式和生活方式的某些方面发生改变。但是这种改变在一般情况下并不是完全颠覆性的，而是对传统方式的改进与提升。人类的基本活动方式具有一定的延续性和稳定性。比如，虽然电的发明使人类逐渐用电灯代替了煤油灯，但是，人们需要定时休息、用餐和睡眠，这一基本的生活方式并没有发生太大的变化。电灯只是在人们需要夜间工作和活动时提供照明，与煤油灯的功能并无二致。两者的区别仅在于电灯使用起来更加方便，照明效果更好而已。同样，从赶牛车到开汽车，只是行走速度发生了巨大的变化，其基本的功能仍然是交通和运输。人类社会发展历史上经历的这些进步都来源于不断发明、创造和创新。

在网络时代,技术的进步使任何一种终端设备,电脑、手机、ipad 等都可以进行阅读,也可以进行交流。再加上在电子商务十分发达的今天,读者在网上买书不仅便宜,而且快捷,何必大老远跑到图书馆来借呢?这样的现实无疑严重削弱了图书馆的传统价值和作用,图书馆面临空前的困境和挑战!

在网络时代,图书馆不能继续作为一个庄严典雅的"殿堂"的概念已经不复存在,而是要积极拓展的自己的服务功能,变成一个充满乐趣,充满创意,比书本能提供更多鲜活知识的学术文化交流中心。

在引导公民阅读方面,在创建全民阅读的书香社会的过程中,基层图书馆本来应该发挥着不可替代的作用,这是由图书馆的功能和社会责任所决定的。

但是社会的实际状况却不容乐观。多数的基层图书馆仍然固守传统的业务模式,传统地等着读者上门的服务方式,有些基层图书馆可以用门可罗雀来形容。

当前在我国的公共文化事业领域,普遍存在着两个主要问题:一是我们提供的公共文化服务形式太单一,内容太贫乏,难以满足民众不断变化的,多方面的阅读需求;二是缺乏对公民读书风气的正确引导。现在很少人读书,要不就是看手机上的娱乐信息,要不就是搓麻将,或者聊闲天,没有几个人能做到认真地阅读。长此以往,国民综合素质必然会大幅度下降,甚至令国家的前途堪忧。在这种形势下,国家和社会必须下大力气倡导公民阅读。因为中国人骨子里是崇尚文化、崇尚读书的。只有通过政府的倡导和社会舆论的引导,良好社会风气的引领,很多人就会从那些娱乐信息、休闲信息的浏览中,回到高雅和深度的阅读。

面临这样的形势,无论从图书馆自身发展来说,还是从整个国家和社会的需求来说,图书馆都将面临一次新的变革!如果说,从私家藏书楼到公共图书馆的变革是中国图书馆的第一次变革的话,当前的图书馆经营运作模式的变革将是图书馆的第二次重要变革。图书馆的出路就在于不断创新和提升。如何充分发挥图书馆的学术交流功能,并且同时发挥图书馆在引导阅读方面的积极作用?方法有多种多样。无论什么方法都要有助于激活图书馆的学术交流、引领阅读等各项机能,使图书馆的社会效益充分发挥出来。而图书馆的服务外包则是一种较好的方法。

近年来,本文作者一直关注图书馆服务外包,并且成为这一变革的实践活动的探索者。从国家政策层面来看,十八大吹响了深化改革的号角,改革从经济领域延伸到社会领域和文化领域。图书馆作为事业单位存在的状况已经维持很久了,长期靠吃"皇粮"过日子,退化成一种惰性。因此,图书馆的改革势在必行。把图书馆服务从传统的自办事业单位提供服务的方式转变为政府向社会购买服务的方式,更有利于监督和掌控服务质量,企业化管理和公益化服务相结合,成为图书馆改革的一个方向。因此,可以说图书馆服务外包既是时代的逻辑。

从历史角度看，我们认为图书馆发展史上出现了两次变革，第一次是藏书楼转变为公众图书馆，第二次变革是图书馆的企业化运营。这次变革的意义在于提高图书馆的效益。肩负引导公民阅读之社会重任的图书馆不应该是等着读者自己上门的图书馆，而应该是主动为读者提供推送服务的图书馆，这样的图书馆才能更好地起到引导公民阅读的职能。但传统图书馆的现状却是固守一亩三分地的被动服务，因为做好做坏没什么区别，反正都开那么多工资，馆员们缺乏一种内在的动力。为改变这种消极被动的服务，盘活图书馆的资源，让服务变被动为主动，一个行之有效的方法就是服务外包。具体做法就是把图书馆承包给企业去开展服务，由政府主管部门作为发包方，对图书馆服务的效果或者效益来进行监督和评估。企业本身的盈利机制决定了它具有馆员所不具备的内在的动力，企业服务的效果越好，获得的效益就越高，它对社会贡献的效益也就越大，社会需要这样有动力的图书馆来推动大众阅读。

2　我国基层图书馆整体外包的实践形式

基层公共图书馆整体外包运营模式，确实是一个令人耳目一新的思路和做法。上个世纪末，国外对图书馆服务外包的运营模式曾经做过一些尝试，但是都不太成功。在国内，最早尝试图书馆服务外包的是深圳南山区图书馆，改革之后，运行效率有大幅度的提高。此后，江苏无锡新区图书馆是实施服务外包的又一个案例。这个图书馆总面积2 000多平方米，有一个功能齐全的服务大厅，有一些专业阅览室和一个盲人的阅览区，再加上一个负责管理的综合办公室，开展一系列的读者服务活动。无锡新区图书馆最大的特点是主动推送服务，服务质量非常好。他们派一些人到公共汽车站、幼儿园等公共场所，推送"一拖三"的英语学习服务，就是一个孩子可以带两位家长到图书馆来，孩子学英文，家长来读书，既有特色也很温馨。另一个案例是2014年春季启用的安徽芜湖的镜湖图书馆（见附录5）。

这几个图书馆都是采用整体外包的模式，一次性承包给一个公司来做服务。对于政府而言，节省了部分财政资金。传统的图书馆模式是用钱来养人，但效率不高，而外包的模式是把养人的钱用来养事。比如，一个图书馆聘用20个馆员，按每个馆员平均年薪8万元计算，总的人工支出就是160万/年。如果把服务外包给一个公司去运作，承包费100万元左右就够了。因为企业的运营效率会更高，服务和管理的质量也更好。一言以蔽之，图书馆服务外包的实质是政府向企业购买公共文化服务，在节省经费的同时，服务质量得以大规模提高。在此过程中，政府的角色发生了转变，即由公共文化服务的直接提供者转变为服务质量的监督者。基层的社区图书馆按照"企业化管理、公益化服务"的模式运行有多方面的好处。在企业化管理和公益化服务相结合的机制中，公益化服务是指图书馆提供的基础服务应该是免费的，当然有些高端的增值服务是可以适当收费的。

　　政府花钱购买公共文化服务的最大特点是大大提高了效率，同样的投入可以获得更多的服务。企业的一个重要特征是追求效率和效益的竞争机制，这一点恰恰是传统图书馆所不具备的。传统图书馆过分行政化，按照行政级别设置人员，官多兵少，安置了大量的人员，却未必都是愿意为读者服务的，而且还有一点是不容忽视的，就是大量的人力资源被各种不必要的"文山会海"占用。如果实行企业化，则完全可以纠正这些不合理状况，实行扁平化管理，缩减行政职位，精简非生产性人员和机构，一个图书馆设置一名馆长、一名馆长助理以及若干馆员就可以了。由于这种新的机制是政府购买服务，政府考评的是图书馆服务的数量和质量，政府所承担的角色发生了重大转变，从服务的提供者转变为服务的购买者，以及服务质量、服务效率的监督者，既是购买方又是裁判员。在运营中拥有较大自主权的企业在政府的监控之下，自行运作并直接为读者提供服务，它必然会想方设法提高效率和效益，因为只有这样才能够获得利润和更多的承包费，这与传统体制上图书馆办好办坏全靠馆员的自觉性和实际工作能力，其效果是完全不同的。

3　关于外包商的质量与财务管控

　　图书馆整体外包这种模式具有相当的优点，但也难免会有一定的弱点。图书馆外包最可能出现的问题是企业过分追求利润，缺乏长期规划。为防止这种现象出现，政府要利用好裁判权，对图书馆的外包要有严格的量化考评指标和考评方法，并严格加以实施，根据指标体系来衡量企业的服务效果，在这个基础上确定它的承包指标。其次还要与终端用户保持良好的无障碍沟通，通过及时掌握读者反馈的信息，对企业的经营和服务加以了解和监督，有效遏制承包者过分追求利益的行为。绝不能"一包了之"，随便企业怎么做都行。三是本着对读者和社会负责的态度，建立群众参与的服务质量评价机制，动员公众与政府一起来监督承包者。有些地方的政府部门组建一个由政府管理人员、图书馆专家、读者代表共同组成的"图书馆服务质量及服务效益监督委员会"，来监督承包期间的企业行为，杜绝承包企业采取质次价高的短期逐利行为，确保企业良好运行。四是企业对图书馆的承包时间不能太短，需要订立一个合适的期限，有一个相对较长的承包周期，这也是避免企业短期逐利行为的办法之一。假如承包期只有两年，承包方有可能在这两年里想方设法舍弃长期效益而牟取短期利润。所以，应该考虑与承包方签订3-5年的承包合同，由此促使承包方做长远的打算。

　　图书馆服务外包在提高服务效率的同时，也改变了图书馆的服务模式，促使图书馆由被动的服务模式转变为主动的服务模式，开拓新的服务领域。图书馆服务外包必将成为图书馆变革的重要工程，在图书馆发展历史上具有里程碑的意义。如同当年的国有企业改革一样，让那些有社会责任感和一定实力的专业性公司来参与图书馆的承包，把图书馆长期的人浮于事的，低效的痼疾一扫而空。只有引入企业化管理和竞争机制，图书馆才能痛下决心改造自己，更好地发挥文化阵地作用。已经实施服务外包的图书馆就是实实在在的明证。这些图书馆的馆员非常清楚自己的工资待遇、自己的事业前景都是与服务质量紧密相关的。因此，相比干好干坏一个样，得过且过更省心的传统图书馆，具有更高的敬业精神。承包企业为保证图书馆服务专业人员的稳定，会尽可能地提供完好的社会保障和畅通的晋升渠道，这样才能永葆团队的活力，实现图书馆的长期可持续发展。

4 服务外包会成为我国图书馆深化改革的趋势

随着我国各种类型城市和城镇的快速发展，基层社区图书馆已成为城市建设规划当中的重要一环，继首都图书馆率先提出建设基层图书馆网络，打造"十分钟阅读圈"计划后，全国各地掀起建设社区图书馆、自助图书馆的热潮，基层图书馆正逐步成为推进文化共享工程、提高国民素质的重要阵地，而图书馆服务外包模式的推出，更加有利于基层图书馆的建设与发展。

当前我国正在全面推行全民阅读，有一个问题值得反思，那就是一些城市为了"面子工程"，"政绩工程"，把中心图书馆建成上十万平方米的"巨无霸"，实际上这个做法是很不科学的。在全面信息化的今天，人们的生活节奏日益加快，于是越来越讲究节省时间，有谁会愿意在八小时以外花费一个小时跑到图书馆去借两本书看呢？时间就是金钱。他宁愿买书看，也不愿穿越半个城市折腾到图书馆去借书看。所以，我们必须转变观念，根据读者所需，把图书馆办到读者的身边。在拥有一定住户数量的居民小区建起温馨、实用的社区图书馆，让图书馆走进社区，并承担起相应的文化功能。我们不仅要让社区图书馆承担起传统图书馆借书读书的作用，还要让社区图书馆承担起文化活动"发动机"的功能，要让它更贴近人们的生活。社区里的老年人和放学后没地方去的孩子，都可以到社区图书馆里去读书和参与文化活动。

社区图书馆最大的好处就是贴近人们的生活，人们在十分钟内就能到达。社区图书馆并不要求有很大面积的场地空间，但提供的资源和服务必须贴近社区读者的需求。比如收藏一些老年人喜欢看的怀旧图书：四大名著、苏联时代的文学作品、抗战时期的文学作品，等等。还要能够适应不同读者的不同文化需求。另外，社区图书馆不光是一个借书还书的地方，还应该是社区的一个重要的活动中心，里面可以有小型便利超市、社区服务站等设置，要让其成为社区的"四个中心，一个平台"。社区图书馆首先要成为信息集成中心，居民日常生活所需的各种信息都可以在这里获得；二是自主学习中心，居民自带一本书或者借一本书就可以在这里自学；

三是知识服务中心，为读者主动提供有价值的知识服务，信息服务；四是社区文化中心，举办各种文化活动，丰富和活跃居民的业余文化生活。"一个平台"就是知识创新平台，社区图书馆要成为社区的科技创新基地。现代都市人的生活幽闭在各家各户的防盗门窗里，用"老死不相往来"这句话来描述现代都市的人际关系一点也不为过。曾几何时，筒子楼、大杂院的热热闹闹、一团和气早已难觅踪影。社区图书馆的一个重要作用就是为社区居民创造一个联系、交流的场所，成为社区的交流中心。

作为中国图书馆事业的一个发展趋势，社区图书馆建设定会兴起一个高潮。然而，这些在城市里星罗棋布陆续建起的基层图书馆普遍面临的一个现实困难就是专业人才缺乏，管理水平低下，"有馆舍，无服务"的现象比比皆是。许多"农家书屋"、"职工书屋"、"社区书屋"经常是门可罗雀，甚至是长期"铁将军"把门，形同虚设。作者认为，为了解决这一难题，完全可以采用服务外包的方式，让社会力量进入基层图书馆的管理与服务领域。通过体制创新，管理创新，服务创新，来激活沉淀的社会资源，使基层图书馆成为名副其实的基层文化阵地。因此，服务外包肯定会成为我国基层图书馆走向成熟的一个途径，成为未来我国基层图书馆发展的一个方向。

作者介绍：詹长智，海南省高校图书情报工作委员会主任委员，教育部高等学校图书情报工作指导委员会副主任委员，战略规划组组长。

余伯成，安徽儒林图书馆服务有限公司董事长。

参考文献

1. 陈俊翘；张滢. 公共图书馆服务外包实证研究——以广州市南沙区图书馆外包个案为例［J］. 图书情报工作，2012（S1）：
2. 赵景明；时永梅. 图书馆众包模式的理论与实践研究［J］. 图书馆理论与实践，2012（8）：
3. 东方. 众包在国外图书馆中的应用及有益启示［J］. 新世纪图书馆，2012（12）：
4. 王小会；詹长智. 海南大学图书馆为旅游产业提供信息服务的实践［J］. 图书馆建设，2008（3）：
5. 张红霞；詹长智；黄群庆. 国际图书馆界全面质量管理二十年述评——走向卓越服务的历程［J］. 图书馆论坛，2008（03）：
6. 李春；詹长智；安邦建. ISO9000质量管理体系在海南大学图书馆有效运行［J］. 大学图书馆学报，2007（01）：
7. 詹长智. 大学图书馆如何在区域科技创新体系中发挥基础作用［J］. 全国新书目，2006（02）：

附录 1

海南省高等学校图书馆"十一五"发展规划

(二〇〇七年二月二十日)

目 录

一、规划背景
二、指导思想
三、发展目标
（一）总体目标
（二）具体目标
四、主要任务
（一）办馆的基本条件建设
（二）文献资源保障体系建设
（三）自动化、网络化、数字化建设
（四）读者服务工作
（五）体制与人力资源建设
五、保障措施
（一）领导重视、齐抓共管、层层保障
（二）改善资源投入环境，保障图书馆建设经费
（三）加强高职高专院校的建设与支持力度，保证整体推进
（四）加强继续教育和专业培训，提高专业队伍整体水平
（五）坚持规划、落实、检查和评估制度，实施专项建设目标管理

一、规划背景

"十五"时期，我省高等学校图书馆，以教育部颁布的《普通高等学校图书馆规程（修订）》（以下简称《规程》）为指导，以推进我省高校图书馆自动化、网络

化和数字化建设（以下简称三化建设）为主线，以提升图书馆为教学、科研服务的效益为目标，以教育部对高等学校教学工作水平评估、高职高专院校人才培养工作水平评估和我厅对高等学校图书馆评估及对高职高专院校的自动化、网络化建设验收为良好契机，全省各高校对图书馆投入的力度加大，图书馆的办馆条件明显改善，馆舍面积本科院校与高职高专院校分别达到了11.4万平方米、44682平方米，馆藏文献总量分别达到617万册、134万余册；业务人员已达到400人（高职高专153人），较"九五"期间增加了50%以上，其中大专以上学历的人员已达到82%，专业人员队伍的规模和业务能力不断提高。全省本科及2所高职高专院校基本完成《海南省高等学校图书馆数字化建设规划（2001—2005年）》（以下简称《数字化建设规划》）的主要任务，高职高专院校自动化、网络化建设开始起步，并呈现出强劲的发展势头。图书馆三化建设整体水平处于全国同类院校的先进水平，并在全国较早地创建了独具特色的网络环境下省域高校图书馆馆际互借服务模式和初步构建起了高教系统文献资源保障体系，馆际互借方面走在了全国前列，高校文献资源的整体保障能力得到了根本性的加强，为教学和科研服务的质量和水平迈上新的台阶。

经过了"九五"、"十五"的规划建设，我省高校图书馆积累了统一规划、协作共建、整体发展、注重效益的宝贵经验，为下一个五年计划的快速发展奠定了坚实的基础。

"十一五"时期是我省高等教育进一步发展，以顺应全省实施科技兴琼战略，为全面提高素质教育水平提供全方位智力支持的关键时期，也是高校图书馆从根本上改善办馆条件，全面进行数字化建设，进一步强化和完善我省高教文献信息资源保障体系，提升整体文献保障能力与服务水平的重要发展时期。总结"十五"建设成就，面对"十五"末发展现状，未来五年我们应重点完成的任务和解决的问题有：整体提升文献资源保障率和读者满意率，切实提高服务水平与服务效益；协调教育资源与保障图书馆投入，使图书馆建设与本省高等教育发展相适应；以及解决高职高专院校发展不平衡问题等。

为此，我厅以《普通高等学校图书馆规程（修订）》、《普通高等学校基本办学条件指标（试行）》和《海南省高等学校图书馆评估方案（试行）》等系列文件为重要依据，并结合《海南省国民经济和社会发展第十一个五年规划纲要》、《海南省"十一五"科技发展规划纲要》、《海南省高等教育"十一五"发展规划》提出的建设目标，在经过充分调研与论证的基础上，编制了《海南省高等学校图书馆"十一五"发展规划》（以下简称"十一五"规划），对今后五年高校图书馆的整体建设与发展提出指导性意见。

"十一五"规划着重阐述了未来五年我省高校图书馆发展的主要目标、任务和实施措施。由于我省高校办学体制的多样性，因此规划侧重于方向性把握和宏观指导层面的目标要求，提出的指标总体上是预期性和导向性的，对具体目标和任务的实施要求，主要以我厅下发的《海南省普通高等学校图书馆评估方案》规定的各项指标为依据。在规划执行过程中，如遇到客观条件发生重大变化，严重影响主要目标的实现，有关职能部门将适时对规划的主要指标做出必要的调整。

二、指导思想

本规划制定及其实施，均坚持以邓小平理论和"三个代表"重要思想为指导，落实科学发展观，以解放思想、实事求是为原则，强调整体发展，鼓励创新，突出特色，使规划的目标任务既具有一定的前瞻性，又有可操作性。坚持广泛的馆际合作与资源共享，协调、持续、稳步的整体发展方向；坚持"以人为本，服务育人"办馆理念，以全面提高图书馆服务水平与服务效益为宗旨。

三、发展目标

（一）总体目标

到2010年，全省高校图书馆办馆条件达到评估指标要求；文献资源共建、共知、共享体系趋于完备，文献保障能力大幅度提升，初步建立起以海南省区域性联盟为主导的数字图书馆，提高文献的满足率与利用率，以最终实现较大程度地提升全省高校图书馆的整体服务能力和服务水平，并面向全社会发挥应有的效益。

（二）具体目标

1. 到2010年，各图书馆馆舍面积与学校规模相适应，生均馆舍面积争取达到教育部要求；软、硬件设备设施基本满足三化建设和资源存储与利用的需要；办馆条件本科院校达到评估优秀标准，高职高专院校达到合格标准。

2. 各馆馆藏文献量及馆藏文献的结构基本达到教育部有关本科及高职高专院校的指标要求和教育厅评估方案要求。形成本科院校以纸质文献与电子资源并举，基本满足教学、科研需要，着力保障重点学科，高职高专院校纸质文献自我保障，电子资源共享为主，基本满足教师、学生需求，以及CALIS省中心重点保障电子资源的整体结构合理、层次分明的区域性文献资源保障体系。

3. 馆藏资源的数字化、数字资源的一体化，基本实现全省高校间广泛的数字资源共享。本科院校及有条件的高职高专院校建立起1-2个独具特色的信息资源库，使海南地方特色资源库建设取得突破性进展。

4. CALIS省文献信息服务中心基本建立起服务于全省高教系统的较为完备的资源保障体系和服务平台，成为面向全省提供全方位、多层次信息服务的数字图书馆。

5. 高职高专院校图书馆全面完成自动化、网络化建设任务，通过"海南省高校图书馆网络化建设合格单位"的验收。

6. 建立起一套馆藏利用率与服务效益的科学评价体系，规范指导图书馆管理和服务，切实提高服务质量，使读者满意率得到大幅度地提升。

7. 建立起一支符合《规程》要求、以馆长为学科带头人、结构合理、规模适中、敬业高效的专业人员队伍；培养出一支在图书信息专业领域内发挥骨干作用的专家学术队伍。

8. 科研素质得到较大的提高，力争一批科研成果在国内业界有较大影响，在国内高校图书馆界的学术地位得到较大提升。

四、主要任务

（一）办馆的基本条件建设

全面执行教育部《普通高等学校本科教学工作水平评估方案（试行）》及《海南省高等学校图书馆评估方案（试行）》，积极改善图书馆发展环境，加强对办馆基本条件的建设，补充、完备图书馆各项设备、设施，使之达到评估指标的合格要求，以保证图书馆工作的正常运转。全省各高校要把建立独立的图书馆馆舍纳入学校的总体建设规划中，到2010年，争取全省高校图书馆独立馆舍拥有数达到100%，生均馆舍面积力争达标，从根本上扭转"十五"期间因学校扩招，办学条件跟不上，导致生均面积不断下滑的局面，为教师和学生提供优雅舒适的学习环境。

（二）文献资源保障体系建设

1. 各馆要结合本校实际，进一步加强馆藏文献体系的建设，以结合专业设置为主线所进行的文献资源基本建设为基础，重点学科为特色，并依托CALIS省中心，形成基本资源自我保障，电子资源广泛共享、省内外资源有效结合的层次分明、特色突出的资源格局。同时根据本省高等教育"十一五"规划所提出的高等教育逐步进入海南经济社会发展中心，大幅度提升社会服务能力，以及进行教育资源整合，打造一所省部共建的在全国有一定地位的重点院校的发展目标，在文献资源的建设和合理调配、有效整合等方面进行积极的探索和规划，以形成重点院校、重点学科和本省国民经济社会发展的龙头产业得到重点保障的文献资源发展态势。在围绕资源建设的同时，着力进行开发和提高文献资源利用效益的研究与探索，用2年的时间，建立科学、规范的评价体系，使馆藏文献资源和馆际间的文献资源利用率均得到合理的评价和提升。

2. CALIS省文献中心要在区域性数字图书馆的协调共建中发挥重要作用，在加大引进适用的中、外文全文数据库及电子书刊的基础上，重点针对海南省高等教育文献保障系统和区域性数字图书馆建设的目标，积极探索区域性文献资源协调共建，馆际间联采、联编，资源共享的措施和方法，争取在规划实施的第一年完成海南省高教文献保障系统及区域性文献资源共建、共享的具体实施方案，并组织和指导全省各高校文献资源协调共建，使全省高校图书馆文献资源整体保障率得到根本性加强，基本实现区域内文献资源的联采、联编和广泛共享。到 2010 年全省高教系统总体文献的保障率达到 90% 以上，中文期刊文献的保障率争取达到 98% 以上，外文期刊文献满足率得到较大提升，基本满足全省高校教学、科研和我省社会经济、科技、文化发展需要。

3. 各馆要以教育部高校图工委的《普通高等学校图书馆文献资源发展政策编制指南》为指导和依据，根据学校及图书馆的工作任务与目标、读者需求、馆藏现状等，在 2007 年完成本馆的《文献资源发展规划》，从而使全省高校图书馆的文献资源发展走向标准化和规范化。

（三）自动化、网络化、数字化建设

1. 信息基础设施建设是实现"三化"的基本保证。各馆要在科学论证的基础上，进行合理配置，讲求性能良好、安全而稳定，要求主流设备经济而高效，一次性投入能确保 3~5 年适用；工作用机满足要求，无偿提供读者检索和阅览馆藏电子资源的微机达标；数据存储设备具有可靠性和可扩展性，以满足各种数字资源的存储和利用。尚未配置到位的高职高专院校，要求在 2007 年完成自动化、网络化建设主设备的配备。本科院校及有条件的高职院校，进一步加强网络化、数字化设备设施的升级和拓展，保证主干带宽千兆，桌面百兆，为数字资源的利用提供一个高效率、安全、稳定的运行环境。

2. 进一步做好馆藏书目数据库的建库工作。本科院校在进一步完善馆藏书目数据库建设的基础上，加快各院系资料室的书目数据建库工作。争取在 3 年时间内本科院校馆藏书目数据率达 90% 以上，高职高专院校馆藏书目数据率达 80% 以上，书目数据质量标准达到《CALIS 机读目录编目著录标准》及本省书目著录的有关规定要求。

3. 建好和进一步完善图书馆对外服务的网络平台和学科导航系统，充分整合、揭示、报道图书馆馆藏信息、数字资源、虚拟资源和各项服务内容。积极开展馆藏实体资源与网络虚拟资源、数字资源有效整合和合理利用、数字资源共享平台与技术的探索和实践，改善和提高数字资源的利用环境和利用效率，全面提升图书馆数字资源管理水平。用 2 年时间完成图书馆光盘资源的有效管理和利用，用 5 年时间争取实现异构数据库跨库检索。

4. 继续做好海南地方文献数字资源库建设工作，2007 年完成海南省旅游、热带医学、地方文献、少数民族、热带农业等数字资源库的二期建设任务，以及海南省高校学位论文库的一期建设任务。同时，进一步开拓具有区域特色的其他数字资源库的建设，并积极探索广泛的馆际间合作，争取采取联合建库的方式，将海南地方历史、家谱、少数民族历史文献各子库、热带药用资源与热带植物资源各子库进行整合、拓展，逐步形成具有较大规模，真正有利用价值，代表海南地方特色的专题数据库，在国内产生一定的影响。

5. CALIS 省文献中心进一步完善门户网站的建设，建立起省域、省外文献资源共享平台及一整套服务软硬件系统。在 CALIS 管理中心统一部署下，用 3 年时间逐步配置虚拟参考咨询系统、大范围资源链接调度、综合计费、统一资源注册与命名、个性化服务、数字对象安全获取系统等，为全省高校间广泛的文献资源共建、共享及区域性数字图书馆联盟提供全方位技术支持。

（四）读者服务工作

1. 读者服务是"十一五"工作的重中之重。在坚持本科高校以满足学校教学、科研需要，高职高专院校以学生为服务重点方针的基础上，各馆应在服务水平、服务层次及服务内容与范围等方面挖掘潜力，积极开拓，勇于创新，形成特色，扎实地做好读者服务的各项基础性工作，使整体服务水平不断提升。同时，探索引进 ISO9000（质量管理和质量保证国际标准）族标准中的 ISO11620《信息与文献—图书馆绩效指标》的用户满意度评价指标，指导建立以读者满意度为核心，以文献满足率和利用率为主要考核指标的图书馆服务效益评价体系，使图书馆办馆水平与效益的评价更趋科学与合理。

2. "十一五"期间，本科高校馆应积极推行个性化服务、专业馆员制，建立虚拟参考咨询服务试点，围绕学校专业设置、学科建设、科研重点等开展形式多样的深层次的信息咨询服务，并在下一次图书馆综合评估中作为图书馆服务水平和服务层次的考核要求。有条件的高校应结合我省"十一五"科技发展规划，在热带农业、医药、水产、种植等政府重点发展的科技产业发展中发挥科技信息资源优势，在科技查新、情报分析与研究及信息咨询等方面给予全方位支持，提供前沿性的、科学的决策参考和咨询。在已经建立起的医药卫生、农业学科查新咨询机构的基础上，争取新建 1 个以服务海南省科技发展重点领域与学科的查新咨询机构。

3. 充分发挥高校图书馆在本省文献信息资源建设和为全社会公众服务的主导和骨干作用，逐步拓展向社会开放的空间，积极探索各高校间，高校与公共馆间，省内与省外间的广泛馆际合作，最大限度地提高资源的利用率和服务范围。"十一五"期间争取与海南省图书馆、海南省医药卫生文献保障系统实现联机检索与部分资源共建、共享。

4. "十一五"期间，CALIS 省文献中心在馆际互借、文献传递、信息咨询与科技查新等方面应最大限度地发挥作用，努力提高服务层次与服务水平。用 2 年时间，重点解决高校间馆际互借、文献传递服务中存在的技术障碍、网络障碍和协调问题，提高馆际互借和文献传递服务的保障率和时效性，建立馆际间服务承诺责任制，使文献资源共享达到预期的规模效益。

5. 充分发挥图书馆的教育职能和资源优势，积极开展用户教育与培训。"十一五"期间，各馆必须把在校生信息素质教育和提高教师队伍利用文献信息能力纳入图书馆重要工作内容，开展形式多样的信息素质教育与文献信息资源检索与利用的技能培训，本科院校应全面正式开设文献检索课，并纳入学校教学计划。高职院校要建立新生入馆培训制度，完成基础培训任务。

（五）体制与人力资源建设

"十一五"期间，重点加快对高校图书馆领导班子及专业队伍的建设。在进一步宣传、贯彻《规程》精神基础上，进一步明确图书馆在学校中的地位和建制，原归属于其他部门（教务部门等）的，应尽早剥离出来，使其成为学校的二级机构。解决图书馆专业人员在职称评定、工资、劳务津贴等待遇方面的问题，使之与学校其他科教人员等同。同时，按照《规程》要求，使图书馆专业人员的配备与学校的规模相适应，专业人员的专业结构、职称结构和比例均达到图书馆评估要求，并下大力气解决部分图书馆管理人员素质偏低，馆长任职条件达不到《规程》要求，无法担负管理、学科建设和专业性指导任务的严重问题。

此外，在图书馆用人机制上更新观念，积极探索人才资源建设与开发的新路子，倡导图书馆按需定岗、聘用人员，实行岗位聘用责任制，建立合理的用人机制和考核制度，使图书馆专业及非专业人员均能各尽所能，发挥自己的作用。

五、保障措施

（一）领导重视、齐抓共管、层层保障

各级领导对图书馆工作的支持是"十一五"规划任务顺利实施和完成的重要保证。学校、图工委等各级机构要加强对图书馆整体建设的领导、协调和监督，按照教育部、省教育厅有关高等教育办学条件、高等学校图书馆工作的一系列文件精神和要求，为图书馆的办馆条件建设、文献资源建设、队伍建设，以及管理与服务手段的现代化建设提供各种支持和保障。各校要帮助图书馆选好带头人，建好班子，建立和完善图书馆内部管理机制，实行科学、目标、绩效管理，充分调动和发挥图书馆员工的工作积极性和专长，在办馆水平和办馆效益上下功夫，使图书馆各项工作均达到普通高等学校图书馆评估指标良好以上的要求。

海南省高校图书情报工作委员会（简称高校图工委）是对全省高校图书馆事业进行咨询、研究、协调和业务指导的专家组织。"十一五"规划任务付诸实施中，高校图工委应成为指挥者和协调者，要充分发挥各专业委员会在文献资源共建、共享、网络化、数字化及特色资源库建设，读者服务，专业队伍建设等方面的组织、协调、指导作用，率先围绕"十一五"重点建设项目，组织开展卓有成效的技术研究、专题调研和经验交流等活动，推进海南省高校图书馆事业的整体发展。

（二）改善资源投入环境，保障图书馆建设经费

建立图书馆基本建设和文献资源建设投入的长效机制，是图书馆建设与发展的重要物质基础。各高校要把文献资源建设经费的突击性、阶段性投入转变为稳定性、持续性投入，严格按照教育部有关规定，保证文献资料购置经费纳入学校正常预算中，并使之达到学校教育事业经费比例的4~5%，并逐年有所增长。同时学校及图书馆均要积极想办法，通过计划外创收、引进投资和政府补贴等多渠道，积极争取外援，以确保生均年进书量达标，生均藏书量指标逐步上升，以及办馆条件的进一步改善。

（三）加强高职高专院校的建设与支持力度，保证整体推进

"十一五"期间重点扶持高职高专院校，改善高职高专院校的办学环境和办馆环境。各馆加强馆际协作和互助，本科院校及海南省职业技术学院、海口经济技术学院对口支持其他高职院校的工作要落到实处，以保证全省高校图书馆协调、整体发展。

（四）加强继续教育和专业培训，提高专业队伍整体水平

建立一支适于现代化图书馆管理与服务需求、高效精干的馆领导班子和专业人员队伍，是学校、省图工委和图书馆长期的战略任务，各级机构要齐抓共管。学校要积极引进适应现代化图书馆发展要求、具有开拓创新意识的馆长及图书馆紧缺人才。同时，各级机构要加强对图书馆专业人员的职业道德教育、业务素质培训和学历、学位继续教育，图工委将定期或不定期地举办图书馆专业理论培训班，使所有非图书信息专业的从业人员均通过本专业的培训。各校要拿出切实的优惠政策来支持和鼓励馆员们参加在职继续学历教育、各类专业技术培训和学术交流。力争在"十一五"期间采取联合办学的方式，在高校图书馆开办图书馆学研究生课程班，提高图书馆专业人员学历层次和专业水平。

（五）坚持规划、落实、检查和评估制度，实施专项建设目标管理

为落实"十一五"规划确定的目标，高校图工委要加强组织、协调和监督工作，各图书馆分工合作，围绕资源共享体系建设、区域数字图书馆联盟建设、特色资源库联合建设、读者满意度考核指标及服务效益评价指标体系的建立等进行专项研究，以项目带动工作的全面实施。

我厅将根据"十一五"规划的各项建设任务，实施目标管理，在"十一五"中期分别对高职高专院校自动化、网络化建设，本科院校数字化建设二期进行检查和验收，在"十一五"末期对全省高校图书馆办馆条件与办馆水平的总体建设，以及各项专项建设和研究项目进行综合性评估、检查、验收，达到以评促建，以评促管、以评促改的目的，使"十一五"规划所提出的各项任务全面完成。

附：海南省高校图书馆"十一五"规划课题组成员名单：

组长：于挽平

成员：詹长智、安邦建、王永喜、叶志忠、李哲汇、林江云、温小明、顾江洪、李冕斌

附录2

海南省高职高专院校图书馆"十一五"建设规划

(二〇〇六年十月二十五日)

目 录

一、现状
二、"十一五"期间建设总目标
三、三年任期建设目标与任务
(一)办馆条件的达标建设
(二)自动化网络化合格站点的建设
(三)规章制度和标准化、规范化建设
(四)做好以文献借阅服务为主的读者服务工作
四、结语

一、现状

"十五"期间,海南省高职高专教育得到迅速发展,学校由"十五"初期的3所猛增到11所,其中,有5所院校是由中专升格为大专。就办学性质而言,公办院校6所,社会力量办学的5所。

由于办学体制、经费投入、基础条件的差异,全省高职高专院校图书馆的发展很不平衡。目前,海口经济职业技术学院、海南职业技术学院、海南软件技术学院、三亚航空旅行职业学院等少数几所高职高专院校图书馆投入力度较大,办馆条件初具规模,加之图书馆自身的努力,发展较快,文献资源有一定规模,自动化、网络化建设初见成效。其余大多数馆由于起步晚,底子薄,投入不足和人力资源有限等原因,还处于较薄弱和落后的阶段。全省高职高专院校图书馆的总体水平与高等院校对图书馆的要求存在较大的差距。

二、"十一五"期间建设总目标

"十一五"期间全省高职高专图书馆发展总体目标是：以《普通高等学校图书馆规程（修订）》（以下简称《规程（修订）》）为准则，以"联合共建、资源共享"为原则，在省教育厅和各院校领导的重视与支持下和省高校图工委的业务指导下，通过全省高校图书馆的协作共建，全省高职高专院校图书馆在办馆条件、办馆水平上得到整体的提升，半数以上的图书馆达到或高于全国同类院校的平均水平；自动化、网络化建设从整体上达到全国各省同类院校馆的先进水平。

1. 各馆的办馆条件基本达到《高职高专院校人才培养工作水平评估》和《海南省高等学校图书馆评估方案（试行）》合格标准。

2. 各馆完成自动化网络化建设的各项任务，并通过省教育厅"海南省高校图书馆网络化建设合格单位"的达标评估验收。

3. 各馆的办馆水平基本达到教育部规定的高职高专院校图书馆合格评估的各项指标，文献信息服务保障能力和综合服务能力全面提升。

三、三年任期建设目标与任务

在本届图工委三年任期内，全省高职高专图书馆按《规程（修订）》的要求，在新馆舍建设、文献信息资源建设、自动化网络化建设、专业队伍建设、规章制度建设和读者服务等各方面走上规范发展的轨道，并取得显著成绩，尤其在新馆舍建设和网络化建设取得跨越式的发展。主要建设任务是：

（一）办馆条件的达标建设

① 体制、机构与队伍建设。作为图书馆建设的关键因素，各馆根据《规程（修订）》的要求，建立和完善馆领导班子和内部组织机构，各馆馆长应达到《规程（修订）》规定的专业与职称要求（需达到高级以上职称或硕士以上学位），并经过图书馆专业知识培训，基本达到称职的水平。专业队伍的数量满足服务的需要，专业队伍的学历达到《规程（修订）》的要求，并通过岗位培训，专业知识结构逐渐符合数字时代图书馆履行岗位职责的要求。

② 经费投入。作为办馆条件的核心因素，争取各学院将文献购置经费列入学校预算，使近三年以每年不低于当年教育事业费5%的投入，以确保文献资源的稳步增长，同时每年应有自动化、网络化建设专项设备费，并保证管理工作和各项设施设备的维护和运转。

③ 馆舍及装备。馆舍建设和提高整体装备水平是高职高专图书馆"十一五"期间的重点建设内容。目前除海口经济职业技术学院馆舍已达标外，其他10所院校均应根据本校建设与发展的规划和进度，在三年内实现馆舍达标的目标。各馆根据学

生规模设置符合指标的阅览座位，配备与管理和服务相配套的各种设备设施，其中自动化网络化建设应作为突破口，优先和重点建设。

④ 文献资源建设。根据各学院拟定的达标评估建设计划，拟定评估前的文献资源达标建设的具体计划，坚持通过公开招标、业务外包的途径认真做好文献资源的达标建设。文献资源建设坚持走"资源共建共享"整体化发展的方向，贯彻纸本文献以本馆自我保障为主，电子文献、数据库资源主要通过资源共建共享解决的方针，建设各具特色的复合型馆藏文献保障体系。要积极参与集团或联合采购，避免重复建设。

（二）自动化网络化合格站点的建设

自动化网络化站点的建设是近三年全省高职高专图书馆建设的重中之重。要紧紧围绕建设海南省域数字图书馆的"十一五"目标，认真完成各高职高专院校图书馆网络化站点的各项建设任务，争取在2008年底前均达到网络化建设的合格标准。为此，在近期内要组织力量，结合信息技术发展的趋势和高职高专图书馆的实际情况，对原网络化建设评估达标方案进行修改完善后由省教育厅印发。

（三）规章制度和标准化、规范化建设

完善规范的制度建设是实现科学管理的重要措施，文献资源和网络化建设的标准化更是实现更大范围资源共享最基础性的建设。为此，三年内力争使各高职高专图书馆按照科学化规范化的要求建章立制，制订和完善馆内各项规章制度，包括规范业务工作的规则、条例、办法等，至少包括读者服务与管理的规章，行政、财产管理的规章，业务统计报表的规章，岗位职责聘任考核管理规章等。

（四）做好以文献借阅服务为主的读者服务工作

目前我省高职高专图书馆的读者服务工作，要以"为教学、为学生服务"为中心，以提高"馆藏利用率、生均到馆次数、生均借书册次和读者满意率"为目标和检验尺度，卓有成效地开展文献的借阅服务和读者利用图书馆的培训工作。同时，建立每年的年报表上报制度和通报以上四项服务效益的制度。

四、结语

全省高职高专院校图书馆在"十一五"期间要充分利用各院校迎接合格评估的有利时机，借鉴本科高校图书馆建设和发展的成功经验和借助本科院校图书馆各方面的大力支助，坚持"合作共建、资源共享"的《武汉宣言》方向，"因校制宜，因馆制宜"，为实现海南省高校图书馆"十一五"期间建设规划的总体目标，艰苦奋斗、开拓创新、脚踏实地，锲而不舍地努力工作。

附：海南省高职高专图书馆"十一五"规划课题组成员名单

　　海南省高校图工委"十一五"规划课题组

组长：赵会平

附录 3

海南省高等学校图书馆"十二五"发展规划

（琼教高〔2012〕19 号　二〇一二年三月六日印发）

目　录

一、前言
二、规划背景
（一）过去五年的主要进展
（二）存在的主要困难与挑战
三、指导思想与基本原则
（一）指导思想
（二）基本原则
四、发展目标和任务
（一）全面改善办馆条件
（二）提高文献资源保障能力
（三）推进数字图书馆建设
（四）全面开展服务创新
（五）优化读者信息素养教育
（六）加强专业队伍建设
（七）加强科研和学术交流活动
（八）加强图书馆文化建设
五、保障措施
（一）领导重视，层层保障
（二）充分发挥高校图工委的组织协调作用
（三）加大投入力度，保障图书馆建设经费
（四）加强对口支持，联手共进，全面发展

（五）坚持检查和评估制度，实施专项建设目标管理

（六）规范业务统计，实行动态监测

六、实施意见

一、前　言

"十二五"期间是海南改革和发展新的战略机遇期，是海南国际旅游岛建设"加速度"和"上水平"的新阶段，海南各行各业都将获得重要的发展机遇。高校图书馆作为高等教育服务体系的重要组成部分，地方学术文化的重要基地和区域科学研究创新的基础平台，应该紧紧抓住历史性的机遇，加快科学发展步伐，为国际旅游岛的建设增添新的内涵。为了使未来五年全省高校图书馆事业有更加科学的发展思路和目标，2011年初，在省教育厅的直接领导下，省高校图工委组织专家，开展全省高校图书馆"十二五"发展规划的研制工作。本规划以《国家中长期教育改革和发展规划纲要（2010—2020年）》和《普通高等学校图书馆规程（修订）》为指导、以《普通高等学校基本办学条件指标（试行）》等系列文件为重要依据，并结合《关于推进海南国际旅游岛建设发展若干意见》、《海南省国民经济和社会发展第十二个五年规划纲要》、《海南省高等教育"十二五"发展规划》、《海南省"十二五"科技发展规划纲要》提出的建设目标，经过充分调研与论证，对今后五年全省高校图书馆的整体建设与发展提出指导性意见。

二、规划背景

（一）过去五年的主要进展

"十一五"期间，在中央和省委省政府的亲切关怀和直接领导下，我省高等教育取得跨越式发展。随着全省高等学校升格转型，我省高校图书馆面临学校升格转型和图书馆内涵提升、专业化转型的双重挑战和机遇。在省教育厅的直接领导下，经过各高等学校的共同努力，全省本科高校图书馆较好地完成了"十一五"发展规划的主要指标和任务；全省高职高专图书馆基本完成了网络化建设规划的主要指标和任务。全省各类图书馆办馆条件和办馆水平取得了长足发展，为学校的升格转型、实现内涵式发展起到了重要的支撑作用。

在"十一五"期间，全省高校全面贯彻执行教育部《普通高等学校图书馆规程（修订）》（教高［2002］3号）（以下简称《图书馆规程》）精神和《普通高等学校基本办学条件指标（试行）》（教发［2004］2号，（以下简称《高校基本办学条件指标》）的要求，以本科高校图书馆数字化建设和高职高专院校图书馆网络化建设为主线，以提升图书馆服务教学、服务科研的效益为目标，以教育部本科教学工作水平评估、高职高专院校人才培养工作评估和省教育厅高校图书馆评估为契机和动

力，加大对图书馆办馆条件的投入力度，全省高校图书馆建设取得突破性进展。

"十一五"期间，全省高等学校加大对图书馆的经费投入，其中本科高校"十一五"后三年的年均购书经费投入达到 2 205.11 万元，比"十五"期间年均 759.90 万元，增长 190.18%；年均电子资源购置费达到 300.29 万元，比"十五"期间年均 196.23 万元，增长 53.03%。

"十一五"期间，本科高校、高职高专院校图书馆的基本办馆条件都取得明显改善。新建或扩建图书馆 7 个，生均馆舍面积分别达到 1.87 m^2 和 1.40 m^2，比"十五"末期的 1.44 m^2 和 1.10 m^2，分别增长 42.9% 和 27.3%。

经过"十一五"期间的建设，全省高校图书馆已初步建立一支爱岗敬业、学历、专业、职称结构趋向合理、能基本胜任图书馆现代化建设与服务的专业队伍。

"十一五"期间，全省高校图书馆坚持"读者第一，服务育人"的宗旨，服务水平和服务效益迈上新的台阶。本科高校、高职高专院校图书馆周平均开放时间分别达到 94.6 小时和 97.1 小时，生均年外借量分别达到 29.65 册次和 21.79 册次，年生均到馆阅览人次分别达到 50.95 人次和 55.02 人次，比"十五"末大幅增长，均创历史新高。本科高校平均年人均电子文献点击量达到 124.4 人次，年人均文献传递量达到 0.6 页，省教育科研数字图书馆服务效益开始凸显；全省共建的海南地方特色数字资源库子库达到 23 个。全省高职高专院校图书馆基本完成自动化网络化建设任务，各馆建立网站，初步实现信息化管理，并参与省域数字图书馆实现共建共知共享。为下一个五年全省高校图书馆又好又快发展奠定了坚实基础。

（二）存在的主要问题与困难

由于海南建省时间晚，区域经济欠发达带来的各项建设资金短缺，投入不足，致使我省高校建设与发展同其他行业建设一样面临着诸多的困难和挑战；在高校建设中，少数领导对图书馆重要性认识不足，我省高校图书馆与教育部高校图书馆规程要求建成"学校信息化和社会信息化的重要基地"和"学校总体水平的重要标志"的目标还存在较大距离；高校图书馆利用现有资源为教学科研服务的效益尚不显著，与图书馆规程的要求同样存在较大差距；原已在全国初步形成特色并具有一定影响的"海南高教文献资源共建共知共享网络化服务体系"和"海南地方特色文献数字资源库"持续建设与服务成果不显著。尤其是起步较晚的高职高专院校图书馆，其办馆条件与《高等学校图书馆规程》和《高等学校基本办学条件指标》的要求存在更大差距，多数图书馆馆舍面积不足、文献资源匮乏、履行现代服务职能的设备设施欠缺以及专业人员素质不高等问题并没有得到根本改善，另一方面，则是快速发展的信息技术（如云计算、移动图书馆和物联网技术等）将逐步在图书馆得到应用，这将是我省高校图书馆在"十二五"规划建设期间必须面对的主要困难和挑战。

三、指导思想与基本原则

（一）指导思想

贯彻落实科学发展观，全面执行国家高等教育方针，坚持以图书馆《规程》为指导，以为学校教育教学、科学研究服务和国际旅游岛建设服务为宗旨，以引进和推广新方法、新技术，创新服务模式为重点，不断提升图书馆科学管理与信息服务水平，确保文献保障能力、知识服务能力、文化辐射能力的全面提升，把全省高校图书馆建设成为学校人才培养的信息化基地和海南国际旅游岛建设的信息化基地。

（二）基本原则

"十二五"期间全省高校图书馆建设和发展应坚持的原则是：坚持解放思想、更新观念的原则；坚持艰苦奋斗、脚踏实地的原则；坚持整体规划、分步实施的原则；坚持改革创新、突出特色的原则；坚持联合共建、整体发展的原则；坚持跟踪新技术、注重新发展的原则；坚持建设服务并进、规模效益并重的原则。

四、发展目标和任务

"十二五"期间全省高校图书馆建设的整体目标是，到2015年，全省本科高校图书馆达到图书馆综合评估优秀指标的要求；高职高专院校达到综合评估合格指标的要求；通过广泛吸收引进云计算、移动图书馆、无线射频识别技术（RFID）和物联网等新技术和新模式，完成图书馆集成管理软件的更换升级，基于区域数字图书馆的资源共建、共知、共享服务体系更加完备；全省高校图书馆的办馆水平、文献资源保障能力和服务能力较"十一五"大幅度提升，服务效益比"十一五"翻一番；全省高校图书馆基本实现面向全省教育系统和社会服务的目标，基本建成文献信息集成中心、知识服务中心、自主学习中心、校园文化中心和全省科研创新服务重要平台。海南省教育科研数字图书馆在实现为全省教育系统提供有效数字文献保障服务的前提下，积极推进建立以高校馆为主体，涵盖全省公共图书馆、专业图书馆和科研开发机构的全省数字图书馆联盟。

"十二五"期间全省高校图书馆建设和发展的各项具体目标与任务分项规定如下。

（一）全面改善办馆条件

全面执行教育部《普通高等学校本科教学工作水平评估方案（试行）》和《普通高等学校图书馆规程（修订）》，积极改善图书馆办馆条件，补充、完备图书馆各项设备、设施，使之达到评估指标的各项要求。

1. 馆舍条件

力争全省各高校都拥有适应信息化管理和服务要求的，环境优雅，设施完善的独立馆舍；

馆舍面积应与学校性质，办学规模相适应，生均馆舍面积争取达到教育部《高等学校基本办学条件指标》的要求；

馆舍功能要求多样化（兼备文献收藏借阅、检索利用、知识服务、学术交流、文化活动、艺术欣赏、生活休闲等功能），营造良好的学术文化氛围，满足读者自主学习的需要，成为校园文化的中心和区域文化的中心。

2. 图书馆数字化建设

图书馆数字化建设软件、硬件设备应满足信息化管理和开展网络化、数字化和云服务的基本需要与要求；数字资源存储空间能够满足不断增长的数字资源的需要；要更换新一代图书馆集成管理软件；要配备数字资源加工、整合和利用等功能的应用软件。

（二）不断加强文献资源保障能力建设

文献资源保障能力建设的总体目标是：按照教育部《图书馆规程》和《高等学校基本办学条件指标》生均文献数量指标和教育厅评估方案要求，坚持以"整体布局、分工建设、突出特色、联合保障"的原则，根据学校学科、专业建设和规划，制订《文献资源发展政策指南》，采取"文献资源采购联合招标"和"编目业务外包"的运作方式，加强文献资源建设，确保文献结构优化，质量上升，数量达标，不断完善和提升省、校两级复合型的文献资源保障体系。纸质文献建设指标如下表。

表1 全省高校图书馆纸质文献建设标准

类别	类目	生均纸质藏书（册）（建设性指标）	每年生均新书（册）（必达指标）	全省高教文献共享保障率
本科高校		80–100	3–4	95%
高职高专		60–80	2–3	

1. 编制《文献资源发展政策指南》

各馆要以教育部高校图工委的《普通高等学校图书馆文献资源发展政策编制指南》为指导和依据，根据学校定位、类型，学校学科、专业建设和规划，以及图书馆的工作任务与目标、读者需求、馆藏现状等，在"十二五"中期（2013年底）完成各校的《文献资源发展政策指南》编制，从而使全省高校图书馆的文献资源发展走向标准化和规范化。

2. 进一步加强各馆馆藏文献资源保障体系建设

"十二五"期间，各馆要依据文献资源建设目标、本校《文献资源发展政策指南》和我省高校文献资源保障体系整体建设的分工，采取联合采购招标的方式，加强馆藏文献资源建设，并依托CALIS省中心，形成纸本资源自我保障，电子资源广泛共享、省内外资源有效结合、特色突出的馆藏文献资源保障体系。到"十二五"末，各馆纸质文献共享保障率，本科高校达到95%，高职高专院校达到90%。

3. 进一步加强"海南省高等教育文献资源保障体系"建设

坚持联合共建"海南省高等教育文献资源保障体系"，使其功能更完善、服务上水平、效益更显现。建设的重点是：

（1）提升技术/服务体系效能

根据"中国高等教育文献保障体系"（简称CALIS）三期的总体部署以及构建多级CALIS数字图书馆云服务中心的建设任务，海南省高教文献资源保障体系的首要任务是，提升技术/服务体系效能，按照CALIS的部署，借助其提供的各种资源，构建省级CALIS数字图书馆云服务中心，成为全省文献资源的检索中心、电子资源共享中心和文献传递服务中心。

（2）强化CALIS省文献中心服务职能

CALIS海南省文献中心是"CALIS中心、省级服务中心及各高校图书馆三级文献保障体系"中的枢纽，应充分发挥在推进"联合共建"指导下的全省高校图书馆文献资源建设中的组织协调作用：即在充分利用CALIS不断推出的共享资源的前提下，做好各类文献资源体系的总体布局与协调采购，避免数字图书馆各分馆重复建设，以使我省高校图书馆文献资源建设经费使用效益最大化；在全省数字文献资源共享体系建设中，省中心在推进中文电子文献资源建设中要发挥主导作用，合理兼顾本科高校与高职高专院校图书馆的需求，努力建成一个充分发挥三级文献保障机构不同作用的，结构合理，层次分明的全省高校电子文献资源中心。同时通过对全省各高校文献信息资源的技术整合，大幅度有效地提升全省高教文献资源保障体系的保障能力和使用效益。到"十二五"末，争取全省高教系统总体文献资源的共享保障率达到95%以上。

4. 加强文献信息资源使用效益评价体系的建设

在围绕文献资源建设的同时，组织专门力量争取科研立项，着力进行开发和提高文献资源利用效益的研究与探索，建立科学、规范的评价体系，使馆藏文献资源和馆际间的文献资源利用率均得到合理的评价和提升。

（三）大力推进数字图书馆建设

1. 加强基础设施与运行环境建设

"十二五"期间，完成省教育科研数字图书馆（下简称"省数图"）各分馆（即各高校图书馆）集成管理软件（即ILAS）的更换升级；数据存储设备应具有可靠性和可扩展性的特点，存储空间应满足各种数字资源的存储和利用的需要；本科院校及有条件的高职院校在注重向云计算技术模式转变的同时，进一步强化网络化、数字化设备设施的升级和拓展，为数字资源的利用提供一个高效率、安全、稳定的运行环境。

2. 加强省教育科研数字图书馆建设

"十二五"期间，"省数图"建设的目标和任务是：引进云计算技术，建立云服务中心，实现全省高校系统内资源更高水平的共建共知共享；基本建成面向本省教育系统和海南国际旅游岛提供全方位、多层次、高效便捷信息服务的三级文献资源保障体系、数字资源共知共享网络服务中心和全省科研创新服务平台；并在此基础上，积极推进以高校馆为主体，涵盖全省公共图书馆、专业图书馆和科研开发机构的全省数字图书馆联盟的建立。建设的重点是推进区域化建设，扩大共建共享的领域和范围，提升共知共享的技术水平，大幅度提高共建共知共享服务效益。

（四）着力推进"海南地方特色文献数字资源库"建设

"海南地方特色文献数字资源库"是省教育厅立项并资助专项经费、由各高校参与联合共建的重点项目，是省教育科研数字图书馆中最具有地方特色的文献资源。"十二五"期间，在完成旅游信息、热带医学、地方文献、少数民族、热带农业、海南记忆和热带海水养殖等数字资源库的三期建设任务的基础上，将海南地方文献各子库进行整合、拓展，逐步形成具有较大规模，真正有利用价值，代表海南地方特色并在国内产生一定影响的专题数据库。要优化平台，充实数据，强化应用；要切实解决好建设中知识产权、标准化和在"联合共建、共知共享、拓展服务"等各个环节中存在的问题，实现在省教育科研数字图书馆平台的统一收割与发布。

与此同时，在"十二五"期间，各高校图书馆（包括省图工委）启动"机构知识库"建设，并作为特色资源分别上网提供利用。

应充分发挥前期已设立的省图工委数字资源库建设指导机构的指导作用以及"省数图"在数字资源共建中的组织协调作用，确保海南地方特色数字资源库建设和应用服务效益均取得突破性进展。

（五）全面开展服务创新

1. 读者服务工作的目标

（1）读者服务覆盖面：借助于教育科研数字图书馆平台，"十二五"期间，图书馆注册用户在"十一五"的基础上有较大规模的提升（包括全省教育系统注册人数及向社会读者注册人数）。

（2）基本服务目标如下表。

表 2 基本服务目标指标

类别	借阅服务 小时/周	每年生均 外借册数	每年生均 阅览人次	馆藏图书 年利用率	年生均电子 资源点击次	读者 满意度
本科高校	98	40	60	60%	130	90%
高职高专	98	30	50	50%	60	85%

注：服务时间为图书馆借阅服务时间（不包括自习室开放时间），年借阅量包括外借图书数和在馆阅览图书数，文献利用率为年借阅图书总量除以馆藏图书总量的百分数。

（3）网络服务目标：基于省教育科研数字图书馆平台的文献服务总量较"十一五"翻一番，共享满足率达到95%以上。

（4）信息服务目标：本科高校以学科化服务为主导，加强学科馆员制度建设，积极推行个性化服务，广泛深入地开展融入教学、嵌入科研的知识服务；高职高专图书馆在快速提升基本服务的基础上，逐步向知识服务拓展。

（5）建立起一套以资源利用率、读者满意度、服务响应度等直接体现服务效益指标为观察点和计量方法的科学评价体系，规范指导图书馆管理和服务。

2. 创新服务主要任务

通过对馆舍物理环境的改造，营造一个集学习、研究、交流、培训和实践创新一站式服务的共享空间。借助于云计算、移动图书馆、RFID等新技术与理念，开展各种新型服务项目，如信息共享空间（IC）、学科博客、微博平台、学科知识库、虚拟参考咨询等。有条件的图书馆逐步向移动服务、泛在化服务领域拓展。

积极开展服务营销、阅读推广等活动，扩大图书馆影响力和吸引力，拓展与读者的互动，提高用户对图书馆信息资源与服务利用的意识。

发挥专业优势，为学校学科建设、专业建设、科学研究、教学评估、项目决策、人才引进等重大事项，提供文献资讯与参考咨询服务。

有条件的高校应根据我省"十二五"科技发展规划，面向热带农业、海洋产业、旅游、制药等重点产业，配合做好科技查新、情报分析及信息咨询等方面的服务，提供全方位支持。在已经建立起的医药卫生、农业学科查新咨询机构的基础上，争取新建1个查新咨询机构，覆盖全省科技发展重点领域与学科。

高校图书馆要充分发挥文献信息资源和人力资源的优势，逐步拓展向社会开放的空间。

（六）优化读者信息素养教育

充分发挥图书馆的教育职能和资源优势，积极开展用户培训工作。

各高校图书馆应通过开设文献检索课等途经加强对读者文献检索技能的培训教育，提高信息素质、提高利用文献信息资源的能力。

新生入馆教育应形成制度，时间不低于 4 小时，并保证一定的上机操作时间。

要根据图书馆资源与服务项目的新进展、新内容，及时开展专题培训。注意培训形式的多样化、灵活性和经常化。

（七）加强专业队伍建设

"十二五"期间，各校要精心选配好符合《图书馆规程》任职条件和履职能力要求的爱岗敬业的图书馆馆长，建设一支以馆长为学科带头人、结构合理、规模适中、爱岗敬业的专业人员队伍；全省构建一支由业务骨干组成的高校图书馆专业学术队伍；培养一支敬业爱岗、专业知识与实际技能兼备的，精力充沛的专业技术队伍。

各校应依据《图书馆规程》，配备足额的工作人员；图书馆专业人员的学历结构、专业结构、职称结构均应逐步达到图书馆评估要求；要加强对图书馆专业人员的职业道德教育和业务继续教育，应和科教人员同样的政策支持和鼓励图书馆专业人员参加在职继续学历教育和各类专业技术培训、学术交流。

各校要下大力气解决好部分图书馆主要业务部门工作人员素质偏低和馆长达不到《图书馆规程》的要求、无法担负管理、学科建设和专业性指导任务的问题。

省图工委应制订不同职别人员的继续培训教育计划，形成初、中、高级专业人员继续教育模式，帮助图书信息专业人员补充或更新知识；应主动配合有关部门做好业绩成果鉴定工作，引导和激励图书馆工作人员注重工作业绩，履行岗位职责。

为促进馆长管理水平和业务水平的快速提升，省图工委将研制一套科学的图书馆馆长评价体系。

（八）加强科研和学术交流活动

大力鼓励图书馆工作人员针对本专业的各种科研活动，各馆要有计划的培养专业人员的科研能力，不断提高全省本专业的科研水平；

"十二五"期间，图书馆各个级别的科研立项数、结题数、业绩成果数、成果推广应用并取得效益项目数、专业期刊论文及核心期刊论文数，均比"十一五"期间提高 10% 以上。

要注重打造国内外的学术交流和业务交流平台，省图工委力争每年承办一到两次重要的国内外学术交流和业务交流活动，使全省高校图书馆的管理人员和业务骨干不断开阔眼界，增长见识，提升能力。

（九）加强图书馆文化建设

全省高校图书馆要高度重视图书馆组织文化建设、馆舍文化建设和机构精神文明建设，提升服务意识，倡导质量文化。省图工委要定期评选优质服务标兵和文明服务窗口。与此同时，要重视图书馆建筑、设施、布局、园林艺术、厅堂装饰、休闲空间等各种物化形态的文化建设，为读者营造温馨、高雅的环境和氛围。

五、保障措施

（一）领导重视，层层保障

各级领导依据《普通高等学校图书馆规程（修订）》对图书馆工作加强领导和支持是"十二五"规划任务顺利实施和完成的重要保证。省教育主管部门、省图工委对图书馆整体建设要加强指导、协调和监督。

各高校是图书馆建设的责任主体，应为图书馆的办馆条件建设、文献资源建设、队伍建设，以及管理与服务手段现代化建设提供各种支持和保障。要帮助图书馆选好带头人，建好班子。

各高校图书馆要建立和完善内部管理机制，实行科学、目标、绩效管理，充分调动员工的工作积极性，保证图书馆各项工作始终处在良性轨道上运行。

（二）充分发挥高校图工委的组织协调作用

省高校图工委是面向全省高校图书馆事业开展咨询、研究、协调和指导的重要专业组织。我省高校图工委已经形成优良的传统和一整套行之有效的工作方法和运行机制，得到业界的认可和各方面的肯定。"十二五"规划任务付诸实施过程中，省高校图工委应成为教育主管部门的重要参谋和全省高校图书馆的业务指导者。省高校图工委各专业委员会应在图书馆建设和服务各方面加强研究和指导，共同推进"十二五"规划任务的完成。

（三）加大投入力度，保障图书馆建设经费

建立图书馆基本建设和文献资源建设投入的长效机制。各高校要把文献资源建设经费的突击性、阶段性投入转变为稳定性、持续性投入，严格按照教育部《图书馆规程》的有关规定，保证文献资料购置费、信息基础条件建设费，以及设备设施更新费等纳入学校正常预算中。根据我省实际情况，要求基本达到学校教育事业经费比例的4~5%，并根据学校发展逐年有所增长。学校及图书馆要积极争取各种社会支持。教育厅将积极向省财政申请专项建设经费，力争为区域性数字图书馆建设、共享数字资源建设、海南地方特色文献资源库的联合建设，以及围绕"十二五"规划目标任务所开展的专项研究提供必要的经费支持。

（四）加强对口支持，联手共进，全面发展

各高职高专院校要加大图书馆办馆条件建设的力度，省高校图工委加强业务指导，省文献中心注重满足高职高专院校读者对文献资源的需求，本科院校图书馆及重点高职高专院校图书馆对口支持其他高职高专院校图书馆的工作要落到实处，要把支援的具体内容、措施和显现的效果及时报告省教育厅高教处和省高校图工委，以保证全省高校图书馆协调和整体发展。

（五）完善检查和评估制度，实施专项建设目标管理

坚持检查督促和评估制度。教育厅主管部门将根据"十二五"规划的各项建设任务，实施项目目标管理，以项目带动工作的全面实施。在"十二五"中期分别对高职高专院校自动化、网络化服务成果、办馆条件等进行专项检查；对本科院校图书馆数字化建设三期成果进行检查和验收；在"十二五"末期，依据《图书馆规程》对全省高校图书馆办馆条件与办馆水平的总体建设进行综合性评估、验收，促使"十二五"规划所提出的各项任务全面完成。

"十二五"期间，在全省高校图书馆广泛开展"读者服务工作争先创优"评比活动，每年一次，主要内容围绕"馆藏文献资源利用效益"、"基本服务、信息服务、网络服务、教育培训"、"读书活动与馆文化"以及"科学管理"等。

（六）规范和加强业务统计制度、实行动态监测

建立规范的高校图书馆业务统计报表制度，是图书馆实现科学管理的一项重要的基础性建设，也是为各级领导进行动态监测，及时掌握各高校图书馆的发展动态和存在问题，并进行综合协调和科学决策提供可信依据。

根据教育部高校图工委的要求，每年应定期及时、真实、准确地填报高校图书馆实时数据库，以便国家教育部有关主管部门准确地了解我省高校图书馆当年的建设情况。与此同时，从2012年起，建立"海南省高校图书馆事业发展动态数据库"和"海南省高校图书馆业务统计数据月报表"制度，并尽快完善回溯数据库建设。

六、实施意见

图书馆"十二五"规划涉及面广、任务重、要求高，必须周密部署、精心组织、认真实施，确保各项任务落到实处。

明确目标任务，落实责任分工。贯彻实施"十二五"规划关键在各高校领导的重视和图书馆自身的努力，同时省高校图工委也负有重要职责。省高校图工委要在省教育厅的领导下，对《规划》中提出的目标任务进行分解，明确各专业委员会的责任分工。省教育厅高教处负责《规划》的组织协调与实施，各有关部门积极配合，密切协作，共同抓好贯彻落实。

制订实施方案。各图书馆在各自学校的领导下，根据《规划》确定的战略目标、主要建设任务，制订本校（院）实施的具体方案和措施，分阶段、分步骤组织实施，一般情况下不能低于全省《规划》提出的各项技术指标。

鼓励探索创新，加强评估检查，落实整改措施。鼓励各图书馆积极探索，勇于创新，创造性地实施《规划》。对各馆在实施《规划》中好的做法和有效经验，要及时总结，积极推广。省高校图工委对《规划》实施情况进行动态跟踪检查，并与五年一次的图书馆评估相衔接。

做好沟通联络，广泛宣传动员，营造良好的发展环境。各图书馆要及时向校领导汇报全省高校图书馆发展的思路和要求，向全校广大师生员工广泛宣传《规划》的重大意义和主要内容，争取学校和全社会进一步关心支持图书馆事业的发展，为《规划》的实施创造良好条件和舆论环境。

附：海南省高等学校图书馆"十二五"发展规划课题组成员名单

组　长：詹长智

副组长：王永喜　安邦建　于挽平　张信文　温小明　赵会平　林江云　李春　李哲汇　王小会

成　员（按姓氏笔划为序）：王　芹　王　海　王秀玲　丘秀文　孙　耘　邝野　何和天　李　琨　李振钱　李冕斌　苏　杰　陆　琴　麦笃彪　郑庭铁　顾江洪　盛望鹏　缪　军

撰　稿：詹长智　王永喜

附录4

海南大学图书馆五年发展规划

目 录

序
海南大学图书馆五年发展规划
　　——努力建成研究型图书馆的基础框架
专题研究
　第一章　加强文献建设　改善馆藏结构
　第二章　强化基础业务　推进服务创新
　第三章　提升咨询研究　拓展知识服务
　第四章　完善三化建设　夯实技术基础
　第五章　升格文献中心　加快数图建设
　第六章　着力地方文献　突出馆藏特色
　第七章　创新投入机制　院校共建分馆
　第八章　开发人力资源　提升职业技能
　第九章　立足科学管理　质量绩效并进
　第十章　发展学术研究　指导实践创新
　第十一章　强化交流合作　创造互赢模式
　第十二章　党群组织配合　营造良好环境

附录（略）：
海南大学图书馆发展历史
海南大学图书馆（1983.9～2006.9）大事记
向海南大学图书馆提供捐赠的友好人士芳名录
海南大学图书馆2002－2005年事实数据一览表
海南大学图书馆五年规划主要指标一览表

序

詹长智

过去的两年，我与我的同事们在东坡湖畔这幢银白色的建筑里度过了许多难以忘怀的岁月。在许多人的心目中，这座建筑只是作为大学中的一个文化机构而存在。因为它是一座图书馆，才让人隐约感觉到其中的一丝文化气息，或者让人回忆起现实生活中与其发生的某种联系。但是对于我们这些图书馆员来说，这座外观极其普通的建筑却有着完全不同的意义：我们的全部工作时间和部分休息时间要在这里度过。这里是我们的衣食之源，这里承载着我们的全部希望，这里包含我们的光荣与使命，这里是我们每一个人的安身立命之所！

过去的两年，我们在一起度过了许多美好的时光。用夸张一点的说法，那是一些"激情燃烧"的岁月。年轻的海南大学进入了大踏步前进的特殊历史阶段，而图书馆也在艰难地"爬坡"。为了走得快一点，站得高一些，我们需要克服许多困难，硬着头皮往前走。2004年的暑假，我们搞大兵团作战，40天完成了加工编目图书20万（册）的不凡业绩，工作效率比平时提高近20倍。2004年9月以来，我们扎扎实实搞全面质量管理，动员全馆的骨干力量编写质量管理文件，开展深入扎实的培训，连专业质量管理机构也认为我们搞得太"磁实"了，从而使我们的服务质量大幅度上升，读者满意率从40%提高到80%以上。海南大学图书馆全面质量管理在国内高校图书馆同行中产生了良好影响，并由此掀起了一股质量管理小高潮。2004年底，海大图书馆加入国际图联后正赶上四年一度的机构改选，我们争取到中国图书馆学会和西班牙图书馆学会的支持，成功当选专业组常务委员会委员职务。两年来，我们承办了多次全国性的学术会议，并且多次在国际图书馆论坛上发表演讲，海大图书馆在业界开始受到关注，真正成为全省高校图书馆的中心。

两年来取得的成绩最终落实在图书馆的服务正在不断完善和拓展。与2004年之前相比，我馆每周的开馆时间从70小时，延长到了目前的94个小时；全年图书外借量从2000年的不到20万册提高到现在的近70万册。电子文献的下载量从每年的近20万篇提高到近80万篇，文献保障率提高到80%以上，读者满意率从42%提高到86%。海南大学图书馆的各项业务指标已经接近国内高校图书馆的先进水平。

当然，必须清醒地认识到，海大图书馆的馆舍条件，文献资源，服务功能，与国内许多高水平的高校图书馆相比还有相当大的距离；与沿海发达地区许多同期建设的大学相比，也存在一定的差距。未来五年，是海南大学向一座高水平综合性地方重点大学发展的关键时期，图书馆的发展应该适应学校的发展，甚至应该适当超前学校的发展，成为促进学校发展的重要基础条件和人文环境。因此，图书馆人没有任何理由妄自菲薄，更没有理由有丝毫的懈怠，只要真正认识到自己的责任和使命，认识到自己工作的意义，我们就会主动地，创造性地工作，并且做出无愧于时代的业绩。

制订规划是一个明确目标，理清思路，思考对策的过程，也是一个整合资源，聚集力量，锻炼队伍的过程。在未来五年发展规划中，我们提出了建成一座研究型图书馆基础框架的目标。海南大学正在从一所普通的教学型大学向教学研究型大学发展，图书馆的发展必须适应这种转型。图书馆不再满足于提供图书借阅的基础服务项目，而是要大力拓展学科导航，信息挖掘和信息主动推送等为主要内容的知识服务。同时还要注重信息资源的二次开发，在地方特色文献的开发整理方面打出自己的品牌。

从一座普通的以图书借阅为主要业务内容的传统图书馆，转变为一座以知识服务为特色的现代研究型图书馆不是一蹴而就的事，需要全体馆员付出长期的，艰苦的努力。为了让全馆骨干力量通过参与制订规划得到锻炼，我们采取了"馆长牵头，全员参与"的办法，让各部门的业务骨干执笔，全体馆员参与讨论，全馆齐心协力制订规划，取得了很好的效果。

在规划制订过程中，我们得到学校领导的支持和鼓励，也得到了相关部门和全省图书馆界同行的支持和指点。在2006年11月4日的讨论会上，全省图书馆界的专家对规划的修改完善提出了许多宝贵的意见，因此，规划是集体智慧的结晶。作为牵头人，我要对课题组全体成员付出的辛劳，对各位帮助和指导我们工作的领导和同行表示衷心的感谢！

千里之行，始于足下。规划的完成，是我们又一个发展周期的开始。我们已经迈出了重要的第一步，因此，我们完全有理由对未来五年的光明前景充满信心！让我们共同为海南大学，为我们的海大图书馆祝福！

海南大学图书馆五年发展规划

——努力建成研究型图书馆的基础框架

海南大学图书馆五年规划课题组

一、前言

为了应对信息技术革命和数字化时代对传统的学习、工作与生活方式的全面挑战，21世纪的大学必须为教学科研人员和学生提供无限丰富和无处不在的数字化环境。而大学中的图书馆必将成为这个数字化环境的核心和枢纽。

研究型图书馆正是适应这一新的需求而产生的一种新型的知识服务机构。研究型图书馆通过系统的，专业化的科学研究，对海量的信息和知识进行有效的整序和多次开发，便于存取和读者使用。研究型图书馆对各种门类的科学知识进行导航处理，使读者通过最优化的途径到达最有效的知识点。研究型图书馆还可以通过自身的高素质研究团队为读者提供个性化的和指导性的知识服务。总是，研究型图书馆是教学科研人员和广大学生最称职的知识导航员和最密切的助手。

为了适应海南大学从一所普通的教学型高校向教学研究型高校过渡，承担海南"双高基地"（高素质人才培养基地和高新技术开发基地）建设的新形势和新要求，海南大学图书馆决心充分利用"十一五"期间的重要发展机遇，认真调整办馆思路，从全面提高馆员素质，强化图书馆的文献信息研究工作着手，逐渐形成文献研究和现代信息服务的基本框架和工作流程，力争在未来五年内建成研究型图书馆的基础框架，为未来建设一座富有地方特色的，与海南大学学科建设以及区域经济、文化发展相配套的现代化研究型图书馆的长远目标打下坚实的基础。

二、发展背景

23年前，随着新兴的海南大学在海甸岛白沙门一片沼泽地上正式创立，海南大学图书馆的建设就开始进入了学校领导者的工作日程。我馆的正式建制创立于1985年，也就是海南大学成立之后的第三年。在此之前，教务处教材科承担学校图书馆的筹备和图书资料的日常管理工作。

与新兴的海南大学一样，海大图书馆也经历了一个艰难的发展过程。在其早期一直没有独立的馆舍，只能利用一些暂时空下来的办公或教学用房充作临时馆舍，其条件之艰苦令人难以想象。这种情况一直维持到上个世纪90年代中期。1997年，海大图书馆的发展进入了一个新的历史阶段。作为纪念海南建省办经济特区十周年的重点文化工程，我馆新馆舍建设得到了省委、省政府领导的高度重视和琼属华人华侨的大力支持。1997年8月，一座总面积1.2万平方米的新图书馆在风景秀丽的东坡湖畔正式建成，1997年9月新学期开始时完成迁馆工作。这一馆舍（一期馆舍）沿用至今。作为学校的重要学术基地和对外交流的窗口，她不仅见证了图书馆自身的发展，也见证了海南大学成长和发展的不平凡历程。

我馆创建之初，建设资金奇缺，人力、物力、财力高度匮乏。在整个90年代，全馆每年仅有几万元的购书经费，总共只有十多位工作人员，每年新增图书只有几千册。但是，图书馆在学校的正确领导下，充分发挥人的积极性，克服重重困难，争取广泛的社会支持，不断增加服务项目，扩大服务范围，开展学术活动，除了承担高校图书馆的作用外，还承担了省公共图书馆的功能，面向社会开放，正式办理借阅证的社会读者最多时接近1 000人。海南大学图书馆的各项努力得到了学校师生和社会各界的充分肯定。

在第九个五年计划期间（1996—2000年），我馆完成了自动化和网络化建设。1999年，我馆首次采用由深圳大学图书馆开发的自动化借阅系统，2000年又进一步采用由深圳图书馆开发的自动化图书馆借阅管理系统。2000年6月，我馆通过了教育厅主持的网络化评估。

"十五"期间（2000—2005年），是海南大学图书馆投入最大，发展最快的时期，各项建设取得了令人瞩目的成绩。到2005年底，图书馆馆员人数增加到100人，馆藏图书总量已达180万册（其中纸质图书近120万册），数据库增至100多种，纸质文献和电子资源的整合得到进一步加强。学校对图书馆的经费总投入累计达2 000余万元。与此同时，图书馆提供的服务也出现了长足的发展。开馆时间延长至每周80小时以上；2005年图书外借量突破67万册，是前四年平均借阅量的4倍，服务质量达到全国同类高校的领先水平。

过去五年，我馆以资源建设为基础，以读者服务为中心，以科学管理为手段，工作效率和服务质量得到全面提升。通过引入全面质量管理，读者满意率大幅上升。通过开展多种形式的读者培训和举办图情知识竞赛，大大提高了读者利用文献信息资源的能力；通过建立学科馆员和图情顾问制度，建立学者服务网，实现图书馆个性化服务。近年来，我馆加强了全校各院系二级图书馆建设，形成了全校共同发展图书文献事业的新机制。与此同时，我馆加强了图书馆的国际化建设，努力构建对外交流与合作的平台。我馆不仅申请注册成为国际图联的正式成员，而且当选为国际图联大学图书馆和一般研究型图书馆的专业组常务委员会委员。近年来，我馆的科研工作进入了新的发展阶段，各种学术活动频繁，成果显著。

近年来，我馆重视馆舍建设和努力营造良好的人文氛围。目前虽然正处在馆舍紧缺,设备陈旧无法得到及时更新的特殊困难时期,但是,由于充分发挥了馆员的积极性和工作热情,以服务质量弥补了物质条件的不足。目前,二期馆舍工程建设进展顺利,一座现代化的图书馆已经是指日可待。

三、基础条件

近年来,我馆文献资源建设取得重大进展,文献资源结构得到很大的改善。2005年,纸质图书藏量增加了近20万册,极大地丰富了各主干学科的重要学术著作和重要教学参考图书;地方文献藏量从1 600册增加到3 000多册;教育部赠送的《中华再造善本》等特色文献到馆并投入使用,使我馆古籍图书缺乏的局面得到了根本的改观。2005年,在校图工委的协调下,我校各院(所)的二级图书馆建设取得了重大的进展。全校13个二级馆真正实现了标准化建设,一体化服务,科学化管理。我校图书文献建设和服务的新机制初步形成。2005年,我馆学科馆员制度基本框架初步建成。已经聘请15位学科馆员和12位图情顾问,他们在资源建设、学科导航和文献检索技能培训方面开始发挥作用。2005年,Calis省级文献中心获准成立;省高校文献信息中心的运作机制进一步完善;学者服务网初步建成;馆际互借和文献传递网络正在扩大,业务量大幅上升;新生培训成效显著,图情知识竞赛有了良好开局。

海南大学图书馆在科学管理方面已经走在全国高校图书馆的前列。2005年7月19日,我馆通过ISO9000认证。在此基础上又试行引入全面绩效管理和无差错管理,质量管理体系日趋完善。从2005年开始,我馆每年开展四次"优质服务月"活动,读者满意率从40%提高到80%以上。除了之外,日常行政管理也取得了很大的进展,工作效率明显提高。会议制度、人事制度、财务制度进一步完善,管理科学化和民主化取得明显成效。

近年来,我馆在对外交流与合作方面取得了突破性的进展。我馆配合中山大学图书馆建立中美图书馆员培训中心的工作进展顺利。与美国西蒙斯学院陈钦智教授全球记忆网项目合作,取得了重要成果。2005年,我馆成为中国大陆地区在国际图联的28个正式成员之一,詹长智馆长成功当选国际图联大学图书馆和一般研究型图书馆专业组常务委员会委员。2005年,我们成功接待了美国著名华裔图书馆学者陈钦智教授、左四藏教授以及新加坡学者李卓然教授、韩国学者赵骏河教授来访和开展学术活动。2005年,我馆接受加拿大安大略省海南同乡会捐赠的2万册英文图书,这是近年来我校最大的一次外文图书捐赠活动。

自2004年下学期以来,图书馆进一步加大了科研组织工作的力度,正式成立了图书馆学术委员会,并建立了科研奖励办法和相关的奖励制度,为图书馆科研工作的提升提供了制度保障和物质保证。2005年,图书馆的科研工作有了新的进展,无论在组织课题申报,还是在开展学术活动方面都有了新的突破。在全校获得的2005

年度社会科学基金资助的24个项目中图书馆获得3项，并且有多位馆员申报国家社会科学基金项目和省自然科学基金项目。

2004年图书馆为全校教师提供文献检索100多人次，提供全文761篇。同时还完成了妈祖信仰与文化、饲草营养、城市经营、诉讼和解、旅游美学、黎族民俗、文化等专题的检索和定题咨询工作10余项。2003年和2004年，我馆每年要完成教育厅、科技厅课题立项查新、科技成果论证查新以及引文检索证明等查新和审核10项。2005年上半年，完成的科技查新工作量与前两年相比，有了成倍的增长。目前图书馆已经派出人员参加科技查新的资格培训，正在为正式向教育部申请查新站做准备。

重点学科导航数据是我馆面向全校展开的主要的科研服务项目，目前已经完成化学工程、生物技术专业通用资源、电子文献、研究机构、协会组织与团体、相关站点等688条的测试，为重点学科建立做出了实际的贡献。

2005年，全馆员工团结一心，众志成城。为迎接教育部教学工作水平评估和海南省教育厅本科高校图书馆专项评估，夜以继日地工作，克服了资金缺乏，馆舍紧张的困难，在两项评估中均取得了优良的成绩，尤其是我馆的全面质量管理和读者服务工作均得到评估专家的高度评价。没有辜负学校的希望，达到了理想的目标。

尽管我馆近年来在资源建设、服务创新、科学管理和学术研究等方面都已经有了长足的发展，取得了显著的成绩，但是与一座现代化研究型图书馆的目标还有相当大的距离。因此，我们要紧紧抓住"十一五"期间的重要发展机遇，不断努力开拓创新，使我们在向着建设一座现代研究型图书馆的目标迈出新的步伐。

经过20多年的建设，海南大学已经发展成为一个学科门类比较齐全，办学层次不断提高的综合性的教学研究型大学。进入"十一五"时期之后，海南大学将进入规模稳步发展和办学水平迅速提高的阶段。按照学校（2006—2010年）中长期发展规划，"争取到2020年，把海南大学建成具有鲜明办学特色、在全国高校中有一定影响力的、较高水平的教学研究型地方性综合大学，成为海南省经济建设与社会发展中知识创新、人才培养和社会服务的重要基地，为当地社会经济发展提供强有力的人才支持和知识贡献。""'十一五'期间，是海南大学夯实基础、扩大规模时期。在此阶段，学校的专业数量将增设到55个左右，硕士点增至55个左右，争取获得博士学位授予权。要坚持以培养高素质的应用型人才为主，大幅度提升本科教育质量。稳步提高办学层次。进一步扩大学校学科门类的覆盖范围，为建设高水平的教学研究型大学奠定基础，在全面提高海南高等教育整体水平方面发挥龙头和示范作用。"为适应海南大学在新的历史阶段发展的新形势和新要求，我们必须全面调整办馆思路，通过强化自身的科研工作，逐渐形成文献研究和现代信息服务的基本框架和工作流程，致力于建设一座有特色的、与海大和海南发展相配套的研究型图书馆。

作为一所已经进入快速发展通道的新兴的综合性大学,海南大学未来几年必将在教学、科研和人才培养的各个方面取得一系列新的重大突破。根据教育部《普通高等学校图书馆规程（修订）》的规定,高等学校图书馆是学校的文献信息中心,是为教学和科学研究服务的学术性机构,是学校信息化和社会信息化的重要基地。高等学校图书馆的建设和发展应与学校的建设和发展相适应,其水平是学校总体水平的重要标志。

进入信息时代之后,"学习的革命"已经使高等学校的教学科研工作和人才培养模式发生了深刻的变化。与此相对应,传统的图书馆的建设与服务模式正面临多方面的挑战。为学生和教学科研人员提供一个数字化的工作和学习环境和条件是现代高校图书馆的重要使命。

具体地说,在信息技术时代,高等院校图书馆正在以下几个方向发生转变:

一是从图书借阅服务为中心向现代参考咨询服务为中心的转变,即更加强调满足教学科研的信息需求;二是以现场服务为中心向复合型信息服务为中心的转变,即通过各种资源、各种载体为读者提供更加人文化,更加个性的服务。三是以独立开展资源建设向致力于提高文献保障能力的转变。

新时期的高校图书馆不再以收藏和管理图书作为核心的工作内容,至少不是主要的工作内容,其工作重心已经转移到信息资源的二次开发并且为读者提供与他们的工作紧密衔接的知识服务和文献保障。也就是说,现代高校图书馆不再是信息和知识的"仓库",而是信息文献的"加工厂"和完善的保障体系。与此同时,图书馆馆员已经不再是传统意义上的图书管理员,而是熟知某个学科领域的信息处理专家和文献研究学者。

四、发展目标与主要任务

（一）总体目标：建设一座有强大知识服务能力的研究型图书馆

随着知识经济时代的来临,高等学校将逐渐确立在社会中的中心地位,成为一个地区知识创新和文化发展的发动机。海南大学图书馆作为全省文献信息资源的保障与服务中心,在构建区域性自主创新体系,服务当地经济建设、普及文化知识、传播科学信息、推动终身学习等诸方面发挥更加突出的作用。"十一五"期间海南大学图书馆的总体发展目标,是建设一座具有强大知识服务能力的现代研究型图书馆。它不仅要为全校和全省高校教学科研提供文献信息保障,还要为地区的科技创新体系的形成,为全省文化遗产的保存、发掘、整理和研究,为推动各个领域的学术交流与合作做出重要贡献。

传统的图书馆面临着信息技术革命的严峻挑战。无处不在的网络终端和日益丰富的信息载体使公众对传统图书和传统图书馆的依赖性越来越弱。如果我们的图书馆仍然停留在传统的基础服务上，它在读者中的地位必然下降。研究型图书馆有别于传统图书馆之处就在于它不仅仅是提供图书借阅，而是提供非常周到的信息服务和知识服务。在研究型图书馆中，文献研究和信息技术应用占图书馆日常工作中占有越来越大的比重；从人员结构上来说，以信息分析和文献研究为主要工作内容的学科馆员和研究馆员在图书馆中的比例不断扩大，地位不断上升。海南大学图书馆在"十一五"期间的总体发展目标就是建设一座有浓厚的学术氛围，有很强的研究能力和服务能力，有强大的文献保障能力的现代化图书馆。

（二）具体目标

1. 成为区域性知识创新体系的重要基础设施

面向全校和社会开展科研服务是作为一所综合性大学图书馆的重要功能。海南大学图书馆在全省高校和全社会中的文献中心地位已经初步形成。但是，如何面向全校师生和全省教学科研人员，以及全省的科研开发人员，更好在发挥文献保障和知识服务职能，是图书馆下一步发展需要认真解决的问题。

面对信息技术革命的挑战，图书馆正在变传统的被动服务为主动服务，从一般的图书借阅服务变成全方位的知识与信息服务，力争在一个地区的科技创新过程中发挥核心骨干作用。从去年开始，我馆文献信息中心开展了"学者服务网"的建设。通过以网络为平台的参考咨询系统，图书馆已开始为全校和全省的学者开展科技查新、文献传递、参考咨询、定题服务、学科导航等各种现代信息服务。下一步的发展要以此为基础，扩大学者服务网络，拓展服务范围与服务功能，真正成为区域性知识创新体系的重要基础设施。

2. 建成全省重要的学术活动基地

海南大学图书馆要充分发挥其联系面广，科研人才相对集中，学术文化氛围浓厚的优势，成为一个全省重要的学术活动基地和信息交流平台。

为了提升海南大学图书馆的学术交流和科研工作的层次，我馆要进一步开展与国内外的图书馆以及相关学术机构展开密切的学术交流。要通过强化科研组织工作，鼓励每一位馆员积极投身于自身工作相关的科研工作之中，开创我馆的科研工作新局面。近几年来，我馆的学术交流活动更加频繁。2004年以来，共有近10位学者在海大图书馆作学术报告或展开学术交流活动，我馆学者也多次应邀在国内图书馆学术讲坛上发表讲演。但是，我们还需进一步扩大学术交流的网络，提高学术交流的层次，强化学术交流的效果，从而使海南大学图书馆的学术活动空间得到了进一步扩展。不仅成为海南大学的学术交流中心，也成为全省的学术交流中心。

3. 建成本地区保存文化遗产的重要机构

图书馆的一个重要功能是和保护和传承一个地区的文明元素和文化因子。作为一座综合性大学图书馆,仅仅有一定的普通藏书是不够的。它既不能满足广大科研工作者的开展区域文化研究的需要,也无法承担起传承地区文明的职能。所以我们的目标是通过大量收集和展示记载海南各种文化元素和文献载体,整理和研究区域文化,创办一座有地方文化特色的多功能图书馆。经过本馆馆员多年的努力以及社会各界朋友的支持,目前我馆已初步收集到琼北地区民俗物品几十件,诸如:石器类、木雕类等。应该说此项工作还在起始阶段,无疑它对保存海南文化和研究海南文化将提供可靠的实物支持。

此外,我馆正在启动海南地方文献搜集、整理和研究工作。其中包括海南地区现存碑碣钟铭匾额的搜集整理;海南族谱总目提要的编纂;海南地方文献书目提要的编纂;东南亚与琼属华侨的资料搜集与研究;南海与国际关系的资料搜集与研究;黎族与海南先民的资料搜集与研究;日本侵琼与民国时期海南社会发展研究;海南建设经济特区体制创新研究;海南当代社会问题研究等多个专题。

六、对策与措施

图书馆作为全校的文献信息中心,肩负着为全校师生提供全方位的文献信息服务,创造良好的育人环境和教学科研条件,培养学生具有良好的信息素养和文化修养的历史重任。虽然我们的各项基础仍然薄弱,我们前进的道路上仍然会遇到困难,但是,我们有广阔的创新空间,我们有足够的创业激情!经过全馆同志的广泛参与和共同努力,《海南大学图书馆(2006—1010)五年发展规划》正式出台,使我们进一步认清了形势,明确了目标,理清了思路。蓝图绘就,正当扬帆破浪。任重道远,更须策马加鞭。一元复始,万象更新。新的一年恰逢我国"十一五"规划的开局之年。是人们脱去浮华,归于平实之后,开始新征程的一年。我们将一如既往,秉承"服务第一,读者至上"的宗旨,以更加饱满的热情、更加旺盛的干劲,开拓进取,务实创新,为将海南大学图书馆建成一座高水平的现代研究型图书馆而努力奋斗!

近年来,随着学校对图书馆的经费投入不断加大,海大图书馆馆藏图书总量由2003年的50多万册迅速扩充到2005年底的180多万册。馆藏量的迅速丰富为图书馆面向师生开展借阅服务创造了基础条件。2005年全馆图书外借量达到67万册,2006年将突破70万册。这一数量达到2003年之前的4倍左右。由于馆藏的丰富,提高了图书馆对读者的吸引力。图书馆的开放时间从2004年的每周63小时提高到目前的每周94小时。日进馆人数从2004年的1 000左右人次提高到2006年上半年的平均2 332人次。表明海大图书馆的基础服务已经进入了一个新的水平。但是,一所综合性研究型大学对图书馆的要求不会停留在基础服务领域,而是以能否提供高端知识服务为新的标准。

以建设一座研究型图书馆为目标,就是在保障提供图书借阅和一般咨询服务的基础上，致力于信息资源的深度开发，为读者提供与他们的工作紧密衔接的知识服务，真正为教学科研人员提供一个良好的数字化环境。因此，研究型图书馆不再仅仅作为信息和知识的"仓库"而存在，而是要充当信息和知识的"加工厂"和"配餐室"（也有人比喻为"知识超市"，不过这里的物品和服务多数是免费的）。与此同时，现代图书馆馆员已经不再是传统意义上的图书管理员，而是熟知多个学科领域的信息处理专家、文献研究学者和学科知识的"领航员"。

（一）提高科研工作在图书馆中的地位

传统的图书馆业务面临信息技术革命的严峻挑战。研究型图书馆有别于传统图书馆之处就在于文献研究和信息技术应用研究在图书馆日常工作中占有越来越大的比重。从人员结构上来说，以信息分析和文献研究作为主要工作内容的学科馆员和研究馆员在图书馆中的比例不断扩大，工作重要性不断上升。

为了适应新的形势，近年来，海南大学图书馆加大了科研和国际交流与合作的力度。2004年10月正式成立了图书馆学术委员会，并制订了科研奖励办法，为图书馆开展科研活动提供了制度保障和物质保证。在学校和图书馆出台的各项鼓励措施的推动下，图书馆的科研工作出现了新的局面，无论在组织课题申报、科研成果推广应用，还是在开展学术活动方面都有了新的突破。在2005—2006年度全校获得的各种省级科研基金资助项目中，图书馆中标的项目均达到全校获得资助项目总量的1/8以上，并获得省科技进步二等奖和三等奖各一项。图书馆在省、校两级科研项目中标的规模已经在各教学单位中名列前茅。

与此同时，图书馆的对外交流与国际合作出现了新的局面。2004年9月，海南大学图书馆申请注册成为国际图联（IFLA）的正式成员。2005年3月，馆长詹长智当选国际图联（IFLA）大学与一般研究型图书馆专业组常务委员会委员，图书馆的学术活动空间由此得到了进一步扩展。自2004年以来海南大学图书馆每年都派代表参加国际图联大会和图书馆专业的重要国际会议。2004年以来，海大图书馆已邀请谭祥金、孙蓓欣、朱强、程焕文、陈钦智、左四臧等10多位国内外知名图书馆学者来馆作学术报告或开展学术交流，我馆学者也多次应邀在国内图书馆学术讲坛上发表讲演。

（二）把海南大学图书馆建成为区域自主创新体系的重要基础

面向海南大学和全省高校的师生，以及校外学者和科研开发人员、工程技术人员开展知识服务和提供文献保障是海大图书馆的重要功能和社会责任。随着图书馆服务功能的不断拓展和服务层次的迅速提高，建立在文献研究和现代信息技术基础上的现代图书馆业务得到了迅速发展。近两年来，图书馆为全校教师提供文献检索200多人次，提供文献传递3 000多篇。同时还完成了妈祖信仰与文化、饲草营养、城市经营、诉讼和解、旅游美学、黎族民俗、地域文化等专题的检索和定题咨询工作100余项。2004年以来,我馆每年完成的省教育厅、省科技厅及国家自然科学基金、国家社会科学基金资助课题立项查新、科技成果论证查新以及引文检索证明等查新和审核项目总量大幅上升,从2004年的50余项增加到2006年的200余项。

重点学科文献信息导航是海大图书馆面向全校和全省高校展开的一项主要科研服务项目。目前已经完成化学工程、生物技术专业通用资源、电子文献、研究机构、社团组织、相关站点等数千条目的测试,为全省重点学科建设做出了实际的贡献。今后,图书馆要根据高校学科的发展和海南产业发展的需要提供更加广泛和更加高质量的学科导航服务。

在服务创新过程中,海大图书馆正在变传统的被动服务为主动服务,力争在海南的自主创新体系建设中发挥基础作用。2005年9月,海大图书馆文献信息中心正式启动"海南学者服务网"建设。通过虚拟参考咨询系统为主体的网络服务平台,已经开始为全校和全省的学者开展文献传递、参考咨询、定题服务、学科导航等各种现代信息服务。

(三)加强地方文献建设,提升图书馆的学术品位与文化影响力

随着海南大学从一所普通的教学型大学向教学研究型大学转型和发展,科研和社会服务在学校中占有越来越重要的位置。就图书馆来说,仅仅有一定量的普通藏书并不能满足广大教师和科研人员对知识和信息的需求。为了提高本馆文献资源的实用价值,提高图书馆的社会影响力和文化辐射力,必须改善本馆的藏书结构,提高馆藏文献的质量,尤其注重海南地方文献建设,加强地方文献收藏的系统性和完整性,并且将搜集和收藏的范围从书本文献向非书文献以及其他载体的地方文化作品延伸,力争为保存和研究海南地域经济和文化提供可靠的文献保障和文物支持。

经过数年积累,海大图书馆地方文献建设已经初见成效,文献资料积累的速度不断加快,专业队伍和社会征集网络已经初步形成,文献二次开发和咨询服务工作正在启动,即将产生一批预计可以产生重要社会影响的地方文献研究成果。但是,从总体上说,本馆地方文献基础十分薄弱,目前全馆地方文献约达到2 500种,4 500册,这种规模与一所地方综合性重点大学图书馆的藏书规格是不相称的。其次是地方文献的系统性和完整性均有极大的欠缺。无论是地方史志、地方人物著述,还是地方出版物,都缺乏系统的和完整的收藏。因此,本馆地方文献建设工作的重点是建立覆盖全省各领域的交换与征集网络,加强文献的系统整理,信息揭示和二次开发,加快地方文献的数字化建设,加大地方文献的宣传力度,提高地方文献的利用水平,使海南大学图书馆的地方文献建设成为推动海大学科建设和促进海南地区经济文化繁荣和发展的重要环节。

(三)将"以人为本"的服务理念体现在研究型图书馆的所有环节

研究型图书馆不是为研究而研究,而是为提供更加方便、快捷的文献信息服务

和更高层次的知识服务而开展研究工作。要将"以人为本"和"服务至上"的理念贯穿在研究型图书馆的所有环节。在文献资源建设环节，图书馆要认真研究读者的需求，使文献资源建设真正满足读者的需要。在文献编目环节要更加强调文献检索的方便快捷和界面的友好。在基础服务和咨询服务环节，更需要体现一切为读者着想，一切从读者出发，而不是一切从书本出发，一切从图书文献的保护着想。在处理服务与管理的关系上，必要的时候，宁可牺牲管理，宁可改变服务规则，也要做好服务，满足读者的需求。

（四）人力资源开发和科学管理是建设研究型图书馆的重要保障

近几年来，随着学校的发展，以及整个图书馆行业的进步，海南大学图书馆在资源建设、读者服务、业务拓展、科学管理、学术研究、国际交流和社会参与等方面都取得了显著进展。这些进展不仅表现在服务质量的提高和服务内容的完善，更体现在办馆理念的进步和内部机制的变化。海大图书馆的进步不仅得到了广大读者的高度肯定，也获得了业界专家学者和社会各界的广泛认可。

当然，任何重大目标的实现都不是一蹴而就的。海大图书馆的许多工作还刚刚起步，与本校学科建设发展的需求，与海南自主创新体系建设对图书馆的需求还有相当大的距离。但是，我们坚信，在学校的正确领导下，通过发挥全体馆员的积极性和创造精神，充分利用自身的优势，开拓创新，海南大学图书馆的明天一定会更好。

第一章 加强文献建设 改善馆藏结构

文献资源建设状况是高等院校办学条件和办学水平的重要标志之一。为了适应海南大学从一所教学型的普通地方高校向教学研究型的重点大学发展的要求，"十一五"期间，海南大学图书馆必须与教学科研同步建设，同步提高，协调发展。在文献建设方面，我们必须摆脱多年来购书经费忽多忽少，文献采购缺乏连续性，文献品种覆盖率低，特色文献匮乏的困境，多渠道筹措经费，加大对图书文献资源的投入，不断改善文献资源的结构，突出有地方特色和本馆特色的文献资源，使献资源建设在"十一五"期间实现科学化、特色化和系统化的目标。

一、文献资源建设工作的回顾

"十五"期间图书馆文献的数量有了快速的增长、质量有了明显提高，文献资源的建设成就是显著的。纸质图书的馆藏量从50万册增加到120多万册，电子图书从0册增加到53万册，报刊数据库从2种增加到目前的70多种（其中大多数是链接的免费数据库），极大地丰富了馆藏，提高了文献保障能力，初步形成了我馆作为一所综合性大学图书馆文献收藏体系的基本格局。但是，按照建设研究型图书馆的要求来看，我馆在文献资源建设方面还存在不少的缺陷和问题。

纸质图书方面：为了迎接每五年一次的教育部本科教学工作水平评估，近两年我校投入了大量的经费用于购置纸质图书，这一作法打破了原有的正常购书计划，在文献建设方面属于非常规操作，所以它必然带来很多问题：一是购置的图书质量方面出现了参差不齐的现象，部分图书的质量无法保证；二是由于控制购置图书的价格，追求图书数量，促使了不少图书复本量增加，而对教学和科技必需的、但价格较昂贵的图书却无法满足；三是各年份的馆藏数量和质量不均衡，不少学科的学术性专业文献缺乏连续性等。

纸质报刊方面：报刊一直是用校拨计划内经费购置。由于学校每年下拨给图书馆的正常文献购置费基本保持平稳，报刊的购置费基本稳定在75万元左右，它无法适应每年报刊定价上涨约8%的状况。因此，我馆近5年纸质报刊种类逐年下降，在满足我校科研人员的需求方面产生了一定的负面影响，尤其对一些新增专业报刊资源满意率的不利影响较大。

电子文献方面：我馆自2003年后就一直没有新购置电子图书，目前的电子图书数量一直保持在原有的53万册的水平。电子期刊（数据库）增加的品种很少，而且都属于综合性的数据库，许多重要的专题数据库未能采购，难以满足各层次读者的全面需求。

二、文献资源建设的目标与任务

《海南大学中长期发展规划》以及未来五年我馆将获得财力支持的预测，是未来五年我馆文献资源建设规划的基础。按照《海南大学中长期发展规划》（2005年10月制定）：到2010年，全校各类在校生当量数为23 000人，其中普通本科学生20 000人，硕士研究生2 000~2 500人，博士研究生15~20人；本科专业达到55个左右（其中包括新建专业），硕士学位点达到55个以上，博士学位点实现零的突破；力争在5年中获得国家级科研课题15项左右、省部级课题100项左右；文献资源经费预算5650万元；成为进入"211"工程行列的综合性大学。根据这一规划，我馆文献资源建设的规划目标分项确定如下。

（一）纸质文献建设目标与任务

规划五年内新增各类中外文图书110万册（其中，外文图书2万册），使馆藏总量达到230万册。规划五年内中文报刊增至2 650种左右、外文报刊增加到100

种左右。

(二) 电子文献建设目标与任务

1. 电子图书、数据库采购计划

规划五年内新订购电子图书 15 万册，订购数据库增至 15 种（其中中文数据库 10 种、外文数据库 5 种）。增加免费或试用数据库 90 种以上。使电子文献数据库总量达到 100 种以上。

2. 自建海南地方文献专题数据库

建设一批海南地方文献专题数据库。未来五年规划重点考虑建设以下六个专题数据库：

海南旅游专题库、日本侵琼历史专题库、海南华侨专题库、海南地方志专题库、海南族谱专题库和南海资源专题库等。

(三) 文献资源整合的目标与任务

文献资源整合的具体目标与任务是：

1. 实现图书馆与二级馆文献资源共享

对二级馆的文献进行全面的编目，书目与馆藏信息进入图书馆的数据库，由IL-AS系统统一管理，使二级馆的文献成为图书馆整个文献体系的一部分。通过图书馆公共检索系统，读者可了解到图书馆与二级馆文献资源的分布状况，还能检索到某一种书刊在图书馆与二级馆的馆藏信息。

2. 实现纸质文献电子文献的整合

在纸质图书与期刊的编目数据中增加电子图书与期刊的信息，添加相应的链接地址，读者可在图书馆公共检索系统中方便快捷地查找到纸质书刊以及相应的电子书刊，图书馆的纸质与电子资源得到有效的整合。

3. 二级馆期刊数据库建设并入中心馆 ILAS 系统

利用 ILAS 系统对往年的期刊进行过刊编目，实行统一的加工装订，规范入藏，同时期刊采访与现刊交接采用 ILAS 系统进行统一的自动化管理。

对现存的不同类型馆藏文献资源进行整合是图书馆文献资源建设的一项重要内容。未来五年内，我馆将进行独立性元数据（连接纸质文献资源）与关联性元数据（连接电子文献资源）并存方向的建设，必须使数字影像资源与数字文本资源相结合，文字、图片、活动图像、音频、视频多种资源相补充，从而形成重点突出，特色鲜明的文献资源库群。完成独立性元数据 100 万条以上，包括图像资源在内的全文电子文献资源 100TB 以上，实现读者在网上连续便捷地利用我馆多种类型的文献资源。

（四）文献编目工作建设的目标和任务

充分体现以人为本、以读者为中心的思想，优化编目流程，提高编目工作效益，争取成为 CALIS 在海南的重要节点，争取成为能对海南图书馆界文献编目工作起带头作用的图书馆。

1. 增加便于检索的途径

在编目数据中增加多个检索字段（点），提供多种检索途径，方便读者检索，且保证读者检索界面清洁、美观、友好。

2. 缩短文献编目周期

必要时采取先突击加班，在任务不紧时再轮休或适当补助的办法。书店订购、现购的文献采取编目数据业务外包的形式；赠送、交换的编目难度较大的内部文献（含音像制品和机读资料），由编目部工作人员编目。

3. 提高数据库检索服务编目数据的准确性

通过强化培训和技能考核等途径提高编目工作人员的业务水平，开展定期与不定期、全面与抽样的灵活多样审校方式，减少编目工作的差错，提高准确性。

三、文献资源体系建设的主要原则

（一）文献资源体系建设的基本思路

根据海南大学教学和科研不断发展的需要，结合实际馆藏情况，加强对地区文献资源布局的统筹安排，通过多种途径，有计划、有重点地采集国内外各种类型的文献资料，形成具有地方特色的馆藏体系。

1. 根据本校的专业设置和培养目标，确定文献资源重点采购范围。确保重点学科、兼顾一般学科。努力保障教学科研对文献的需求，为建设一座现代化研究型图书馆提供资源保障。

2. 协调多种类型文献的采访，通过纸质、电子书刊的互补，提高文献保障率，使馆藏跟上时代的发展和读者的需要。

3. 加强校、院两级文献采购的分工和协作，减少文献建设的低水平重复，使有限的经费投入取得最大的效益。

4. 开展切实有效的读者需求调研活动，做好读者荐书的及时采购，提高文献购置的准确性和及时性，提高读者满意率。

5. 节约经费，拓展多种文献来源渠道，加强赠送、交换和征集文献工作，做好免费文献信息收集、新书信息揭示和文献资源的宣传工作。

6. 利用 ILASII 系统对现有馆藏纸质文献、电子文献（数据库）及互联网资源（报刊网址）进行充分整合，提高馆藏资源的利用率。

（二）纸质文献建设的主要原则

图书馆的文献资源建设，按照统一规划、统一标准、统一管理的原则，突出其目的性、系统性和协调性，通过经常性的文献资源使用效益评估，及时地调整文献信息资源建设重点。

确保教学参考书系统入藏，科研用书重点入藏，课外阅读用书有选择地入藏，本校和本省的出版物完整入藏。基础文献资源要优先保证，重点文献资源要长期积累，并且根据量力而行，突出重点的原则，迅速形成有特色的文献资源体系。

具体操作应遵循如下原则：

1. 统筹规划，有序推进的原则

文献资源建设应从自身特点出发，充分考虑馆藏与所服务对象的需要，从整体出发，统筹规划，逐年有序推进。

2. 教学科研为主、公益性为辅的原则

文献资源库建设应充分考虑我馆教学辅助性和公益性事业单位的性质，文献资源建设项目在立项时须进行充分的需求调研，兼顾教学科研的需求和公益性社会效益，但必须明确主次关系，突出服务主体。

3. 突出重点的原则

文献资源建设在内容的选择上要坚持以特色馆藏为主、以不存在版权争议为购置文献的必要前提，将与重点学科教学科研有关的文献列为重点资源建设项目，给予人力与经费方面的重点保障。

4. 标准规范化的原则

专题数据库建设必须坚持标准化，规范化。严格依据《海南省数字文献著录与标引的基本标准》的要求，对不同类型、不同载体的电子文献进行加工制作。保证质量，求好求精。

5. 自建与购进并举的原则

选择一批有重要文献价值，而本馆又具有开发实力的项目，组织馆内力量自主开发；对于涉及面较广，需要与馆外机构合作开发的项目，本着互惠互利的原则，鼓励馆内相关部门与外单位合作开发。对市场已有的质量较高、影响较好的电子文献资源应及时进行采购。

6. 规模与时效的原则

电子文献资源具有规模效应等特点，因此上新项目时必须注重规模，尽可能完整，同时从立项到提供成品必须注意时效性。

7. 统一管理、定期维护的原则

自建、购买与联合开发的文献资源，需统一管理，定期维护。根据馆藏文献资源的实际，建立一整套相应管理、使用、维护的制度，特别注意在使用的过程中，及时发现问题，加强对各种类型的文献资源维护和整合。

8. 建设与服务相互促进的原则

为了充分发挥数据库在教学与科研中的作用，及时地将已建成的资源向读者开放，要借鉴国内外的先进经验，通过建立开放平台，采用网络"百科全书式"的建设模式，让读者通过上传资料的方式参与建设，图书馆做好后台的资料整理与编辑工作。边建设，边服务，在服务中完善各类电子文献资源的建设。

总之，加强文献资源建设的针对性和文献结构的合理性是未来五年我馆文献资源建设的重要原则。根据多数同类图书馆的经验，促进文献资源结构不断优化：学习辅导类型文献占40%左右，教学与科研研究类型文献占30%左右；适合师生员工课外和业余阅读类型的文献占30%左右。

（三）采访范围、重点及复本量原则

1. 采访范围

凡与本校教学和科研相关文献、海南地方文献（南海诸岛相关文献）、东南亚文献、学习性用书、重要工具书、大型综合性百科全书、大中型字典、词典、国际性（国家级）的人名词典、地名词典、地方性专业性年鉴、综合性检索刊物书、党和国家领导人的著作等是本馆文献资源的主要采集范围，与我校专业无关的文献，尤其是普及性小册子、低幼读物、中小学校教科书和辅助读物、连环画、明信片、单页宣传画、年画、32开以下的小开本图书一般不收藏。

表1-1 不同类型图书的复本量参考表

序号	内容	复本量（册）
1	主要教学参考书	3～5
2	教学科研用书	2～3
3	文学名著	3～5
4	外文原版书刊	1
5	工具书	1（常用书可适当放宽）
6	基础理论、公共必修课等主要教学参考书、文学名著	5-7 可根据流通情况多次采购

2. 采访重点

近年学校新增专业，省属、校属重点学科、重点实验室、国家级、省级重点科研项目所需的文献是采访的重点。

3. 复本量确定原则

尽可能增加图书种类，减少复本量。除少数教学参考书、应考书和畅销书外，复本量一般不超过 5 本。不同类型图书复本量确定原则见下表。

四、文献资源建设的重点项目

（一）海南地方文献建设项目（详见第十章）

海南地方文献是未来五年我馆文献资源建设的重点。通过增加海南文献采集的经费和渠道，把民间的重要地方性文献搜集到图书馆中，以增加我馆海南文献的质量与数量，更加完整地保持地方文化遗产，更好地为教学和科研服务。

（二）数字文献资源整合项目

馆藏现有的 CNKI 系列全文数据库、维普科技期刊、新华社多媒体数据库、万方电子文献资源系统、硕博士优秀论文数据库、会议论文数据库、人大复印资料报刊全文、中国资讯行数据库、Springer line 电子期刊、BIOSIS Previews 数据库、EBSCO 数据库、《化学文摘》光盘数据库等文献资源进行优化整合，方便读者快速检索。

（三）特色数据库建设项目（详情见第十章）

项目 1、日本侵琼史料文献数据库；

项目 2、海南家谱族谱数据库；

项目 3、海南地方志资源库；

项目 4、海南高校硕士论文全文数据库；

项目 5、海南旅游特色资源数据库；

项目 6、海南学者文库；

项目 7、黎族文献数据库；

项目 8、海南华侨专题库。

（四）书刊交换和图书捐赠网络建设项目

我馆的国内书刊交换已初具规模，但国际书刊交换比较薄弱。在今后五年内计划国内书刊交换 500 种左右，国际书刊交换 50 种左右，并加强书刊交换工作的组织和领导，配置专人负责该项工作。

项目 1、接受亚基会、国外一些出版机构等国际组织的书刊捐赠。

项目 2、接受本校师生的赠书。

项目 3、接受国内外社会各界（知名）人士的捐赠。

五、经费预算与保障机制

（一）经费预算

教育部关于高校图书馆评估指标的要求是学校在校生当量数人均纸质图书100册和学生人均年进书量为4册，而《海南大学中长期发展规划》的发展目标是普通本科生和研究生达到22 500人（其他教师、成人教育学生不计），年进书量要不低于6.5万册，中外文报刊2 750种，其他类型文献忽略不计，仅书刊购置费一年就需500万元人民币。所以，学校要随着办学规模的发展，不断加大对图书馆购书经费的投入力度。根据可能性，比较理想的经费保障应该是以2006年510万元为基点，每年增加16万元，到2010年购书经费达到590万元人民币，加上原来缺口1 500万元（五年平均完成），这样文献资源才能基本上满足培养博士、硕士、学士和科学研究的需要和达到学生人均馆藏量100册的评估指标。

我校2005年在校生1.5万人，每年扩招800人，按在校生人均年进书量4册指标和图书馆本科教学工作水平评估的整改方案，我馆2006年应订购6.32万册纸质图书，文献年经费预算见表1-2。

表1-2　2006—2010年文献资源建设年度经费预算表

序号	内　　容	金　额（万元）
1	普通中文图书	265
2	普通外文图书	40
3	大套学术性图书	25
4	精品图书	5
5	港台中文图书	15
6	电子图书	15
7	中文期刊	45（包括二级馆）
8	外文期刊	20
9	中文数据库10种	55
10	外文数据库5种	25
	合　计	510

上表共计510万元（包括业务费），在此基础上每年增加16万元。五年总计经费约需2 790万元，加上原来缺口（40万册×37元）约1 500万元，合计所需经费4 290万元。

（二）经费保障

根据《普通高等学校图书馆工作规章》第七章第三十四条"高等学校图书馆的经费列入学校预算"的规定，每年图书馆的经费应纳入学校的经费预算内，保证经费及时到位，同时图书馆的经费应占学校教育事业经费（省拨经费）的5%，不足部份在学校的计划外收入、贷款社会团体、著名人士、海外侨胞、港澳台同胞捐赠经费中补充。

（三）其他配套保障措施

1. 提高文献建设人员的业务素质

为了提高从业人员的业务水平和工作能力，需要不断更新他们的业务知识，拓宽视野，了解国内外文献资源建设的动态、出版行业的相关信息，及时充实与调整我馆文献资源建设的方针政策。在经费允许的情况下，每年工作人员到省外参加1~2次相关学术研讨会或业务培训。

近期引进1位本科学历以上日语专业毕业的人员，进行馆藏日文版文献编目，完善外文馆藏数据库的建立。

积极参与CALIS联机合作编目工作，尽可能多委派业务人员参加CALIS中西文文献联机编目基本知识培训、编目资格员认证培训。要求文献编目人员学外语，使每个人能做到进行两种以上不同语种文献编目，力争全馆有3人获得中文文献向CALIS联合目录中心上传资格认证、有2人获得西文文献向CALIS联合目录中心上传资格认证，整体提高外中文文献编目工作人员的业务水平。

2. 不断完善岗位责任制 提高编目工作效率

建立与健全各项规章制度，明确各岗位职责，通过ISO9000质量管理体系的定期检查，确保本馆文献采访、分编加工质量，使采编工作做到标准化、规范化和科学化。

3. 加强横向合作 扩大文献资源共享范围

在条件成熟时，在省高校图工委的协调下，以海南省高校文献信息中心牵头，成立全省文献采访和编目中心，推进联合采访和编目。加强与国外（如OCLC）联网，利用相关资源，借鉴先进的编目技术、编目技巧，加快文献编目速度，提高其工作效益。

第二章 强化基础业务 推进服务创新

依据《普通高等学校图书馆工作规程（修订）》，以图书外借和阅览为主要内容的基础服务是图书馆的主要业务内容，是高校图书馆服务教学、科研的主要形式。作为直接与读者接触第一线的基础服务工作状况直接影响到读者对图书馆满意程度，是图书馆服务水平和服务质量的重要标志。

根据未来五年我国高校图书馆发展的形势和海南大学发展的实际需求，对我馆基础服务业务的发展做出相应的规划。

一、过去五年基础服务建设取得的主要进展

（一）过去五年基础服务发展概况

1. 基础服务功能与业务的扩展

基础服务部下设流通、阅览两个服务窗口，流通窗口主要承担中、外文各类图书的借阅、管理及维护等工作，是图书馆的重要服务窗口，也是图书馆内提供纸质文献借阅服务的主要部门。目前，由于我馆馆舍较为分散，共设有六个书库：哲社一库、哲社二库、科技一库、科技二库、外文书库、馈赠书库。现有工作人员38人，其中，中高级职称5人，专科以上学历23人。

阅览窗口主要提供图书及期刊的阅览服务，设有哲社现刊库、科技现刊库、科技保留本库、哲社保留本库、工具书库、过刊库、研究生阅览室、过刊编目室、收发室。现有工作人员18人，其中，中高级职称10人，专科以上学历17人。

2005年图书馆图书总量达1 192 603册，图书流通量猛增到664 807册，是2002年图书流通总量的5倍。馆舍面积也由原来的1.2万平方米，增加到3万多平方米。2001—2005年我馆普通图书藏书情况、借阅量的增长情况如表2-1：

表2-1 海南大学图书馆2001—2005年图书借阅业务发展情况

项　　目		2001年	2002年	2003年	2004年	2005年
藏书量（册）	普通图书	270056	291549	325646	691982	1192603
	增长率		7.9%	11.7%	112.5%	72%
借阅量（册）	普通图书	115670	135100	188646	316244	664807
	增长率		16.79%	39.63%	64.32%	110.2%

2. 基础服务水平与质量的提升

2000—2004年图书馆的平均开放时间为70小时/周,2005年9月以后开馆时间达到80小时/周,2006年3月进一步延长至96小时/周,延长范围也从部分阅览室扩大到全部书库和阅览室。

2001—2005年图书馆期刊馆藏量、读者到馆阅览人次及生均阅览人次的增长情况如表2-2:

表2-2 海南大学图书馆2001—2005年期刊借阅业务发展情况

项 目		2001年	2002年	2003年	2004年	2005年
期刊馆藏量（册）	期刊合订本	65492	106362	111124	114289	118455
	增长率		62.4%	4.47%	2.85%	3.65%
到馆人数	阅览人次	574465	863685	930089	1234645	1224468
	生均阅览人次	64	75	72	76	75

（二）与其他同类高校图书馆比较存在的差距

馆舍方面：在二期新馆舍启用前,原有馆舍显得过于拥挤,服务空间过于分散和狭窄。阅览座位太少,阅览室与借阅书库分离,阅览室条件过于简陋。改进的方向是改善基础服务部的库、室的功能分布,改变现在的分散状态,合理布局,实行集中借还；实现借、阅、藏一体化。

馆藏方面：加大文献资源建设的经费投入,保障重点学科重点图书采购的连续性。定期对不适合阅读的图书以及旧刊、旧报进行剔旧处理,保证图书的及时更新。了解图书市场动态,将反映各领域最新研究成果的书刊,及时购买及时上架。

开放时间方面：虽然近两年来我馆的开放时间在逐年递增,目前我馆为读者服务的开放时间已达到96小时,开放范围也从部分阅览室扩大到全部书库及阅览室,但与其他高校图书馆相比仍有差距。现在国内部分高校图书馆为读者服务的开放时间已超过了100小时,海南省经济职业技术学院为读者服务的开放时间已达98小时。综合考虑馆员的承受能力和设备状况,以及尽可能为读者提供优质高效的服务,应考虑适当增加开馆时间。

服务内容方面：近一年来为读者服务的项目、内容在不断扩展,但因现有馆舍面积十分有限,二期馆舍尚未启用,近两年来馆藏量又急剧的增加,所以有许多的服务内容都无法增加。比如：在基础服务部增设书店、咖啡屋或茶座、增设复印机,以实现代购图书、各书库自助式复印等服务。此方面需由学校投入经费,本馆积极规划、统筹安排。

读者满意率方面：尽管我馆的综合读者满意率已由2004年9月实施全面质量管理前的42%增加到2005年教育厅图书馆综合评估时的86%,但与海南省读者满意率最高的海南医学院（读者满意率达92%）相比还有一定的差距。强化基础服务部全体工作人员的服务意识，提升服务质量，进一步落实质量管理方针，使基础服务工作更规范、科学、有序，达到更高的读者满意率是我们的奋斗目标。

二、建设研究型图书馆必须进一步强化基础服务

坚持以邓小平理论和"三个代表"重要思想为指导，紧密围绕海南大学在未来五年进入"211"学校的战略目标，在从传统图书馆向研究型图书馆转变的过程中，基础服务不是削弱而是进一步加强。必须通过强化服务意识和不断开展业务创新，坚持"以人为本，服务第一"的宗旨，全面提高基础服务水平和质量，为全校师生和科研人员提供更好的研究与学习环境。

基础服务的理念创新：培养创新意识，转变服务观念，促进"以书为主体"的传统服务观念，向"以人为主体"的先进服务观念的转变，把"以人为本，一切为读者着想"的服务理念贯彻到基础服务工作中去。

基础服务的业务创新：第一，提倡全面开架，实行大流通大阅览模式，实现藏、借、阅、参一体化管理，以最大限度地满足读者的阅读需求，提高馆藏资源的利用率和读者到馆率。第二，延长开放时间，在开放时间上留住读者，提高图书馆的利用率。第三，重视馆内人性化、网络化阅览环境，充分满足读者馆内阅览和文献检索的需求。图书馆的环境在设计、布局、设备等做到科学、安静、温馨，书库设计便于服务。第四，通过网上文献传递的方式完善馆际互借服务，提高文献的保障率，实现书刊资料在全省范围内"通借通还"。第五，加强图书馆与读者的联系和互动，扩大图书馆的对外影响。举办丰富多彩的读者教育和读者调查活动，加强读者与图书馆之间的交流与沟通，以最快的速度采购读者推荐的书刊，持续改进图书馆的服务。第六、分析、研究读者利用图书馆的需求特点，及时提供有针对性的个性化信息服务。

面向教学科研服务与社会服务的关系：《普通高等学校图书馆规程（修订）》第二十一条规定："有条件的高等学校图书馆应尽可能向社会读者和社区读者开放。面向社会的文献信息和技术咨询服务，可根据材料和劳动的消耗或服务成果的实际效益收取适当费用。"由于大学图书馆具有更强的综合性、专业性和更加浓厚的学术氛围，它往往成为一个地方或城市文献信息资源和信息技术人才最集中的地方。它不仅可以传承文明，而且可以为所在地区居民的生产、生活，以及一个地区的经济文化建设发挥重要作用。大学图书馆的主要功能是为本校的教学科研服务；与此同时，由于现代大学本身就有为地方经济文化建设服务的任务，所以大学的图书馆应该成为参与地方建设的主力军，成为大学与社会交流与互动的桥梁和纽带。大学图书馆向社会读者开放不仅有益于社会，而且可以反过来促进图书馆自身的发展。因为图书馆不仅可以通过向社会读者提供服务提高自身管理水平和服务质量，而且

可以通过开展社会服务争取到更多的社会支持和捐助，进入良性循环的轨道。

基础服务与咨询服务的关系：充分利用自动化、网络化、数字化条件，不断扩展图书馆基础服务的空间。加强各类型文献资源的整合，通过学科馆员的工作，对读者提供针对性强的个性化服务。

基础服务与科学管理的关系：以科学知识实现科学管理，基础服务部注重收集在长期工作中积累起来的有益经验，把他们概括为规律和守则；管理人员与从业人员分清工作和责任，通力合作，确保所有工作都能按科学原理去做。以科学的准则指导图书馆馆员充分发挥其积极性，这是实行科学管理的重要标志。

三、未来五年基础服务发展的主要目标

（一）总体目标

进一步抓好传统的读者服务工作，同时积极抓好自动化、网络化、数字化建设，加快传统图书馆向现代化图书馆的转变步伐，努力把读者服务部建成特色鲜明、管理科学、功能齐全、服务优良、环境优美、能够最大限度满足读者需求、为学校的教学和科研提供切实有效的文献信息保障的复合型部门。力争在"十一五"规划期间，馆舍面积增加到3.3万平方米，馆藏书增加到250万册，力争年生均外借量稳定在35~40册/人。

（二）具体目标

1. 为读者开放的服务时间保证每周不低于96小时。
2. 图书的年外借量保持在55~65万册。
3. 二期馆舍投入使用后，科学布置各库室，为读者提供更舒适、安静，更有艺术氛围的服务环境。
4. 读者满意率达90%以上。

四、发展基础服务的主要措施

（一）提升服务理念，强化服务意识

随着知识经济时代的到来，自动化、网络化、数字化是图书馆今后发展的方向。当前，我馆已经成为国际图联的一个重要的成员馆，为了更进一步与国际接轨，我们必须根据自身的情况，借鉴国外先进的办馆理念，进一步发挥海南大学图书馆的区域优势，为海南的经济建设做贡献。我们应该抓住机遇，适应向研究型的图书馆转变，推动图书事业的新发展。

（二）强化基础服务设施建设

努力改善图书馆环境，为读者利用图书馆创造优良的环境。图书馆为读者服务

所开展的一切活动，都离不开一定的环境。优美、安静、整洁的图书馆环境，会使读者、馆员心旷神怡、情绪饱满。因此要做好读者服务工作，充分发挥图书馆的作用，就必须做好美化服务环境工作，营造出儒雅、和谐温馨的学习环境，使读者在图书馆浓厚的文化氛围能够陶冶情操、启迪智慧、愉悦身心。注重新馆舍的室内装饰和陈设。室内装饰和陈设对读者阅读活动具有特殊的影响。新馆舍室内的装饰和陈设可按照我馆读者服务工作环境的不同需要，灵活设置和安排，比如，在门厅或走廊里，设置读报长廊；在各种公共空间增强文化艺术氛围，比如在走廊的壁板上制作有较高艺术水平的雕塑、壁画和"名人名言"书法作品；在阅览室里，可悬挂古今中外名人的肖像画或寓意深刻的风景油画，亦可在阅览室、书库内放置一些时令花草，营造出幽雅的绿色环境，或悬挂"中国地图"、"世界地图"，让读者的思维获得更广阔的空间。此外，还要注重窗帘、地毯等装饰物品的选配。

数字化图书馆是现代图书馆建设的发展方向。加快基础服务部网络化、数字化建设，全面实现流通、阅览服务自动化，继续加强文献资源建设。加强硬件设施投入，对现行计算机进行升级改造，更新淘汰一批陈旧计算机。阅览部全部实现图书馆自动化管理。重视并规划好馆内流通阅览区的网络化检索环境及设备，在各流通书库及阅览室提供读者足够的电脑及网络连接点，充分满足读者馆内阅览的相关需求。

注重藏书建设，优化藏书结构，使图书的修补、剔旧工作进一步规范化、制度化。图书的修补、剔旧工作是图书馆藏书建设中的一个重要环节，是优化藏书结构、增强藏书活力、提高图书馆效益的重要举措之一。在修补、剔旧工作中坚持书库工作人员定期检查、整理，发现图书破损及时修补，对于严重破损不能借阅的图书，由书库工作人员做简单登记，部主任提出申请，剔旧专家小组审核、馆长审批，采访部在总账目中做注销处理。读者和图书流通量的增加提高了图书的破损率，据统计每年约有1 500~2 000册图书较严重破损，图书的修补及剔旧费每年约8 000元左右。虽然说这是图书馆运营过程中的必要损耗，但无疑增加了图书馆的经济负担，成为图书馆每年必要的开支之一。

（三）优化服务模式，拓展服务功能

读者服务工作要突破长期以来只满足于借借还还的保守状态，对服务格局进行必要的调整和创新，力争在服务工作中形成"文献传递、参考咨询、信息服务"三位一体的服务体系。

在文献传递工作中，通过强化馆员的服务意识，创造为团体服务、为残疾人服务、为离退休职工服务和为远程读者服务的新的方式方法。采取"走出去、请进来"等灵活多样的服务措施，为广大读者服务提供内容更加丰富、范围更加广泛，类型更加多样的文献信息。在做好常规性服务工作的前提下，通过对馆员进行信息素养和专业知识的培训，使基础服务部的馆员们也能够参与到一般性的参考咨询服务和信息服务工作中来，能够针对读者的需要"广、快、精、准"地提供各种具有参考价值的文献信息。

进一步完善与我省高校间的通阅通借服务和文献传递服务，最大程度地促进文献资源共享，提高文献资源的利用水平。2001年，我省6所高校图书馆签订了通阅通借协议和文献传递协议。我馆开展的网上服务项目有网上预约、网上续借、网上电子公告、网上参考咨询服务、读者意见箱等。2001年5月正式开通网络环境下的馆际互借服务，与全省6所普通高校图书馆实现了联机检索、联机借阅、联机编目、网络互查互借。全校师生凭一张通用借阅卡，可到省内任意高校馆借阅文献，也可在任意馆归还图书。我馆在科技一库馆配有专人负责馆际互借工作，配有专用电话一部，定期通报网络通畅情况。

调整藏书布局，完善服务功能，实现藏、借、阅一体化，方便读者。确保基础服务部的每周开馆时间不低于96小时；网上资源的服务做到全天候开放。使"开放式服务"进一步深入化，加速文献的流通以满足学校日益增多的师生教科研需求。利用电子阅览室和学校的网络条件，创新服务方式，开展多种层次的服务。如开展电子文献和网络文献阅览，网上预约、催还和续借服务，网上馆际互借和文献传递服务，提供信函、传真、电话、电邮、上门服务等，对于那些科研学术带头人，可以在图书馆主页上为其设立个人网页，以及时、主动地帮助读者高效利用文献资源，充分满足读者个性化和多样化的信息需求。

学习、吸收先进馆的经验，如借鉴华南师范大学大学园区分馆的经验，按大学科专业设立分馆。按学科专业设立分馆。比如，哲学社会科学类设"政史分馆"、"文艺分馆"自然科学类设"农学分馆"等。通过集中藏书，强化专业服务。

坚持高校图书馆面向社会开放的原则，扩大社会读者范围，进一步满足社区学习和个人终身学习的需求。

图书馆应主动诱导、努力激发读者的求知欲望和读书热情，可举办各种丰富多彩的读者活动。比如，举办专题学术报告、名人演讲、读书会，邀请各类专家学者来馆展开学术交流，表彰奖励优秀读者，主动收集各类新书评介信息，为读者提供发表书评的平台，以激发读者的读书热情等。

（四）提升人员素质，优化人员结构

依据ISO9000质量管理，试行图书馆职业技能标准，规范图书馆工作人员行为规范，开展系统的职业规范和技能培训。

通过学习《中国图书馆员职业道德准则》（试行），加强图书馆职业道德建设，提高图书馆员的思想道德素质，强化从业人员的社会责任感，树立正确职业理念。

图书馆注重优化我部从业人员结构，鼓励从业人员通过脱产或在职学习提高学历层次和学术水平。有计划地安排从业人员的在职进修或培训，提高从业人员专业素质，使他们有机会担任最有兴趣也最适合其能力的工作，更好的服务读者，奉献社会。

（五）强化基础服务质量管理

1. 强化基础服务的质量管理

进一步完善各项规章制度，使管理制度化、规范化。对新增或有变化的岗位的岗、权、责进行文件化、系统化控制，明确工作环节的职责和权限，实现管理的规范化和标准化。

改革人事管理制度，建立激励机制。制定科学、公平、有效的激励制度，严格按制度执行并长期坚持，同时和质量检查的考核制度结合，对各项工作进行有效评估，对取得的工作成绩及时地认可、赞赏和奖励，坚持优质服务月的评选活动，以促进馆员不断提高和完善自己。

根据《读者服务评估指标》及《读者服务测评》，加强读者对服务人员的监督，进一步推动服务工作的发展。

2. 建立完善的读者满意度监控机制

尽快实行从业人员统一着装、挂牌服务。

建立有效的投诉管理，对读者提出的各类意见及时回复，对确实存在的问题及时整改。

通过与读者座谈，发放读者意见调查表等多种形式，广泛地、经常地收集用户对服务的意见，及时了解读者的心理和需求，调查图书馆用户满意度。

加强各部室的内部监控，各部门负责人要深入读者服务第一线，充分掌握第一手材料。以确保各项服务措施得到落实。

第三章　提升咨询研究　拓展知识服务

随着网络信息技术飞速发展，计算机、网络、通讯技术的应用使文献知识信息的贮存、加工、传播与利用发生了前所未有的变化。现代信息技术环境下高校图书馆的参考咨询工作的内容和方法发生了根本性的变化，同时也对参考咨询工作提出了更高的要求。但由于长期以来参考咨询工作在高校图书馆尤其是非重点院校图书馆未受到应有的重视。因此，在现代网络信息环境下开展参考咨询工作遇到了很多问题和困惑，解决这些问题和困惑是推动高校图书馆参考咨询工作健康发展的前提和条件。

一、确立参考咨询服务在图书馆的中心地位

在从传统图书馆向现代图书馆转型的过程中，重信息技术、设备装置和文献建设，轻服务效益的现象依然存在，读者利用图书馆的方式仍然局限地图书借阅的传统服务，对数字化信息资源的利用程度不高，尤其是参考咨询工作仍然停留在较低的层次上。这就出现了许多图书馆投入巨资购买的现代化设备和电子文献资源实际上处在闲置的状态，导致投资与效益不成正比。

参考咨询是图书馆馆员为读者提供的个性化知识服务，它是现代图书馆读者服务的精髓，也是现代图书馆业务的基石。可以说，是否具有发达的，高质量的咨询服务是衡量一座图书馆是否已经完成从传统图书馆向现代图书馆转型的重要标志之一，应该越来越受到图书馆界和社会的重视。此外，在信息社会，图书馆还必须注重用户信息素养的培养，使读者不断提高自己利用电子文献资源的能力。因此，对本校师生和全社会成员展开现代参考咨询服务和提高他们的信息素养教育，是现代高校图书馆的中心任务。

二、过去五年咨询研究服务发展情况

（一）咨询研究服务功能不断扩展

在迎接教育部本科教学水平评估的积极准备中，图书馆这几年取得了显著的进步，咨询研究部的业务领域和服务功能也在不断地扩展：

1. 咨询服务途径越来越多样化

在面对面、电话、email 等日常咨询的基础上，2005 年 10 月开始网上的在线咨询，受到广大读者的欢迎，至今已有 1 000 多条咨询请求。接受委托为学生学习、教师科研及撰写论文提供文献信息查询检索服务，并提供国内外文献查询及原文传递服务，超过 100 人次；查收查引一年中超过 80 项，将近 50 人次；馆际互借图书达 30 多本；维护与完善"海南省学术网络信息资源导航系统"，收集相关网站 12 000 多个，保持有效链接率超过 80% 以上，使读者可以根据导航快速找到自己感兴趣的网上资源。

2. 读者培训不断强化

包括每年新生入学图书馆知识培训，培训率保持在 95% 以上；接受邀请到院、所开展数据库检索定向培训或讲座；不定期举办各种辅导讲座，辅导读者查询机读目录、检索光盘及网络数据库、使用工具书等，辅导读者利用本馆纸质和电子资源。从 2006 年上半年开始，图书馆开始了每月两次的资源和服务读者培训。

2005年11月，在校图工委的协调下，我校举办了首次全校师生图文知识大赛。全校师生积极参与，二级图书馆大力配合，取得了很好的效果。

3. 科技查新量迅速上升

为校内外用户提供科研立项、成果鉴定、报奖等项目查新服务工作。查新申请逐年增加。2005年全年查新项目70多份，2006年已达160多份，翻了一番。

4. 定题服务成效显著

接受多项校内外读者委托，开展定题咨询、资料搜集、课题研究内容国内外进展跟踪。如金亿新材料公司委托定题查询有关"氢氧化镍"的文献；社科中心耿开君教授查询有关"亚里士多德"的外文文献；南海研究院李建伟委托查询有关"菲律宾经济"方面的中外文献。

5. 试行学科馆员制度

制订了学科馆员制度，在馆内聘请15位具有专业背景的馆员担任学科馆员，在校内各学院聘请了25位老师作为图情顾问，负责图书馆与对口专业的信息交流与联系，架构沟通信息的桥梁，提供长期的一条龙服务。

(二) 咨询研究服务存在的主要缺陷

1. 咨询服务的主动性不够强

咨询研究部工作人员主要时间坐在办公室，未能主动与各学院二级馆和重点学科负责人联系，了解读者的文献信息需求，针对性地提供信息服务；虽然花大量的时间维护和更新"重点学科导航"，但由于是校外人员开发，采用PHP技术，要增加新的学科有困难，没有具体网站访问量统计。因此，难于对学术导航的进行评估。

2. 科技查新服务不规范

近几年来，查新业务有所增加。但由于不是正式设立的科技查新工作站，影响了查新课题的接收。同时，查新资源和设备也需要改进和补充。

3. 用户培训缺乏计划性

以前的培训，是零星的，随机的，没有计划性，因此读者对数据库和电子图书的利用率较低。经抽样调查，许多读者不会利用图书馆花大量经费购买的数据资源，还需进一步加强培训的计划性。《文献信息检索与利用》作为学校的公共选修课，选修的比例还不高。

4. 学科馆员制度有待进一步加强

建立起学科馆员—图情顾问制度，还只是建立沟通渠道的开始。要开展工作，还必须使制度落实。要加强对学科馆员的培训、跟踪服务和业绩考核。促进学科馆员与各院（所）图情顾问的联系，增强他们工作责任心，提高工作积极性。

5. 信息揭示等其他业务还需改进思路

加强信息揭示和新书推荐工作。"作家与作品赏析"还需充分挖掘馆内优秀的藏书,推荐给读者;"文献编译"的栏目设置和网上宣传需针对本校学科的情况。"定题服务"的开展涉及面太小,未能对许多重点课题开展服务。

三、未来五年咨询研究发展的目标和任务

在未来的五年内,咨询研究部将采用复合参考咨询服务模式,保持一种开放的观念,敞开服务的大门,接待各种用户,解答各种问题。咨询研究部的目标是建设成为政府、企事业机构及所有读者的知识服务中心和信息素养培训基地。

要实现这个目标,我们必须完成以下任务:

(一)服务内容创新

1. 开展多层次、多形式的参考咨询服务

针对网上信息资源的多元化,图书馆要研究和建立专业性很强的信息资源指引库,形成专业信息集成系统,以提供读者和咨询人员自身查找使用;要开展网络知识的培训服务,从根本上改变读者查询、使用图书馆的观念和习惯;充分发挥图书馆主页的参考咨询功能,不断将发展变化的图书馆信息补充和完善到因特网上,使具有因特网联网的终端用户可以方便地在任何时间利用图书馆的馆藏资源。学科导航系统的主要功能就是收集相关学科重要的网上资源,充分利用各院系的二级馆、学科馆员和图情顾问,形成一个良好的信息互动,使学科导航内的信息更加丰富,同时尽可能地提高学科导航数据库的使用率。在原来文献编译的基础上,把有计划地编译的材料整理出来,以电子期刊的形式在网上发表,对学校重点学科的科研起到指引作用。

针对学校的重点学科带头人和特别需要帮助的读者,主动与他们联系,提供合适的文献信息咨询服务。

2. 强化用户教育培训和信息揭示

参考咨询服务有两个作用:一是直接向读者提供文献信息或线索;二是辅导读者学会利用图书馆和各种信息资源。目前在我校,有相当一部分用户对网络数据库了解甚少,因此,我们将通过各种方式培训咨询用户,有计划地举办馆藏书目检索、光盘检索、各种数据库利用等讲座,另外,通过对馆内员工、学科馆员和二级馆工作人员进行培训,提高图书馆的整体信息素养和服务水平。把目前在全校开设的《文献信息检索与利用》公选课,逐步办成必修课。在学校经费许可的情况下,建设文献检索课实验室,保证教学效果。

3. 拓展图书馆的社会服务功能

现代信息技术的应用为高校图书馆对社会提供信息咨询服务提供了迅捷、方便

的通道。社会用户包括政府、公司、企事业单位和其他商业机构，可以通过电话、传真和电子邮件的方式与参考馆员取得联系并提出具体的信息需求，最终获得不同形式的参考咨询服务。这种服务方式在充分利用图书馆信息资源的同时，也可以产生一定的经济和社会效益。海南大学本身的办学宗旨就是立足海南，服务海南。海南大学图书馆的文献信息资源应该为当地的其它科研机构共享，咨询研究部将成为海南大学图书馆对外服务的一个有效的窗口。参照广东科技图书馆的做法，实施信息咨询会员制，有系统地为企事业单位提供服务。整合信息咨询的人才，争取在企业竞争情报方面有所突破。

4. 构建网上参考咨询源的保障体系

从参考咨询源的种类和信息用户需求的广度和深度来看，应建立馆藏书目资源、馆藏特色数据库、光盘数据库、网络数据库和网上免费资源为一体的参考咨询源保障体系。尤其是要加强网络参考源的建设。随着联机检索系统在参考咨询领域的广泛应用，各种联机数据库将成为参考源的重要组成部分，高校图书馆要积极参与全国图书馆及地区图书馆信息资源协作网的建设，真正做到信息资源共建共享。海南大学图书馆作为CALIS海南省文献信息中心，应该成为海南省图书馆对外信息交流的中心。充分地收集整理国内高校集团购买的数据库，信息包括数据库简介、培训课件、购买单位，这样即方便读者了解相关数据库的情况，又方便图书馆咨询研究部工作人员对这些数据库开展代查代检业务。

以网络为依托，联合本省其他图书馆和省内兄弟图书馆，充分利用各馆购买的光盘数据库、网络数据库和联机检索系统，为读者提供多学科的联机信息检索服务。这种服务方式，不仅可以充分利用图书馆的网上资源，同时可使读者在任意空间和时间享受到图书馆提供的高效优质的咨询服务。在未来五年，首先加强与省内其他高校图书馆和国内一些重点大学图书馆的合作，建立一条畅通的文献资源渠道，共同完善咨询服务。

5. 继续完善科技查新服务

除了早已购买的清华同方和重庆维普，最近购买的万方数据资源系统和开通的DIALOG联机查询系统，这些将成为我馆查新信息源的重要保证。在未来几年内，加强与学校科研处的沟通和联系，逐渐完善科技查新业务各个环节的工作流程，扩大图书馆科技查新在省内外的影响；把查新员送出参加正规培训，提高查新员和审核员的素质。力争今年成为教育部或科技部的正式查新站。

6. 建立和完善与读者的沟通渠道

以学科馆员——图情顾问制度为基础，建立与读者（特别是教师）的新型的沟通模式，更加有效地把读者与信息资源紧密联系起来，突出图书馆的传播职能，不像以往那样局限在图书馆内守着各种检索工具书等待读者，而是积极、主动地加大宣传力度，让读者了解图书馆的资源与服务，将参考咨询的服务项目公布于众，改变单一的阵地服务，走出馆门，扩大视野，变被动为主动，变封闭式服务为开放式服务，为馆藏的各种检索工具和网上的信息资源寻找读者，收到事半功倍的效果。

与传统参考咨询工作不同，网络环境下的参考咨询是一项业务很精深的工作，比如提供某个专题领域研究现状的最新资料，不仅要求参考咨询工作人员有厚实的专业基础，还需掌握该专题的前沿知识，只有这样，才不至于在信息检索过程中造成漏检和误检。而咨询人员无论怎样学习，也不可能了解掌握所有的学科知识。因此，较好的办法是走合作化之路。海南大学图书馆可以积极创造和利用有利条件，与海南省其他高校图书馆进行馆际合作、与校内各院系学科专家的合作、与省外高校图书馆合作，以发挥各自的人力资源优势，在专业领域里可以对咨询问题更好地解决。

（二）加强参考咨询理论研究，促进服务业务创新

参考咨询既是由"咨询问题、检索工具、咨询结果"构成的咨询检索系统，又是由"社会（用户）、图书馆（咨询馆员）、文献信息源"构成的信息交流系统，因而从系统的运行到系统的各组成要素，都要进行深入的研究。我们将侧重研究信息资源管理理论、信息资源管理技术、信息资源管理应用，信息资源管理教育要从自然科学和高新技术信息资源的形成、转移、交流、组织、共享的角度，将参考咨询工作的理论研究和应用推进到与现代网络环境和用户信息需求相统一的水平，以确保参考咨询工作持续、稳定地发展。在观念上不断跟踪国内外数字参考咨询工作的最新进展，迎头赶上，争取把其他图书馆好的经验与本馆情况相结合。

四、主要对策与措施

（一）加强参考咨询馆员能力培养

1. 开展图书馆咨询人员的系统业务培训

为了提高图书馆参考咨询工作人员的水平和层次，我们会安排部门里资深的馆员，对部门非图情专业毕业的工作人员进行专业知识培训，推荐他们阅读关于咨询和文献检索的图书和文章，提高专业素养。利用馆里的专用培训经费，定期派人外出参加培训。

2. 组织学科馆员进行定期交流

提供彼此学习的机会和场所，提高学科馆员信息素质，以及与图情顾问的沟通交流，更好地为相应学院的文献建设、文献保障和科研创新提供咨询和帮助。

3. 组织对二级馆工作人员的培训

二级馆是图书馆服务的延伸，许多老师和学生经常去二级馆查资料和借阅图书，

同时，他们也会带着许多问题。因此，定期对二级馆工作人员进行培训，可以提高他们的服务水平。

4. 组成研究团队，充分利用集体的智慧

就图书馆界的热点话题和部门服务项目，积极探讨如何提高图书馆的形象和服务效率，并写成论文发表，与同行交流。

（二）强化馆内业务与人员的整合

1. 整合馆内人力资源，强化咨询研究服务队伍

在条件许可的情况下，积极引进相关学科人才，充实文检课教学人员和科技查新人员，组织对馆内人员、二级馆馆员、学科馆员和省内其他高校图书馆人员的培训，使咨询研究部成为全馆最有活力的服务和研究部门。

2. 强化读者培训，提升读者利用文献能力

按照师生文献需求的规律，与馆内其他部门联合，定期为读者进行多方面的培训，如书目查询、数据库利用、论文撰写辅导、文献传递、专题查询等。改变学科导航库的原有结构，使其覆盖海南大学的所有重点学科，以及便于以后增加新的学科；精选导航库中的站点，增加点击率统计功能，使读者很方便地利用网上的免费学术资源。

（三）加快基础建设的步伐

1. 查新站建设

按照教育部查新站建立标准，积极筹备成立正式科技查新站。重点为海南大学科研人员进行科研立项、课题查新、申报奖励、成果鉴定提供服务，并且在人员力量许可的情况下，为海南省其他高校和企事业科研人员进行服务。抓住每年省科技厅和教育厅课题申报的机会，提供查新服务。

2. 文献检索课教研室和文献检索课实验室的建设

教研室作为高校直接承担教学任务的基层组织，是实施课程教学管理的主体，教学活动的各个环节都离不开教研室的组织实施。为使文检课能在信息时代发挥更大作用，进一步巩固、扩大其在高校中的地位和影响力，非常有必要建立正规的教研室。在学校教务处同意图书馆咨询研究部成立文献检索教研室的情况下，充分利用校长拨的专项经费，加强教研室的建设和管理。

文献检索课是一门实践性非常强的课程，需要配合课程教学进行学生上机练习，增加实习学时。学校应努力改善实习条件，构建网络环境的多媒体教室（文献检索课实验室），增加上机实习课时。对于文检课，只有经过大量的实习，才能让学生真正掌握信息检索与利用的技能。

3. 建设企业创新情报研究室（海南产业发展报告编辑部）

发挥图书馆的文献资源优势，研究特定行业和企业有关产品的市场信息和技术信息，经过分析整理，形成专题研究报告，定期送到相关行业的企业领导者手中，成为企业创新的决策参考资料，提高企业自主创新的能力。还可以接受企业委托展开竞争情报研究，提高企业的核心竞争力。

为了面向海南政府和企业提供系统的信息服务，有计划地收集相关文献并进行二次开发，编辑发行年度《海南产业发展报告》。

第四章　完善三化建设　夯实技术基础

一、海南大学图书馆"三化"建设的历史回顾

海南大学图书馆的自动化建设始于1992年。通过引进深圳大学图书自动化管理系统，我馆向管理和服务自动化、网络化方向迈出了重要的一步。1997年随着新馆舍的建成和投入使用，我馆的自动化、网络化建设得以快速发展：多媒体电子阅览室首次对外开放；我馆第一个全文数据库（中国期刊全文数据库，CNKI），开始在校园网范围内提供服务；图书馆计算机网络并入校园网，并通过校园网接入教育科研网和互联网，实现了更高层面上的网络化建设；图书馆自动化管理系统升级为ILAS，2000年升级为ILASII，同时将图书馆业务延伸到互联网。

2001年购买了电子图书（包括方正、书生、数图），在校园网范围内提供服务，丰富了馆藏电子资源。2005年，成立了中国高等教育文献保障系统（CALIS）海南省信息服务中心，使我馆的自动化、网络化和数字化建设上了一个新的台阶。

自1995年以来，我馆历经自动化、网络化和数字化十年建设，取得了跨越式的发展，自动化、网络化和数字化整体水平一度达到了全国同等同类高校的先进水平。但是，我们应该清醒地认识到我馆的"三化"建设与沿海地区高校仍存在巨大差距。即使是在省内高校，随着其他高校新建图书馆的投入使用，我馆的"三化"建设在省内的领先优势已经不复存在。在2005年省教育厅开展的全省本科高校图书馆评估中，我馆多媒体阅览室电脑数量和计算机网络建设未能达标。省内的大部分高校已经建立了千兆光纤为主干的计算机网络，并建立了设备和功能齐全的多媒体阅览室。海南师范大学图书馆建立了200多台电脑的多媒体阅览室，并使用射频IC卡

提供自助式上机服务；海口经济职业技术学院图书馆建立了监控系统，进一步提高了图书馆安全管理手段；表明我馆与省内外高校图书馆"三化"建设的先进水平存在一定的差距。

二、国内外图书馆"三化"建设的发展现状与趋势

信息技术革命给图书馆带来了重大的机遇，同时也使图书馆的传统服务模式面临巨大挑战，由此推动了图书馆的发展。图书馆应对挑战的最佳途径是大量采用信息技术，推动图书馆自动化、网络化、数字化根据读者的实际需求不断改进与创新。

近年来，大量新技术应用在图书馆的管理与服务上。现将它们列举如下：

RFID 技术的应用：RFID（无线射频识别技术），也称电子标签技术。这种技术简化了图书馆借、还书手续，提高了工作效率；可精确检测图书是否损坏，即使一页纸的 1/16 被损坏，系统也可准确识别出来；同时可实现自动化借还图书档案。目前国外已经开始进入应用阶段，国内如深圳图书馆也开始了实验性的应用。

无线网络接入技术：目前该项技术已经在广东、上海、浙江等沿海发达地区的部分高校图书馆得到推广应用。图书馆提供无线网络接入服务，使读者随时随地便捷的查询图书馆的电子资源，提供更加人性化、科学化的服务。

VPN（虚拟专用网络）技术：随着高校的快速发展，高校员工的生活与科研活动已经不再局限于校园内。使用 VPN 远程接入技术，建立一个临时的虚拟的网络通道，居住于校外或外出的师生通过 VPN 技术利用图书馆电子文献资源。国外高校图书馆已经应用多年，技术比较成熟。

一卡通技术：读者只需凭借一张认证卡，可享受图书馆提供的所有服务包括身份认证、电子阅览室的上网、文献资料的复印、光盘的刻录、借还书、其他消费性服务。目前，校园一卡通和图书馆一卡通已经国内大部分高校得到广泛应用。

自助借还书系统：读者通过自助借还书系统平台自行完成图书的借出和还回服务，减少图书馆工作人员不足的压力。同时，可实现每天 24 小时连续服务和节假日连续服务，为读者带来方便，推进图书馆服务的人性化和科学化。

三、未来五年海大图书馆"三化"建设的目标与任务

电子技术和信息技术的发展，改变了人们对图书馆的认识，图书馆不再仅仅是提供图书借阅服务了，而更多的是向读者提供多样化、个性化的信息服务和知识服务。

数字化是未来图书馆的发展方向，新技术在图书馆的应用推进了图书馆数字化进程。数字化的发展需要计算机技术和网络技术的支撑，以及随着图书馆馆藏电子资源的大量增加，存储技术和网络安全也在图书馆大量开始应用。

随着数字化的进程，未来图书馆将演变成区域性的信息中心，图书馆之间的协

助和资源共享，将形成全球性的资源共享中心。

（一）自动化、网络化、数字化建设的总体目标与任务

"十一五"期间，我馆将初步建设成数字化的信息中心，对图书馆综合业务自动化程度进一步提升，构建电子文献资源的技术支撑平台，并通过校园网向全校师生以及全省各院校以及整个社会提供数字化信息服务。

海南大学图书馆"三化"建设的近期（2006年-2007年）目标是以二期馆舍自动化、网络化、数字化建设工程为契机，升级和完善统一的海南大学图书馆网络化平台和服务门户。在二期工程新馆区建立近600台终端的多媒体阅览室，初步建成海南大学数字图书馆的硬件平台；建设以千兆光纤为主干、六类线百兆到桌面的计算机网络；搭建图书馆无线网络接入平台，逐步覆盖二期工程新馆舍的重要公共区域。

海南大学图书馆"三化"建设中期（2007年-2010年）目标，是进一步完善图书馆管理平台和应用系统平台，进一步完善中文文献的书目数据库建设，通过网络向公众全面提供中文元数据；完成馆藏特色资源库的建设，向社会公众提供馆藏信息资源；建立完善的公众参与式的地方文献数据库建设平台。

（二）自动化、网络化、数字化建设的具体目标与任务

1. 计算机网络与无线接入平台建设

根据海南省高校图书馆评估体系，图书馆二期将建成图书馆快速以太网（千兆光纤主干；六类百兆到桌面），并以千兆光纤通过校园网络中心连接教育科研网和Internet；预留万兆光纤主干和千兆到桌面的扩展性，为将来的Internet 2扩展做好准备。图书馆核心交换机以千兆光纤交换为主，支持三层交换技术和网管技术；接入层为可网管堆叠交换机，提供千兆上行端口，百兆到桌面。

初步建立图书馆无线网络接入平台，范围覆盖图书馆二期新馆的主要公共区域，如休息厅、电子阅览室、书库等公共区域，为读者提供无处不在的网络信息服务。

逐年扩大无线网络接入平台覆盖范围，如旧馆部分区域等；旧馆计算机网络逐步改造和升级，主要是综合布线改造和接入层交换设备的升级，实现图书馆计算机网络统一管理。

2. 图书馆业务自动化系统（ILAS）建设

目前，基于数字化图书馆的图书馆业务管理系统（D-ILAS）已经面世，我馆将根据海南省高校图工委的统一部署，以及本馆的实际发展需要，对现有的图书馆自动化系统（ILAS）进行升级，全面提升图书馆"三化"水平。

3. 图书馆一卡通系统（基于校园一卡通）建设

传统的条码型借阅证已经无法满足现代图书馆进一步自动化发展的需求，取而

代之的是非接触性 IC 卡，因其功能的优越性已经开始普及。以学校一卡通建设为契机，建设基于射频 IC 卡的一卡通系统，逐步取代现行的条码型借阅证。

4. 图书馆办公自动化系统（OA）建设

建设我馆办公自动化系统（OA），提高和规范海大图书馆的管理水平。通过一卡通系统，实现多证合一，完成门禁管理、文献借阅、读者数据处理、收费服务、信息查询等内容的计算机一体化管理，提高图书馆工作效率与服务质量，促进图书馆业务工作的现代化。

5. 地方文献数字化设备建设

根据海南省高校图书馆评估指标要求，为了更好更快的建设海南地方文献资源，需要加大对相关硬件的投入。高速扫描仪是目前急需购买的设备，因为建设地方文献资源，需要把大量的纸质文献资源数字化，传统的扫描仪设备，由于工作效率低下，已经无法胜任这方面的工作。而高速扫描仪，以其出众的性能，必将加快地方文献建设事业的步伐。

6. 多媒体电子阅览室建设

现代信息技术和网络多媒体技术的应用与发展，为数字化校园的建设奠定了基础，促使高校图书馆从传统服务方式向数字化、网络化的现代服务方式转化。一个集电子型文献检索、阅览、服务于一体的综合型多媒体电子阅览室将是传统图书馆迈向数字图书馆的第一步。随着我校教育体制改革的不断深入，学校招生规模的不断扩大，2010 年我校在校生人数达到 2.3 万人。据海南省高校图书馆评估指标要求，免费提供给读者检索电子资源的计算机数量应达到 4‰。因此，图书馆提供的免费阅读电子资源的计算机数量达到 93 台。

图书馆二期工程规划有面积约 2 000 平方米的多媒体电子阅览室。根据我校实际情况，逐步建设成功能齐全的、服务多样化的，计算机数量 600 台左右的多媒体电子阅览室。

新的多媒体电子阅览室采取分区域、分功能进行分布式管理模式，提供免费资源检索和其他收费服务。配合自助式机房管理系统，实现电子阅览室的无人管理，读者可以自助登记上下机管理，杜绝人为管理中存在的弊端。

7. 网络管理与网络安全建设

图书馆二期工程计算机网络投入使用，新投入的三层核心交换机和接入层堆叠可网管交换机为使用网络的可管理性提供了可能。配备网络管理软件实现图书馆二期新馆计算机网络的智能监控和远程管理。

随着网络技术的发展，以及图书馆电子文献资源的大量增加，数据安全也越来越重要。目前我馆使用一台百兆网络防火墙承担网络安全的管理，但是，随着图书馆二期新馆的投入使用，网络主干带宽达到千兆，百兆网络防火墙已经无法承担重任。应配置高性能的千兆防火墙，加强图书馆网络安全的管理。

8. 网络服务器硬件与存储系统建设

随着图书馆业务的发展，如何保障系统的安全运行和数据安全将越来越重要，除了加强数据备份等手段保障数据安全的同时，考虑利用成熟的计算机技术手段，确保数据和系统的安全。逐步建成自动化系统服务器和其他重要业务系统服务器镜像，确保系统服务器的安全运行。

目前，我馆服务器的数量已经达到12台（含CALIS中心服务器），在2008年以后预计将达到20台左右服务器机群。为了提供服务器的利用率，实现服务器资源的共享，实现服务器集群技术对我馆服务器进行集中管理，充分利用和提高服务器性能。

随着我馆数字化进程的加大，馆藏电子文献资源容量不断加大，2008年-2010年利用日元贷款和学校配套经费，加大海量存储设备的购置，购置高性能的光纤存储系统（容量在10TB左右），满足我馆数字化发展的需要。

9. 视频点播系统（VOD）建设

随着图书馆存储系统的增大，为建设视频点播系统提供了空间。逐步建立我馆视频点播平台，点播内容分教学和娱乐两大部分。

10. 多媒体视听室建设

目前，国内部分先进的图书馆已经配备了多媒体视听室，为读者提供专业的多媒体视听服务。在图书馆二期工程中规划及建设多媒体视听室，提供VCD、DVD、CD等多种光碟播放的高保真影音系统，为读者提供高质量的视听服务。

11. 自助借还书系统建设

随着学校在校生人数的逐年上升，以及馆藏文献的大量增加，传统的借还书方式无法提供及时高效的服务。自助借还书系统的出现，不仅能够为读者提供人性化的服务，而且由于其自助的特性，可以大大增加图书馆流通服务的在线时间，成为现代化图书馆在流通服务领域的一大变革。

12. 图书馆监控系统建设

为了解决安全问题，在图书馆二期工程，把监控系统纳入建设规划中，对馆内重要部位进行监控。建设采用逐步实施，逐渐扩大方式，并在条件成熟时将老馆也纳入监控系统的监控范围。

四、条件保障和具体措施

（一）条件保障

1. 加快专业人才队伍建设

图书馆的现代化建设实际上也是一个信息化建设的过程，同样离不开信息化专业人才的引入和培养。随着图书馆二期工作的投入使用，图书馆业务量也大幅提高，电子设备的数量也大量增加，为保障图书馆设备的正常运作和业务的拓展，需要加快专业技术人员队伍的培养和引进。

2. 确保必要的资金投入

图书馆二期工程的建设和投入使用，需要配套投入的新设备将大量增加，以及每年正常的设备更新，都必须确保必要的资金投入。包括网络设备、服务器、电脑等硬件设备的购置和更新，以及其他相关设备和软件系统的购置。资金投入概算如下：

第一阶段（2006年—2007年）：资金投入方向以图书馆二期工程相关配套设备为主，包括网络设备、无线接入、多媒体电子阅览室设备、服务器等设备。资金预算约450万元；

第二阶段（2008年-2009年）：资金投入方向以图书馆二期工程后期逐步完善配套设备为主，包括监控设备、存储设备、自助设备、VOD系统等设备。资金预算约250万。

第三阶段（2010年）：资金投入方向以多媒体视听室设备、网络安全系统和防病毒系统为主。资金预算约100万。

（二）具体措施

1. 认真做好二期馆舍的内部设计和规划

图书馆二期工程建设是我馆现代化建设中的一个里程碑，此次为契机，对图书馆内部功能布局和计算机网络系统进行系统规划和设计，规划和设计以面向读者服务为指导思想，争取把我馆建设成一个功能全新的现代化图书馆。

2. 多方筹措资金，加速图书馆现代化建设步伐

图书馆建设需要大量资金投入，单纯依靠政府的财政拨款来建设和发展，将极大地束缚图书馆的现代化建设。应争取扩大资金来源的途径，例如寻求银行贷款、海外乡亲资助或提供增值服务等多方筹措资金，填补图书馆二期工程投入使用后在设备购置上的巨大资金缺口。

（三）实施步骤与日程安排

2006年：根据学校校园一卡通建设的统一部署，将图书馆业务纳入校园一卡通

系统，逐步取代现行的条码型借阅证；建设图书馆办公自动化系统（OA），逐步实现网络化和无纸化办公；购置高速扫描仪，加快地方文献数字化建设步伐，同时可应用于学位论文数据库等其他自建数字化资源库的建设。

2007年—2008年：以图书馆二期工程为契机，建设以千兆光纤为主干的图书馆计算机网络和无线接入平台，无线接入网络覆盖新馆主要区域；同时，建设自助式服务功能的多媒体电子阅览室；随着日元贷款设备的逐步到位，建成图书馆光纤存储系统；建设图书馆监控系统，对图书馆重要部位实施24小时监控。

2009年—2010年：根据图书馆的发展和实际需要，安装一至两部自助借还数设备，并根据应用效果逐步扩大使用范围；搭建我馆视频点播（VOD）平台，向全校师生提供教学视频、文化娱乐等在线服务；建设一个终端数量在60至80之间的多媒体视听室，提供高保真的音视频播放服务；建设图书馆网络安全系统和防病毒系统，确保图书馆自动化、网络化和数字化各个系统的安全和稳定运行。

第五章　升格文献中心　加快数图建设

一、海南省高校文献资源共享体系建设的两个阶段

近年来，随着计算机、通讯及多媒体技术的飞速发展，我国高校图书馆数字化建设取得了长足的进步。海南省高校图书馆的资源共享体系建设在资源匮乏，投入不足的困难条件下，依靠发挥人的主观能动性，同样取得了令人瞩目的成绩。根据海南省教育厅提出的全省高校图书馆数字化建设规划（2001—2005），在教育厅高教处统一组织与领导下，全省高校图书馆陆续启动资源共享体系建设项目，基本建成省内高校信息资源共享体系的基础框架，为在更高层面上实现全省高校图书馆文献资源共享和服务共担奠定了基础。

（一）海南省高校文献信息中心的成立与发展

2002年4月，省教育厅发文（琼教高2002［41］号），正式成立海南省高校文献信息中心。该中心设在海南大学图书馆。在教育厅领导下，该中心遵照CALIS建设的目标，结合海南省各高校的具体情况，负责海南省高校文献保障系统总体规划和子项目组织实施，组织文献资源集团采购、馆际互借、文献传递和文献信息咨询服务，开展人员培训、业务交流与研讨活动；并负责海南省与全国中心、其他地区

中心、省中心以及其他系统图书馆的联系协作与文献信息资源共建、共知、共享活动。

虽然，省文献中心投入运行两年后做了一些工作，但总体投资效益不明显。其原因主要在于建设目标定位不合理，建设思路不开阔等。例如，文献保障服务重心定位为外文文献保障服务，且以一种自有资源提供保障服务的操作思路进行资源建设，从而未能充分利用网络环境下的外域资源开展服务。例如，耗费大量资金购买原文数据库 CA，但使用率却非常低，效益低下。相比之下，利用外域资源开展文献传递，仅需投入很少资金，服务效益就比自购 CA 显著得多。经过认真总结经验与教训，在省教育厅的大力支持下，全省高校文献资源共享体系建设以申办 CALIS 省级中心为契机，顺利转入第二阶段。

（二）以省文献中心为节点实现 CALIS 环境下资源共享

2005 年 4 月，教育部高等学校文献保障体系（CALIS）管理中心批准海南大学图书馆组建 CALIS 海南省信息服务中心。这标志着海南省高校图书馆资源共享体系建设全面纳入了 CALIS 三级保障体系建设之中。2005 年以来，为了使我省高校资源共享水平跨上一个新的台阶——实现 CALIS 环境下的资源共享，省文献中心正式开展海南学者服务网建设，按照"集中建设，分散服务"的模式，主要完成了一下几个方面的工作：

1. 应用 CALIS 的应用软件系统，开展省中心门户网站暨海南学者服务网建设。

2. 通过集团采购方式订购重庆维普中文综合性全文数据库，全省至少设置两个镜像站点开展面向不同类型高校的服务。

3. 引入 CALIS 文献传递及馆际互借系统，实现了跨省、跨系统获取各类文献的服务模式，充分利用 CALIS、CASHL、NSTL 等不同资源体系，为广大高校师生服务。

4. 引入 CALIS 虚拟参考咨询系统，面向全省高校师生开展网上信息咨询和知识服务。

上述建设项目的实施使省中心能够依托 CALIS 的资源面向全省开展服务，使我省高校图书馆的资源共享建设从自成一体的、基本封闭的态势转向开放式的合作服务模式。

二、发达地区数字图书馆建设的重要经验

21 世纪初期图书馆的发展面临全面数字化环境和服务型社会已经到来的两大挑战与机遇，图书馆从业者必须具有强烈的危机意识和机遇意识，勇于面对挑战，集中力量建立区域性文献保障和知识创新体系，培育本地区图书馆的核心竞争力，从而提升图书馆在本地区自主创新体系中的整体地位。因此，调整图书馆的发展方针，

充分利用和合理配置本地区的有效资源，突出文献资源与服务方式的特色，不断创新图书馆的发展模式，成为沿海地区图书馆界同行共同的理念和行动方针。

2005年，"中国大学图书馆馆长论坛"原则通过的《图书馆合作与信息资源共享武汉宣言》阐明："图书馆之间的合作、图书馆与其他相关机构之间的合作，是实现信息资源共享的重要途径；要建立不同类型的图书馆联盟；不仅要建立系统内的图书馆联盟，而且要促进同一地区跨系统图书馆联盟的建立；大学图书馆的资源应在满足本校读者需求的前提下，努力向社会开放。"面对信息化和数字化的发展环境和新的需求，尤其是针对各地大量的新建高校图书馆在文献保障和知识服务方面的严重不足，各地图工委都有关于发展区域性资源共享体系或建设数字图书馆体系的明确目标和实施计划。江苏省教育厅主持开发的JALIS（江苏省高等教育文献保障系统）和JADLIS（江苏省高等教育数字图书馆系统）项目，上海教育数字图书馆（SADLIS）项目和正在投入建设的浙江省高校数字图书馆（ZADLIS）项目，广东省高校数字图书馆（GADLIS）项目、宁波市数字图书馆（NDLIS）项目都采用了区域数字文献资源共享模式，并且在资金投入，人员配置和服务模式等各个方面进行了很好的整合。

三、未来五年海南高校数字化图书馆建设目标

（一）总体目标

按照《普通高等学校图书馆规程（修订）》关于"高等学校图书馆是学校的文献信息中心，是为教学和科学研究服务的学术性机构，是学校信息化和社会信息化的重要基地"以及《图书馆合作与信息资源共享武汉宣言》的精神，用3–5年时间建立起以海南省区域性联盟为主导的数字图书馆——海南高等教育数字图书馆；并力争以此为基点，拓展成为海南教育科技数字图书馆，面向全社会发挥应有的效益。

（二）具体目标与任务

建设较为完备的资源保障体系和服务平台，成为面向全省高教及科技系统提供全方位、多层次信息服务的数字图书馆实体。具体如下：

1. 资源建设目标与任务

（1）根据我省高校资源共享体系的总体布局，省中心资源建设重点是形成电子资源的结构合理、层次分明的区域性文献资源保障体系，通过各种服务手段与途径，使中文文献满足率达到95%以上，外文及重点学科文献满足率达到90%以上。

（2）省文献中心在加大引进适用的中、外文全文数据库及电子书刊的基础上，重点针对海南省高等教育文献保障系统和区域性数字图书馆建设的目标，积极探索区域性文献资源协调共建，馆际间联采、联编，资源共享的措施和方法，争取在规

划实施的第一年完成海南省高教文献保障系统及区域性文献资源共建、共享的具体实施方案，并组织和指导全省各高校文献资源协调共建，进行目标管理，使该项重任顺利落实与实施，使全省高校图书馆文献资源整体保障率得到根本性加强。

（3）数字资源建设

订购1—2种可共享的外文期刊全文数据库；新建地方特色专题数据库8—10种；开展CALIS子项目——省内高校学位论文数据库建设。

2. 用户服务平台建设

这项工作是未来五年省文献信息中心建设的重点。主要根据CALIS系统建设项目，整合、完善、提升现有服务平台。充分发挥高校图书馆在本省文献信息资源建设和为全社会公众服务的主导和骨干作用，逐步拓展向社会开放的空间，积极探索各高校间，高校与公共馆间，省内与省外间的广泛馆际合作，最大限度地提高资源的利用率和服务范围。具体如下：

第一，在馆际互借、文献传递、信息咨询与科技查新等方面应最大限度地发挥作用，努力提高服务层次与服务水平。用2年时间，重点解决高校间馆际互借、文献传递服务中存在的技术障碍、网络障碍和协调问题，提高馆际互借和文献传递服务的保障率和时效性，建立馆际间服务承诺责任制，使文献资源共享达到预期的规模效益。

第二，CALIS省文献中心进一步完善门户网站的建设，建立起省域、省外文献资源共享平台及一整套服务软硬件系统。在CALIS管理中心统一部署下，用3年时间逐步配置虚拟参考咨询系统、大范围资源链接调度、综合计费、统一资源注册与命名、个性化服务、数字对象安全获取系统等，为全省高校间广泛的文献资源共建、共享及区域性数字图书馆联盟提供全方位技术支持。

第三，进一步提升服务能力。通过与专业公司合作，部署数字图书馆远程访问系统、可实现全省高校共享的光盘资源管理系统、开放链接服务、动态信息聚合等系统。通过多方面完善与提升现有服务平台的功能服务，从而从总体上提升省文献中心的服务功能及水准。

（三）未来五年将完成以下服务指标

未来五年，省文献中心将面向全省高校以及科研系统提供文献保障服务，完成各项服务指标如下：

1. 文献传递及馆际互借系统共计完成文献传递量不低于10 000份；

2. 建立维普期刊数据库三个以上的镜像站点，为省内不同类型和不同城市高校提供相关服务；

3. 开展代检代查、咨询服务、科技查新服务，共计服务总量不低于1 000项；

4. 虚拟参考咨询系统达到平均年服务量不低于1 000人次的服务规模；

5. 面向成员馆开展专业技术培训达 500 人次以上。

四、资源条件及保障措施

（一）保障措施

CALIS 海南省文献信息服务中心依据 CALIS 系统建设目标及《武汉宣言》精神，构建一个集高校与地方学者的文献保障服务、参考咨询、学术论坛、在线交流、学者文献数据库于一体的一站式综合性文献信息服务平台——海南教育（科技）数字图书馆。该项目基于"集中建设，分散服务"发展模式，将充分利用省中心及各成员馆的各种资源，搭建一个高效、便捷的服务平台。其基本构架如下：

1. 服务模式

由过去的单向、静态、低层次、被动信息提供为特征的粗放型信息服务转变为双向、动态、高端咨询、主动"推进"式为特征的集约型知识服务；即通过简洁、友好的公共用户界面，利用各种智能化技术，建立能针对地方特点提供智能化、个性化信息服务与个性化定制服务系统。

2. 通过多方合作实现上述设想

在省教育厅的领导下，省高校图工委负责组织、规划、协调海南省高校图书馆数字化建设工作，而 CALIS 省文献信息服务中心暨海南学者服务网承担全省高校图书馆网络环境下的资源共享与服务工作。因此，上述各项服务工作都应与省高校图工委工作接轨，以求在省高校图工委的全面支持与推动下，组织高校馆共同参与完成规划中的各项工作任务。具体操作层面的分工协作设计如下：

第一层，资源配置及技术支持层。由 CALIS 省中心（省文献信息中心）和全省各高校成员馆技术部、咨询部利用 CALIS 系统资源及应用技术系统形成资源配置及技术支持平台，负责完成平台的全面规划、管理、统筹、协调以及网络维护、技术支持、服务平台的动态维护等。

第二层，文献资源建设层。该平台主要负责数据库选购、特色数据库建设、地方学者文库建设、学科导航数据库建设等。

第三层，服务提供与文献保障层。省中心与各馆完成与学者、高校教师、科技工作者的互动、双向式服务；其中，CALIS 省中心承担全省高等学校的文献传递、代检代查、业务培训、业务指导、信息资源建设协调、地方特色资源数据库建设等任务。各馆咨询部门共同参与，根据不同学科建设需求，负责参考咨询（含在线交流、项目查新、虚拟参考咨询等）、学科前沿跟踪以及学科导航数据库建设与维护等工作。

（二）组织保障

1. 管理机构与运行机制

CALIS省文献中心管理机构由领导小组与管理委员会构成。领导小组由省教育厅主管副厅长任组长，成员为各高校主管副校长。其主要职责是：审议发展规划，重大事项的决策，管理委员会成员的任用等。管理委员会由省教育厅高教处负责人任主任，海南大学图书馆馆长任副主任，成员为各高校馆馆长。其主要职责是：在领导小组和教育部CALIS管理中心的指导下，负责中心的日常运行，文献传递等服务工作；负责组织各高校文献信息资源库、设备招标采购；协调和指导各高校图书馆文献信息资源共建、共享和评估工作。

2. 资金及其他条件保障

在现阶段，省文献中心按照省教育厅"海南省高等学校图书馆'十一五'发展规划"规定的目标与任务开展各项建设，资金投入与使用方案建议如下：省财政每年拨款数额以50万为基数，力争每年以20%的比例增长，海南大学按30%的比例提供配套建设费，在17万的基数上逐年增长。海南大学图书馆提供相应的办公设备和场所。如果拟建海南教育科技数字图书馆能够顺利启动，需要得到地方财政更大的投入。每年总投入应保持在200万（五年共计1 000万）以上。

3. 人员保障

省文献中心（3-4人）、海大图书馆技术部（2-3人）、咨询部工作人员（2-3）以及各高校馆技术部（一般本科院校1-2人，高职高专1人）、咨询部（本科院校2-3人，高职高专1人）共同组成工作团队，全省参与工作人员约50人左右，由省文献中心统一协调，采取集中与分散相结合的方式开展资源建设、技术支持和信息服务。

4. 设备保障

主要硬件配置：IBM系列服务器8台；存储容量达到10T。高速扫描仪一台。

主要软件配置：光盘管理系统、数字图书馆远程访问系统、大范围资源链接调度、综合计费、统一资源注册与命名、个性化服务、数字对象安全获取等。

第六章　着力地方文献　突出馆藏特色

为了适应海南大学作为一所地方综合性重点大学快速的发展的需求，未来几年，海大将迅速加强人文社会科学各种基础学科的建设，与此同时，海南省也在不断加强社会经济文化建设。为适应这一现实需求，海南大学图书馆作为主要为地方服务的综合性重点大学的文献信息中心，必须加强地方文献建设。这种必要性和紧迫性来源于两个方面：第一，在海大的发展过程中，图书馆作为文献信息中心和对外交流的窗口的重要地位正在进一步强化；第二，海南大学的性质和发展方向决定了它必须通过广泛的社会服务，建立良好的社会关系；利用社会资源促进自身的发展。因此，将我馆建设成为具备为当地政府决策服务、为教学科研服务、为社会公众服务的基本职能的研究型图书馆，从而重新确立海大图书馆在全省高校图书馆的领先位置，并且成为海南区域自主创新体系的重要基础条件，是海南大学图书馆坚定不移的发展目标和方向。有鉴于此，地方文献建设是"十一五"期间海南大学图书馆的工作重点之一。在通过加强地方文献建设，形成海大图书馆核心竞争力的战略性思考的框架下，制定本馆"地方文献建设五年发展规划"。

一、地方文献建设已经取得的进展和存在的问题

按照文化部的有关文件精神，长期以来，地方文献建设主要由公共图书馆承担。但是，由于海南公共图书馆基础非常薄弱，过去数十年一直无法承担相应的建设任务；因此，这项任务责无旁贷地落在省内高校图书馆身上。

我馆地方文献建设于1994年开始启动。前期主要从事海南文献收集及题录数据库建设。2004年7月，海南地方文献中心（筹）正式挂牌。其宗旨是广泛吸纳地方各界知名人士参与海南地方文献建设。中心的挂牌使我馆地方文献建设进入新的历史发展时期。2004年暑假期间，各项工作正式启动。在馆领导的关心和支持下，地方文献中心遵循"边建设、边服务、边发展"的原则，启动了文献收集、数字化、学者服务网络建设等项工作，并适时开展了相关的研究。

（一）前期开展工作情况

1. 提出了地方文献建设规划

2004年，文献中心提出了未来5年地方文献建设规划，这项工作规划得到新一届图书馆领导班子的充分肯定。

2. 加强了文献收集工作

由于历史的变迁、学校发展变化等原因，我馆海南地方文献馆藏还很不丰富，文献收藏缺乏完整性和系统性。从2004年9月开始，文献中心加紧制订、完善海南地方文献建议方案，同时开展海南地方文献调研和收集工作。在不到一年的时间里，分别与得到省内外的科研机构，知名学者、社会各界人士的大力支持与帮助，共收集海南地方文献达2 196种，计4 486册，其中古籍114册。以及期刊《海南史志》《海南审计》《文昌文艺》等部分地方出版物文献资料。

3. 启动了相关研究

成立了海南地方文献书库、海南史志研究工作室、海南宗谱研究室、海南现代文献研究室、海南海外文献研究室、海南移民研究室、四库全书研究中心等机构，并着手开展研究工作。其中，海南现代文献研究室分别出版了《海纳百川：名师演讲录》、《大学生演讲与口才》等著作，公开发表高水平学术论文近20余篇，完成省部级科研课题3项。

4. 启动地方文献数字化建设

2002年，启动了海南旅游特色资源数据库建设。2005年，又启动了日本侵琼史料文献数据库的建设工作。目前，已经完成建库与大量图片资料的编辑工作。

5. 构建学者联系网络

在收集海南地方文献的同时，加紧建设地方学者联系网络，该网络涵盖人文社会科学和自然科学的各个领域以及海南所辖19个市县等；并与国外学者开展合作，建立海南地方文献建设网络。

（二）亟待解决的问题

近年来，在馆领导的支持与指导下，我馆地方文献建设虽然取得了一些成绩，但也还存在很多问题。

1. 文献资料的系统性和完整性不够，门类齐全的地方文献资料相对较少。

2. 我们的内部机制还不够完善，缺乏一个卓有成效的激励机制，提出的任务、目标能否完成难以从机制上得到保证。

3. 对地方文献的宣传、研究开发和利用力度不够。虽然我们搜集了很多文献，由于宣传工作不到位，连本校老师都知之甚少，文献利用率不高。

4. 从整体上看，从事地方文献建设馆员的文献意识和专业水准与工作任务的要求还存在着很大的差距，势必给这项工作的推进带来明显影响；因此，亟待形成一支年富力强、专业扎实、研究能力强的工作团队。

二、未来五年地方文献建设的主要目标与任务

（一）地方文献的收藏重点

海南地方文献系指记载海南及其南海地区自然、历史、社会现象以及该地区人士所著述的一切文献，即地方出版物、地方人士著述和内容述及本地的出版物。这些文献的内容涉及本区域的历史、地理、政治、经济、语言文字、民族宗教、自然资源、水文气象、各种产业、生活习俗等，且表现于各种记载形式，如：图书、杂志、报纸、图片、照片、影片、画片、唱片、拓片、表格、传单、票据、文告、手稿、印模、簿籍及相关实物等等。因此，本馆海南地方文献建设的范围重点如下：

内容方面：凡涉及海南历史、经济、社会、文化、人文习俗、自然、地理等内容方面的文献应收尽收。

地域方面包括海南岛本岛，本岛周边的南海区域以及历史上海南行政建置所包含的范围，如属于古代象郡所管辖的广西北海、钦州、防城（合浦）、广东雷州半岛地区等。

文献载体方面包括本地人类文化活动的一切载体，尤其注重反映海南历史、文化、民族、习俗等方面实物约收集。

文献类别方面包括地方史志、地方人物的著述及地方出版物等。

（二）主要目标和原则

未来五年内，利用海南大学图书馆及 CALIS 海南省信息服务中心的资源建立稳定的社会协作共建机制，建设较为完整的海南地方文献资源体系；建立一套关于海南地方文献的征缴、收藏、整理加工、文献保护、数据库建设、咨询服务、深度开发与利用的运行体系；利用 5 年左右的时间初步建成具有一定收藏规模和一定科研能力的海南地方文献中心。建成书目级数据库和一定规模的全文数据库；开展网上情报服务；形成一批关于海南地方文献的科研成果，产生较大的社会影响，取得明显的社会效益。

长远目标是用 10 年左右的时间建设成为一个包括海南岛及其南海诸岛，辐射东南亚、环北海湾及南海地区的具有现代化标准的网络化、数字化海南地方文献收藏中心、信息中心和研究中心，并能高效高质地为海南地区的经济、社会、文化、科技、政治等事业提供高效益的信息服务。在国内外产生重大的影响，取得突出的社会效益。

在地方文献建设中遵循以下主要原则：

以地方文献研究带动收集和建设；

为读者服务促进文献建设；

边建设、边服务、边发展。

（三）地方文献建设项目实施步骤

海南地方文献是未来五年我馆文献资源建设的重点。通过增加海南文献采集的经费和渠道，有效地把散落在民间的重要地方性文献搜集到图书馆中，以增加我馆海南文献的质量与数量，更加完整地保持地方文化遗产，更好地为教学和科研服务。建议同时开展以下六个方面的工作：

第一方面，在海南地方文献收藏中，我馆以及本省各兄弟图书馆收藏民国时期文献极少，应该积极创造条件，到中山图书馆等本区域重要的公共图书馆和高校图书馆搜集此方面文献，用拍摄照片等形式收集和保存。

第二方面，有计划地采集大型文献中涉及海南文史资料的图书。《明实录》和

《清实录》这两套书记录有关海南经济和历史方面的史料，我馆图书中至今没有《清实录》，应积极创造条件购置。

第三方面，深入海南各市县收集有关海南文史资料。海南各市县均设有地方志办公室，专辑海南文史资料，可通过校友等多种渠道搜集相关文献。

第四方面，收集海南族谱和海南华侨文献，拟筹办一个海南族谱陈列室和华侨文化书室。

第五方面，建设海南民俗文物资料陈列室。我校一些老师已收藏有黎族民俗的实物和图片，在此基础上进一步的搜集，创建一个展现海南历史及黎族民俗风情的实物陈列室；搬迁新馆后拟启动这项工作。

第六方面，调整馆藏图书。原来已分散在各书库的海南文献，在迁进新馆后集中归入海南地方文献室。

（四）工作任务

海南地方文献建设由各类文献收集、加工、数字化等部分组成。近期拟计划完成以下工作：

1. 通过海南学者服务网的共建共享机制，充分调动地方学者参与收集海南地方文献（含本校学者著作）的积极性；通过广泛的社会合作，建成一个初具规模（藏书近万册），具有较强服务功能的海南地方文献室。

2. 积极推进海南地方文献数字化建设，建设6—8个专题数据库，开展网络环境下的地方文献服务。该项建设工作主要包括：旅游文献数字资源库、海南学者文库、日军侵琼历史文献数据库建设、海南家谱族谱数据库、黎族文献数据库、CALIS海南高校硕士论文全文数据库、海南华侨专题库，以及《海南地市志丛书》和《海南先贤诗文丛书》的数字化工作；

3. 积极参与省内学术界组织的大型地方文献《黎族藏书》的编撰工作，完成该丛书编撰委员会分派给文献中心的编撰及资料收集等各项工作；

4. 通过广泛的社会合作，编制海南族谱总目提要（族谱），建立征集渠道及机制，力求以最小的投入获取尽可能多的相关文献资源；

5. 出版地方文献书目提要、地方文献使用指南。

6. 积极开展国际合作，充分利用海外资源开展地方文献建设。

7. 编撰、出版《海南当代社会问题》、《海南特区体制创新》、《琼属华侨与海南建设》等地方文献专著的编纂工作。

（五）地方文献研究与开发十大重点

充分发挥我馆优势资源的作用，加大地方文献研究力度，通过科研带动地方文献建设的整体效应，凸现自身特色与品牌。近期拟开展以下几个方面研究：

1. 海南地方文献书目提要编纂

2. 海南现存碑碣钟铭匾额图志编纂
3. 海南族谱征集与总目提要编纂
4. 黎族与少数民族文化文献搜集与整理
5. 日本侵琼史料征集与整理
6. 琼籍华人华侨与东南亚文献搜集与整理
7. 海南经济特区体制创新研究
8. 粤海铁路与海南交通史资料搜集与整理
9. 海南产业发展史料搜集与整理
10. 当代海南社会问题研究

三、加强地方文献建设的保障措施

（一）主要措施

1. 加强组织建设。建议成立以文献中心人员为主体、有关部门共同参与的地方文献建设工作组，研究、决定、解决地方文献建设中的各种问题。

2. 确定地方文献专藏库的典藏制度和工作职责，由采访部，编目部和文献中心共同研究制订地方文献的分类办法、编目规则、典藏制度。

3. 馆内通过多种渠道继续加大对地方文献建设资源配置的支持力度，使上述项目的实施经费得到基本保障。

4. 建立稳固的，常规化的地方文献征集的社会网络，地方文献的主要来源包括党政机关，科研教育机构，企事业单位和社会团体，这是建立地方文献社会网络的重心所在。

5. 建立一个社会各界知名人士组成的地方文献专家顾问团。首先，他们可以为地方文献建设提供新的发展思路；其次，可以借助社会知名人士影响与声望为收集文献提供途径与渠道。

6. 不定期召开地方文献与地方经济的专题研讨会，加大文献利用的宣传工作力度，通过广泛的社会服务获得各种社会资源，形成一个良性互动态势。

7. 进一步加强专业人才的引进和培养，建立一支高水平的地方文献开发研究专业队伍。

（二）经费保障

未来五年中，地方文献建设需投入100万元规模的资金。概算如下（表6-1）。

表6-1 "十一五"期间地方文献建设经费预计表　　单位：万元

项　目		年度经费安排	经费来源	备　注
图书购置费	80	2006年10万元	校拨购书经费与向各界争取捐助、争取课题费各占1/3	
其中：正式出版物：	60	其他年度约20万元		
非正式出版物：	20			
出版费	15	每年3万元	争取课题经费	
差旅费、会务费	5	每年1万元	馆办公经费	
合　计	100			

为了给地方文献建设提供足够的经费保障，我们要拓展经费筹措的渠道，增加地方文献建设经费来源。比如，通过承接更多科研课题，争取各种社会科学研究基金的资助。通过开展社会服务，争取更多的企业赞助和华侨捐助。

第七章　创新投入机制　院校共建分馆

一、海南大学二级图书馆建设的主要进展

加强院（部、中心）二级图书馆建设，建立两级图书馆建设机制，是海南大学加强图书文献建设的一项重大决策。自从2004年7月学校启动二级馆建设工程以来，在校图书馆工作委员会（简称"图工委"）的有力协调下，经过全校各教学与科研单位的共同努力，图书馆在各院系原资料室人员的积极配合下，迅速推进全校二级图书馆的建设，已取得显著成效。

（一）建设工作进展

1. 前期调研和筹备工作的展开

从2003年暑假开始，图书馆组织专门力量对15个教学和科研单位的资料室的基本状况进行了一次全面调查。在此基础上制定了全校二级馆建设方案和建设标准，对二级馆的设备购置、人员配备、资金调拨、图书编目、人员培训等作了具体的规定。图书馆成立了二级馆建设工作小组和办公室，由相关负责人牵头，按照建设方案，有条不紊地展开各项工作。

2. 馆舍建设和基础设备的配置

二级馆在原院系资料室的基础上扩充馆舍，增加书架、桌椅，购买办公用品，进一步改善和优化阅览环境。配置1到2名专职管理人员，并分别配备了计算机、扫描仪、监控仪等相关的电子设备，开通校园网络服务。

3. 二级馆馆员的业务培训

在2004—2005的两年中，图书馆面向二级馆馆员组织了2次全面的图书文献知识和图书、期刊编目等相应的各项培训，逐步培养他们在图书情报和信息管理方面的专业能力，提高其开展现代图书馆业务的专业素养。

4. 二级图书馆的文献资源建设

图书馆先后4次向二级馆调拨图书累计4万余册，协助二级馆进行图书编目5.7万余册。各二级图书馆现有纸质图书累计15万余册，期刊4.5万余册。大部分图书的书目数据已进入图书馆的书目数据库和馆藏数据库。同时开通了图书馆自动化管理系统ILAS，实现了图书的自动化借阅，由图书馆进行ILAS系统的安装、调试和日常维护。各二级馆的图书和期刊已正式纳入了图书馆的统一管理。读者通过图书馆的公共检索系统（OPAC），可以详细了解到二级馆的馆藏状况。

5. 统一规范化的管理

目前，全校15个教学科研单位的二级馆采用统一规范的馆名，张挂统一的铭牌，统一接入图书馆自动化管理系统，采取统一的服务时间，统一的服务规范，面向全校读者展开服务。真正实现了"统一建设，科学管理，规范服务"的二级馆建设模式。

6. 校图工委的有力推动

二级图书馆建设工作的开展极大地调动了各院系参与全校图书文献建设的积极性，同时也得到了校图工委的大力支持和协助。校图工委已召开了多次常务会议，讨论二级馆的建设方案、实施步骤、规划措施等，并制定出二级馆的各项建设标准和基本规章制度。校图工委的各项工作积极地推动了二级馆的建设进程，为二级馆建设工作的顺利开展提供了有力保障。

（二）现有问题和不足

到2005年底，各个学院（部、中心）二级馆的初期建设工作已顺利完成。总的来说，我校二级图书馆建设已初见成效，居于全省高校图书馆的前列。但是，依然存在一些问题和不足。这些问题主要有以下四个方面：

第一，个别教学与科研单位对二级馆建设的重视程度不够，人力、财力和物力的投入不足。各二级馆投入文献资源建设的资金普遍缺乏，影响了二级馆建设工作的持续开展。

第二,个别二级馆管理人员的工作热情不高,缺乏积极性,图书情报专业知识略显欠缺,专业化程度有待进一步提高。

第三,自动化和网络化基础条件相对薄弱,电子文献资源的应用水平不高,纸质文献与电子文献的整合做得不够。

第四,部分二级馆与图书馆的沟通与协调不充分,联系不够密切。

第五,个别二级馆的流通管理和阅览管理比较松散,开放时间不能满足读者的需求,文献流通与典藏规则执行不严格,造成部分文献的流失或流通不畅。

此外,文献资源建设和管理如何更好地满足师生的需要,更好地为教学科研服务等方面也需要进一步完善和加强。

二、其他地区高校二级图书馆建设的经验

图书馆分馆制源于西方国家,由于其管理体制和运行机制的合理性与适用性,被世界上许多国家普遍采用。2002年教育部颁布《普通高等学校图书馆规程(修订)》,对高校图书馆实行分馆制作了如下规定:"高等学校图书馆是学校的文献情报中心,规模大、系科多或校园分散的学校,可设立分馆。分馆是总馆的分支机构,受总馆领导。"近年来,为了适应我国高等教育体制改革的要求,许多高校在原有院系资料室的基础上经过整合、规划,逐步建立起了图书馆二级分馆,有效地实现了校内文献资源的整合。

厦门大学实践的比较早,也较为成功。1998年,厦门大学实行"公共服务体系(图书资料系统)管理体制"改革,将学校的院系资料室统一兼并改组成专业分馆,实现总馆辖制分馆,由总馆集中调度全校文献和文献管理人员。在全校范围内建成了经济与管理分馆、法学分馆、文史分馆、理工资料中心等4个专业分馆,与重点研究所资料室及总馆共同构成厦门大学图书资料服务系统。厦门大学在将院系资料室进行分馆化改造后,优化了资源配置,构建起统一的文献信息系统,取得了良好的效益。该校的实践过程和宝贵经验值得国内其他高校的学习和借鉴。

北京师范大学图书馆也正在积极探讨,如何对各学科资料室进行改革,建立以大学科为基础的学科资料中心,逐步向学科分馆模式过渡,现已处于实施阶段,并已取得了较大进展。

还有很多高校都在尝试建立图书馆二级分馆,逐步实现校内文献资源的整合,构建起全校的文献建设与服务体系,同时也积累了大量的宝贵经验,值得高校之间相互借鉴和交流。高校的图书总馆与分馆之间是一种相互交叉、相互渗透、相互依赖的关系,它们共同组成了统一的高校图书情报系统和信息服务系统。图书馆二级馆具有学术专业性强、服务对象层次高、工作重点突出、服务时效性强等特点。

面对网络信息时代的挑战和高校教育体制的改革,高校图书馆二级馆建设有如下发展趋势。

第一，广泛应用计算机系统管理以及其他相关的信息技术，从手工操作向自动化管理转变，纳入学校图书馆系统的统一管理，实现自动化借阅管理和网上检索查询。

第二，针对本院系教学科研工作的需要，收集、整理相关的学科文献，开展高层次的文献情报服务，建立学科专业数据库，开展专业化服务。

第三，对人员素质提出越来越高的要求，二级馆馆员不再是传统意义上的图书管理员，而是所在院系对应专业的专家，他们需要加强本专业和信息管理知识的学习，以及相关知识产权、法律法规的学习，为所在院（系）师生提供越来越全面的知识和信息服务。

三、未来五年二级馆建设的目标与主要内容

（一）建设目标

根据我校长远发展规划要求，以校园网为依托，图书馆和二级馆在全校范围内以合作的形式开展工作，共同构建学校的图书情报系统和信息服务系统，实现全校文献资源的共建共享，为全校师生提供多层次、多方位、多形式，方便、快捷的文献保障和知识服务，进一步满足学校教学科研工作的需要，促进各教学科研单位的文献资源建设，为教学、科研提供完善的数字化和网络化服务，创造一流的育人环境和科研环境。

（二）建设内容

1. 实现图书馆对全校文献资源的统一的计算机自动化管理

督促还未连入图书馆自动化系统的少数科研机构二级馆及时接入，实现全部教学科研和公共实验室二级图书馆统一接入图书馆自动化集成系统中，各二级馆要将现有图书及期刊进行编目入库，实现在各分馆以及图书馆可以检索到网络内任何一个数据库中所存贮的文献资源。

2. 加强馆藏资源建设，为教学、科研提供文献保障和准确的信息服务

二级馆人员应根据教学与科研的需要，收集国内外相关的专业书籍、参考工具书和主要报刊、内部资料、会议文献、学术论文、科研报告、专题总结等，将文献资料按照不同学科、专题分类整理编排，使其学科化、系统化，更方便快捷的为读者服务。同时还要与本学院的教师进行广泛的交流，收集教师所需的文献信息，使收藏的文献力求达到"高、深、新、全"。

3. 参与学校学科建设，开展高层次的文献情报服务

学科建设是高校建设的龙头，学科建设也就成为高校图书馆二级馆服务工作的一个重点，因此各二级馆要加强学科专业文献资源建设，拓宽一次文献的收集范畴。

而且在提供一次文献的传统服务的同时，要加强情报信息研究，积极开展高层次的文献情报服务，通过撰写书评、新书报道、定题服务等主动及时把信息传递给广大师生，由文献管理型向管理与研究兼并型转变，这方面二级馆可以与总馆合作来共同完成。

4. 关注教学改革，追踪教学改革课题的热点，为教学科研工作服务

各二级馆应关注国内和本校教学改革工作的内容和进程，配合教改课题、教学建设的进展，根据教学工作对文献资料的要求及反馈信息，及时为教师、学生提供所需的文献信息，为全面提高教学质量和科研水平做出贡献。

四、条件保障和具体措施

（一）条件保证

1. 强化协调机制

学校应对二级图书馆建设给予更多的关注与支持，特别是资金方面的保障，尽快拟定"二级馆建设规范与管理条例"，以文件的形式颁布并下发到各相关单位，督促执行与实施。由校图工委统一部署二级馆的各项建设工作与任务，每学期定期召开全体常务会议商讨有关事宜，督促各院（部、中心）二级馆执行相关的会议决议。

2. 革新管理模式

二级馆在行政上归属各院系，包括一般行政管理、人员管理、经费管理、设备管理及馆藏管理等方面。在业务上接受图书馆的指导，包括文献的采访、编目及流通管理等各项业务领域。各教学科研单位积极配合图书馆的各项工作，对二级馆建设和管理给予大力支持，特别是在人员、经费、设备管理等方面。图书馆应进一步加强与二级馆的联系，做好全面协调工作，各部门给予充分的业务指导和技术支持。

（二）具体措施

1. 完善二级馆建设标准化，将全面质量管理推广到二级馆

将图书馆全面质量管理（ISO9001系列标准）推广到二级馆管理。严格执行学校即将拟定并颁布的"二级馆建设规范与管理条例"，按照图书馆全面质量管理的要求，逐步完善二级馆建设标准和文献资源建设流程，规范图书采访、编目、流通、典藏和连续出版物等各子系统的业务细则。

2. 增加馆藏量，增强基础设施建设

通过图书馆统一调拨和各学院自行购买的方式，不断补充馆藏，并且及时进行文献资料的宣传公布，做好新书通报。同时，加强馆舍建设，改善借阅环境，为读者营造良好的阅读和学习氛围。配置齐全的电子设备，包括条码扫描仪、图书监测

仪、复印机、打印机、读者检索机等，保证读者的正常检索与借阅。

3. 进一步完善学科馆员和图情顾问制度

学科馆员和图情顾问的重要职责之一是相互协作，完成对应学科的二级图书馆工作。学科馆员和图情顾问要根据各院系相关学科和专业的需要，开展相关的文献信息的收集、整理和研究，实现文献采集的专业性、文献利用的时效性和文献服务的针对性，同时为学科建设服务。

4. 强化二级馆馆员培训工作

组织二级馆工作人员进行相关业务培训，包括图情专业知识、ILAS 系统操作、图书期刊编目与管理等方面，不断提高其业务水平。促进他们提高读者服务意识，增强专业能力，为读者提供更周到、更专业、更满意的服务。

5. 图书馆要加强对二级馆的业务指导

加强二级馆建设办公室的建设，图书馆领导班子通过二级馆建设办公室及时了解和掌握二级馆的建设动态，定期对各个二级馆进行质量检查与建设情况评估，定期展开读者调查，对二级馆建设中存在的问题及时进行整改。二级馆向图书馆提交阶段和学年工作总结汇报，二级馆日常工作纳入图书馆的业务统计。

（三）实施步骤与日程安排

2006 年：全面实现二级馆的文献采购、编目、典藏、流通、检索的计算机化，并通过校园网络，由图书馆进行统一的系统管理，实现标准化、自动化管理和信息资源共享，使全校信息资源得以最大限度地开发和利用。2006 年第二学期开展一次全校二级图书馆建设情况的评估检查，对优秀二级馆进行表彰。

2007—2008 年：二级馆与图书馆咨询部和各学科馆员、图情顾问合作，协助做好"学科导航"工作，丰富"虚拟馆藏"。根据各二级馆所在院系的学科性质，及时准确地为师生提供各种文献信息服务，促进教学改革和学科建设。

2009—2010 年：二级馆根据自身的资源优势，提高自身科研水平，建立具有专业特色的数据库，制作和开发目录清晰、结构合理、内容新颖、专业性强的网页，使二级馆的信息资源与图书馆的信息资源在校园网上并网运行，使全校的师生都能利用网络获取更加丰富的信息资源。并且，辅助教师和科研人员进行项目查新、项目背景分析、完成课题论证等。

第八章　开发人力资源　提升职业技能

　　一座图书馆能否实现健康、快速的发展，取决于两种资源：一是物质资源，包括硬件条件（馆舍、文献、设备）和经费投入；二是人力资源，即馆员的整体素质及其发展潜力，它对图书馆的生存和发展起决定性作用，是图书馆的"第一"资源。"十一五"时期是海南大学图书馆发展的关键时期，在经费较困难的现实情况下，唯有充分发挥人员的聪明才智，对图书馆的人力资源进行合理组织、调配、激励、培训与发展，实现人尽其才、物尽其用，才有可能真正成功地实现规划中提出的目标与任务。

一、海南大学图书馆人力资源建设回顾

　　近十年来，我馆在人力资源建设方面开展了不少工作，但也存在很大的不足，如：1. 引进专业人才有限。我馆十年来只引进6名（2男4女）图书情报和信息技术专业人才。2. 外出培训机会太少。十年来共派出了8名馆员到省外进行编目、ILAS系统管理等培训。3. 省内培训时间短周期长。本省高校图工委每两年组织一次非图书情报专业人员的"图书情报知识"培训班，但由于内容较多，时间较短，不易掌握全面的专业知识。4. 鼓励继续教育。1999年本省高校图工委与华中师范大学联合举办"图书馆学"专业本科函授班，我馆共有11人被正式通过录取并获得毕业证书。5. 举行馆内培训。除进行新引进人员的上岗培训外，我馆还针对某项专题进行具体培训。

　　近十年的人力资源建设中，我馆虽然积累了一定的经验，但从总体上看，我馆在各方面还缺乏系统性和计划性，人员培训的深度和宽度也远远不够，其效果尚难达到向"省部共建"或"211"大学目标迈进的图书馆。

二、海南大学图书馆人力资源的现状和特点

　　近年来，海大图书馆的规模不断扩大，办馆条件不断改善。工作人员数量从2001年的58人增加到2005年的115人，增加了一倍，但工作人员队伍素质相对于飞速发展的图书馆来说却没有得到全面提高。下面就我馆人力资源的数量和结构变化状况进行简要的分析。

（一）工作人员年轻化的趋势十分明显

近年来，我馆人员数量快速增加，5年累计增长人数达到基年的一倍。新增人员的年龄较轻。50岁以上人员占总数的比例从2001年的15.5%下降到2005年的6.1%，18-29岁的年轻人占总数的比例从2001年的12.1%上升到2005年的20.9%，30-49岁的人员始终占72%~73%，所占比重基本保持稳定（表9-1）。人力结构的年轻化趋势一方面预示着图书馆的活力不断增强，同时也意味着未来五年内我馆必须加强人员培训和在职进修的组织工作。

（二）学历结构符合要求但专业结构不够合理

2001—2005年，我馆具有大专以上学历的人员所占比例均在75%~80%之间（表9-2），已符合教育部《规程》中关于大学以上人员占员工总数60%以上的要求，但专业结构和工作人员的实际素养并不能适应现代图书馆发展的要求，开展图书馆业务时仍缺乏得心应手、主动积极的业务骨干。其主要原因有：

第一，图书情报专业人员所占比例小（表9-3），一些与图书馆业务无关的专业背景人员或者过于大众化的专业背景人员所占比例过大。他们对图书馆业务的熟练程度不高，对新业务的拓展更缺乏敏感性。

第二，文科专业多，理科专业少；大专层次的人员多，高学历人才少（表9-2）；基础性专业多，现代信息技术专业少（表9-3）。多数馆员缺乏信息技术和外语的专业训练，难以承担有一定技术含量的工作。

第三，函授、自考等成教毕业的人员多，普教毕业人员少（表9-4）。这些人员虽然具有一定的专业知识，但缺乏在正规大学接受教育的学术素养，难以承担有一定学术深度的专业工作。

第四，图书馆馆员接受在职继续教育时，为单纯取得学历文凭为目的所占的比重大，结合工作需要有针对性地参加继续教育的少。继续教育与实际工作脱节，继续教育的产出效益不高（表9-5）。

（三）馆员职称结构不断提升但理论与业务创新人才缺乏

海南大学图书馆近五年工作人员职称状况的统计结果显示：高级职称人员所占比例平均为10.2%，中级职称人员所占比例平均为40.3%，初级职称人员所占比例平均为19.3%（表9-6）。但是，比较我校全体教职员工队伍职称结构的状况，高级职称人员占全校师资队伍的比例为40%，中级职称为33.5%，由此可知，我馆还严重缺乏经验丰富、专业知识渊博、在国内同行中具有较大影响的专家型人才，以及具有理论与业务创新意识与创新能力的人才。这必然影响图书馆人才梯队的建设和为教学、科研服务的最终效果。

（四）馆员队伍比例不断扩大但业务整合程度不高

五年来，我馆各种岗位人员正在发生变化，各种岗位人数不断增加（表9-7），但人员增加量与业务提高程度并不成对比。

1. 参考咨询服务人员所占比例不断上升。但由于部门设计过于分散，高学历、理工科以及跨学科背景的人员比例较少，使业务整合程度不高，目前参考咨询业务人员所占的比例也不高。

2. 分类编目人员的综合业务素质不高。由于绝大部分人员属非图书情报专业和非普教本科毕业，对外文图书、古籍文献以及一些特种文献的分类编目工作难以适应。

3. 行政管理服务人员、系统维护服务人员、文献资源采购人员、文献资源整合人员的业务素质都将面临着现代图书馆的挑战。

4. 从事基础服务的人员太多，而从事咨询研究服务、数字技术服务、信息素养教育人员太少。现代图书馆的人员比例应是从事咨询服务、数字技术服务的人员数量越来越多，从事基础服务的人员逐步被现代化手段所代替，数量应越来越少。而我馆在这方面的人员构成比例还停滞在传统图书馆的人力资源配置状态。

5. 男女员工比例严重失调。目前全馆员工 115 人，男员工加上保安共计 28 人，占总人数的 24.3%，而女员工却有 87 人，占总人数的 75.7%（表 8-8），使许多需要男员工的岗位用女员工顶替，达不到预期的工作效率。

6. 解决引进人才配偶多，人才招聘少（表 8-9），违背了省部共建和 211 大学图书馆发展的人力资源建设宗旨。图书馆解决人才引进配偶和本校教师子女工作的有 80 人，占 69.6%，根据自身发展需要招聘引进的人才 17 人，占 14.8%，（另外有 15.6% 来自学校的其他部门）。由此造成两个不利因素：其一是人才引进配偶事业心强的所占比例小；其二是在向现代化、网络化、数字化图书馆发展过程中不太能发挥作用。

三、国内外图书馆人力资源开发管理的发展动态

（一）图书馆管理中对人力资源的重视程度不断上升

1. 信息时代对图书馆人力资源提出的新要求

现今社会生活的各个领域已被信息技术革命所渗透，人们获取信息和传播信息的能力早已不局限在传统的文献借阅的被动服务方式，而是要求图书馆员在多功能的现代信息中心领域里要具有较强的信息意识、广博的专业知识、同时具有很强的信息管理技能和丰富的网络知识，有较强的洞察力、分析能力、创造力，要担当信息管理者、信息与文献研究专家、知识导航员等角色。图书馆馆员工作职责及服务角色的转变，依靠以前的管理模式是不可能实现的，只有在吸收国内外先进理念并不断改进、创新，才能够快速、成功地改变图书馆馆员的服务意识，提高其服务技能，使其达到现代图书馆的要求。人力资源是图书馆的第一资源，因此人力资源

管理的创新也势必成为图书馆服务创新中最重要的一环。

2. 人力资源成为图书馆管理关注的热点

经对 CNKI 收录的有关图书馆人力资源方面的相关文献增长情况来看，1994—2005 年相关文献总数为 511 篇。其中，1994—1999 年 6 年间仅有 11 篇，2000—2003 年共有 169 篇，发表密度最高的时段集中在 2004—2005 年，共有 331 篇。可见，对人力资源管理与开发的研究近年来越来越受到图书馆界的重视。主要研究内容包括：（1）对图书馆引入人力资源管理新理念重要性和必要性的认识；（2）对图书馆人力资源配置结构的研究；（3）对图书馆人力资源管理与开发途径的研究；（4）对不同类型图书馆人力资源管理与开发的研究；（5）中外图书馆人力资源管理比较研究。

综合以上文献分析，近年来图书馆人力资源开发与管理研究的热点包括：（1）强化"能本管理"人力资源管理机制。根据人的能力，把人才放到相应的岗位上去量才使用。（2）完善人才选拔机制，严把入口关。实行按岗位需要招聘，对专业技术人员进行严格考试和面试，坚持以高素质、强能力的标准选人。（3）健全人才培训机制，实施"全员培训计划"。每年留出专项资金用于员工培训，主要包括入职培训、在职培训、学历教育、职业发展等。（4）完善考核制度，形成竞争上进的激励机制。将考核内容进行量化，作为衡量图书馆馆员工作水平的重要依据。依据与业绩相配套的奖罚制度、聘用晋升制度、任期制度和津贴制度等调动人的积极性和主动性。比如：参与管理——事业激励；优胜劣汰——竞争激励；"论功行赏"——福利激励。

（二）国内外图书馆人力资源开发管理实践的新进展

人力资源的建设是图书馆建设的重要部分，随着理论研究的不断深入，图书馆人力资源管理的方式、方法也不断得到改进。目前国内外图书馆主要采用以下措施来加强和完善人力资源的管理和建设：

1. 由"权本管理"转变为"能本管理"

美国图书馆人力资源管理采用"能本管理"的新理念，在人力资源管理的各个环节充分体现"能者上、庸者下"的管理精神。国内图书馆大多采用"权本位"的管理理念，强调"听从安排"、"重事轻人"。比如，重视现代技术设备的添置，不重视对人员的培训；重视经费的投入，不重视人力的投入，等等。由于图书馆职责的不断明晰化、服务功能的不断完善、作用不断加强，我国许多图书馆已转变思想，由"权本管理"转为"能本管理"，这为我馆人力资源的建设提供了明确的指导思想。

2. 建立科学合理的选人、育人和管理机制

国外图书馆都有一套严格的图书馆职业规范和人员选拔机制。以美国为例，图

书馆馆员的选拔和在职进修制度一般要包括以下规定：（1）实行馆员聘任制，除极少数杰出的馆员外，彻底打破雇用终身制；（2）按岗位需要招聘（硬性指标：学历、年龄、工作年限等）；（3）专业馆员必须有美国图书馆学会（ALA）承认的图书馆学或信息学硕士以上学位；（4）重视人员培训（入职教育、在职教育、继续教育，作为一种终身教育）；（5）工作出色的馆员给予出国访问、出国进修等待遇。美国的图书馆职业规范和良好的人力管理机制造就了一大批高素质的图书馆专业人才，成为美国图书馆事业不断发展发展的关键。

3. 重视人事管理制度改革，建立和完善激励机制

2006年7月，教育部高等学校图书情报工作指导委员会举办的二届三次会议把"高校图书馆人力资源管理"作为大会主题内容来研究讨论，其中北大、清华、北师大等6所大学图书馆先后报告了各馆在人力资源管理方面的先进做法，他们在人力资源建设的共同点是"非常重视管理理念的转变和管理制度的创新"，各位专家归纳了人力资源管理中需要解决的"改革与稳定的关系、当前需要与长远需要的关系、合适人才与优秀人才的关系、职称评聘与岗位评聘的关系、考核与激励的问题"。此次会议要求各省高校图工委一定要把人力资源建设作为头等重要工作来抓，要求在人力资源建设上建立完善的激励机制。

四、未来五年人力资源建设目标和主要任务

我馆人力资源的现状和特点表明，现有人员的年龄、学历、专业、职称的水平和结构都与建设一座现代图书馆的要求存在较大的差距。因此，未来五年我馆人力资源开发建设的目标及主要任务是：

按照建设现代图书馆的要求，通过采取各种有效措施，全面推进馆员素质的提高和专业结构的改善，建设一支具有坚实的图书馆专业知识，坚定的图书馆职业意识，熟练的图书馆操作技能，强烈的开拓创新意识的馆员队伍。

未来五年我馆人力资源开发的主要任务是：

（一）全面改善馆员队伍的结构

根据建设图书馆发展的实际需要，未来五年我馆馆员队伍建设应着眼于年轻化、专业化、高学历、高职称。通过不断加强现有馆员的培训，使馆员的专业学习和科研水平不断提升，在职称结构上普遍上一个档次；通过人才引进和继续教育激励机制，力争博士达到5%，硕士达到32%，本科达到60%以上。

（二）建立完善的人力资源开发与管理机制

为了落实教育部高校图工委"图书馆人力资源管理改革"精神，使图书馆人力资源建设得以真正落实，图书馆决定创新人力资源管理机制，具体如下：

1. 成立图书馆人力资源建设领导小组。由馆长任组长，相关的部门主任为成

员。宏观指导本馆人力资源建设的发展方向，解决本馆人力资源建设的重大问题和决定本馆人力资源建设的重大决策。

2. 成立图书馆人力资源建设工作小组。其成员由分管副馆长领导的3—5人组成，其主要职责是负责人力资源建设整体、具体、系统的规划：（1）人员培训（含岗前培训、外出培训、继续教育等）；（2）学术交流安排；（3）人才招聘工作（含档案审核、组织面试、笔试、录用报告等）；（4）负责对每个员工的工作情况、培训与继续教育情况及科研情况（含学术交流）进行统计并建立电子档案；（5）负责制定人力资源建设的各种管理制度及建立考核激励机制。

3. 制定图书馆人力资源的系列管理制度，保障人力资源建设系统、持续、有效地进行下去。如制定《海南大学图书馆岗前培训办法》、《海南大学图书馆岗位管理办法》等。

4. 设计图书馆人力资源管理的各种表格，建立完善人力资源管理档案。如《图书馆人力资源业务档案普查表》、《图书馆新员工岗前培训记录表》、《图书馆人力资源外出培训审批表》、《图书馆馆员继续教育统计表》、《图书馆人力资源学术交流申请表》、《图书馆人力资源管理年度综合业绩统计表》等。

（三）建立完整的人力资源开发体系

目前人力资源管理中需要解决的是处理好各种关系，比如改革与稳定的关系、当前需要与长远需要的关系、合适人才与优秀人才的关系、职称评聘与岗位评聘的关系、考核与激励的问题。国内高校许多图书馆，如北京大学、清华大学、北京师范大学、西安交通大学、同济大学、首都师范大学等图书馆在人力资源管理方面都有创新、各有侧重，互补性很强，极有针对性、借鉴性和指导意义，在人力资源管理改革已走在了前列。再如国家图书馆把人力资源管理与ISO9000质量管理体系相结合，使人力资源管理改革得以成功实施。我馆应与国内在人力资源管理改革成功的图书馆以及和本行业人力资源的培训机构建立友好关系，采用"请进来"和"走出去"的方式，学习他们的先进经验，努力建立自己的完整的人力资源开发体系。

五、人力资源开发主要措施及实施步骤

（一）提高人力资源开发与管理的计划性

1. 制订图书馆全员培训计划

立足本馆现有人力资源，充分调动员工积极性进行全面、系统的培训，促进员工全面发展；通过普查和经常性的员工培训登记与统计制度，建立完整的人力资源档案。针对馆员的专业基础和人生远景以及事业发展的需要，制定年度全员培训计划。

2. 制订员工个人自修计划

要求每个员工根据个人的基础条件和兴趣爱好，以及经济承担能力和时间安排，结合图书馆事业发展规划和对工作岗位对专业技能提出的新要求，制订个人的自修计划，按图书馆人力管理部门汇总、平衡和统一安排。

3. 图书馆工作岗位发展预测

按照世界图书馆发展趋势和建设一座现代化图书馆的要求，对未来五年各种工作岗位进行预测是：咨询研究服务、数字技术服务、信息素养教育服务人员应占总人数的60%，基础服务人员应低于40%（表8–10）。

（二）分类确定培训内容

1. 基础型培训（新员工岗前培训）

新员工到馆后，必须进行基础的入馆教育。其主要内容包括：图书馆概况（包括现状、历史及将来的发展计划）、中国图书馆馆员职业道德准则、图书馆发展动态、图书馆的组织环境、工作流程、规章制度、绩效评估和奖惩制度、消防安全、礼仪服饰、文明用语、办公自动化等。

2. 岗位技能培训

根据图书馆服务功能的拓展需求，不定期地为不同岗位的员工确定培训内容，以持续提高在岗员工的岗位技能。其主要内容包括：相关作业文件、ILAS系统和计算机操作规程、岗位职责、任职条件等。

3. 专业知识培训

主要是针对非图书情报专业的培训，无论分配到哪个岗位，必须参加专业培训，其主要内容是：图书馆工作概论、文献检索、文献分类标引、CALIS编目技能等。

4. 贯彻质量管理标准培训

为了使ISO9000质量管理体系有效地持续下去，必须对没参加过质量培训的员工进行质量管理理论及贯彻标准培训。其主要内容包括：ISO9000标准和ISO11620基础知识、质量方针目标、质量检查内容及程序、满足用户需求和期望的重要性等。

5. 研究型专业人才培训

为培养一支有较强文献研究能力和新业务开发能力的学科带头人、业务带头人和骨干管理人才，要分批选送有较好的专业基础和技能，有一定研究能力的图情专业本科生、研究生、具有副研究馆员职称以上的专业人员，进入国内重点高校的图情专业进修，并积极创造条件进入国际合作项目参加工作，接受锻炼，积累经验。

6. 管理型专业人才培训

为培养一批专业性较强和具有较强管理能力的中层管理人才，要选送有一定管理能力的、有一定外交能力的、适合在图书馆继续发展的本科以上学历的员工，参加国内重要的管理培训班，以确保图书馆人才梯队建设。

7. 针对专项任务的培训

在未来几年的发展中，图书馆工作将重点放在：科技查新、文献传递、信息素养教育、特种文献数字化、地方文献建设、电子文献与纸质文本的资源整合等，图书馆目前最需用的也是这方面的人才，要分批选送具有以上专项潜力的业务骨干参加国内举办的专项培训班，以便日后重点工作的正常开展。

（三）实施培训办法

1. 新员工培训办法

新员工的入馆教育分集中培训与分散训练：

（1）集中培训由图书馆人力资源管理开发小组统筹安排，制定详细的培训计划书（含目的、原则、时间安排、教员指派、学员档案、培训内容、培训过程管理、培训记录等）；

（2）分散训练由新员工所在部统筹安排，部主任制定训练计划书，建立一对一或一对多个员工的新老职工师徒教育制度。

2. 其他培训办法

（1）落实培训计划的工作程序

各部门根据需要将培训目的、内容及方式报送人力资源开发小组；

开发小组结合本馆情况编制《员工培训计划》，确定培训时间、地点、人员、内容和方式；

报送主管人力资源副馆长审核，经馆长批准，下达计划；

开发小组制定《员工培训管理制度》，确保培训工作有效性；

部门培训由各部门负责实施，图书馆培训由行政管理办公室协助开发小组组织实施；

落实培训教材及辅导材料、编写好教案，确定合适的培训教员；

组织培训人员准时参加培训；

及时填写《员工培训记录》。

（2）建设培训考核制度：教员协助开发小组负责规定考核形式、内容、时间和方法。

（3）外出培训人员的管理办法：参加国内外培训的人员，回馆后需将培训内容对本馆员工进行再次培训，并将所有培训资料复制一份交送馆内，以供其他馆员学习。

（4）建立完善的培训记录：开发小组根据员工培训内容，按照《记录控制程序》负责培训和考核的记录进行审议，写成书面意见，由馆领导做出最终评价。最终收集保管存入人事档案，以便对所有人力资源方面的资料和记录予以控制。

（四）加大人才引进力度

按学校五年发展规划，到2010年在校学生人数达到23 000人，图书馆的规模要按照学生数量的增长而同步扩大。至2010年，我馆纸质图书的总量将达到230万册，在编工作人员应达到120名。加上非在编人员和义务馆员，实际工作人员可能达到150人左右。目前图书馆在编人员72名，将增加38名，5年中每年至少增加9—10名，由于我馆新成立了学科馆员制度，并将成立文检教研室和数字化部，这方面人才非常缺乏，除此之外，科技查新、学科导航、特色数据库建设、计算机软件系统应用、期刊数据整合、文献采集分析、西文编目、古籍编目、地方文献研究、办公自动化等都需要高素质和专业性人才。引进高学历、高职称的专业型人才，力争5年内博士达到5%，硕士达到32%，本科达到60%以上（表8-11），使我馆的人才结构有一个质的变化。

1. 制定人才引进标准

参考咨询馆员的基本要求：参考咨询馆员必须胜任现代参考咨询相关的各种专业工作，包括文献检索与文献传递、科技查新、学科导航、文检课教学等。引进人才必须具有深厚的图书馆学、信息学及相关学科知识背景；具有较高的外语水平和计算机操作能力。

计算机与信息管理技术人员的基本要求：精通计算机技术、网络技术、数字化和虚拟技术等，能够胜任图书馆应用软件开发、系统维护和特色文献资源数据库建设。

地方文献和古籍研究人员的基本要求：具有良好的历史学、文献学教育和科研背景，具有很强的文献研究能力，外语阅读能力、少数民族语言和古汉语阅读能力。

图书馆管理人员的基本要求：精通现代管理学理论，对图书馆业务有全面了解，具有很强的组织管理能力，熟悉计算机网络技术，有较高的外语听说和阅读能力。

各类专业人才引进情况的预测见表8-7。

2. 人才引进办法

引进人才必须坚持"公开、公平、公正"的原则，采取规范的操作程序，真正做到任人唯贤。

（1）人才引进程序

根据岗位需求，确定年度引进和招聘计划，报学校审批；

在图书馆和学校网页上发布引进和招聘信息；同时向专业对口学校邮寄引进和招聘信息；

成立"人才招聘考核小组"（人事处、纪检处和图书馆三个单位组成），负责审核申请应聘人员的学历、专业、职称、科研成果、实际能力及已工作人员的工作业绩等个人档案；

对引进人员经初审合格后，由"人才招聘考核小组"组织专家严格面试，公开招聘人员必须经过严格的笔试和面试（成绩各占50%）；

经过面试、笔试、体检后，确定引进对象，在学校公告栏和网上公示一周，按学校人才引进和招聘的有关规定进行调动；

人才引进的所有待遇（住房、安家费、劳务津贴、科研启动费等）按学校标准给予。

（2）引进后的人才管理办法

第一，参照学校人才引进管理办法；

第二，建立固定编制与流动编制相结合的用人机制；

第三，建立健全岗位考核聘任制；

第四，加强素质教育，形成良好氛围。

（3）人才引进中要注意的几个问题

第一，引进的应是图书馆最需要的人才，即对图书馆工作最合适的人才，而不是完全以学历、职称论；

第二，因图书馆事业是社会服务工作，必须处处平心静气态度温和，做事情草率不得，敷衍不得，忽略不得，所以想升官发财的人、性情暴躁的人、做事浮躁的人不适合引进；

第三，注意保持图书馆合适的学历结构、年龄结构和学科背景结构、男女比例协调结构；

第四，注意处理好当前需要和长远需要的关系，合适人才与优秀人才的关系；

第五，尽可能考虑应届毕业生；

第六，对有突出才能和有重要影响的学者可以简略其中的笔试环节，但是必须保持公开性和坚持公平、公正的原则。

3. 评估人才引进效果

为了及时总结经验，提高人才引进的效果，必须定期对引进的人才进行评估。评估的依据主要是引进人才取得的业绩，可结合本馆的绩效考核进行。

（四）加强学术交流，开阔馆员的知识视野

1. 参加重要学术会议的必要性

学术交流是争取更多合作机会的重要途径，也是建设一座国际化的现代研究型图书馆的重要环节。通过参加国内外图书馆学术交流活动，可以了解图书馆界的最新研究方向、动态和方法，开阔图书馆馆员的视野，提升馆员的综合素质，并能与图书馆同行之间进行广泛的交流，增进相互间的友谊，扩大图书馆的影响。在未来五年，我馆要通过各种途径和形式进一步扩大对外学术交流与合作。尤其是要选择一些层次高、信息量大、主题突出的重要学术会议，鼓励馆员通过应征论文的方式积极参与，这对今后本馆的研究工作有着重要的借鉴和指导意义（表8-12、8-13）。

2. 制定参加学术会议的管理办法

制定《参加国际国内重大学术会议管理实施办法》。凡参加学术会议的人员，参会后必须提交一份参会总结报告，包括会议内容、主要精神、办会经验和参会心得体会等，最后提出发展与建设要求。以后根据需要在不同级别的会议上进行传达或交流，甚至可组织短期培训班进行培训，以便我馆在建设与发展中找出差距，随时让上级精神得以贯彻执行，尽可能地与全国图书馆的发展步伐保持一致。

加强会议资源的收集管理。凡参加学术会议的人员，参会后必须所有的会议资料完整地提交给图书馆。图书馆应根据内容、种类、时间、级别等的不同，将每年的会议资料进行分类整理，装订成册，作为文献资源建设的一部分保存在馆内，让馆员共享，充分发挥其作用。

（五）有关强化人力资源开发管理的主要对策

1. 营造良好氛围，建立学习型组织；
2. 为参与学习者提供时间保障；
3. 为在职进修者提供经费支持。

（六）多渠道筹措人力资源建设经费

筹措到足够的人力资源建设经费，是保障人力资源开发规划得以实施的重要因素，因此图书馆在尽力争取学校的经费支持外，还应积极开展各项社会活动，争取得到社会的广泛援助（表8-14、8-15）。

表8-1 海南大学图书馆人力资源2001—2005年龄结构

年龄 年份	50岁以上 百分比	50岁以上 人数	30-49岁 百分比	30-49岁 人数	18-29岁 百分比	18-29岁 人数
2001年	15.5	9	72.4	42	12.1	7
2002年	14.5	9	72.6	45	12.9	8
2003年	10	7	72.9	51	17.1	12
2004年	6.1	6	75.5	74	18.4	18
2005年	6.1	7	73	84	20.9	24

表8-2 海南大学图书馆馆员工学历结构（2005年12月）

学历名称	人数	所占比例	备注
博士	1	0.9%	高学历所占比例很小，只占了6.1%
硕士	6	5.2%	
本科	57	49.6%	专科、本科学历所占比例较高，占了74%
专科	28	24.3%	

表8-3 海南大学图书馆馆员学科结构（2005年12月）

学科状况	人数	所占比例	备注
跨学科背景	21	18.3%	
自然科学工程技术	33	28.7%	
社会科学人文科学	44	38.3%	所占比例最高
图书馆学、情报学	16	14%	所占比例最小

表8-4 海南大学图书馆馆员学历普教与成教比例结构

学历 \ 类别	人数	比例	备注
普教	28	24.3%	成教比普教高27%
成教	59	51.3%	

表8-5 海南大学图书馆馆员继续教育专业结构（2005年12月）

专业类型 \ 人数比例	本科人数	本科比例	硕士及以上人数	硕士及以上比例
图书情报专业	0		0	
信息计算机专业	0		2	1.7%
其他专业	22	18.9%	13	11.1%
合计	22	18.9%	15	12.8%

表8-6 海南大学图书馆馆员职称结构（2005年12月）

职称名称	人数	所占比例
正高职称	2	1.7%
副高职称	11	9.6%
中级职称	34	29.6%

续表

职称名称	人数	所占比例
初级职称	20	17.4%
其他	48	41.7%
合计	115	

表8-7 海南大学图书馆2001—2005年各类岗位人员变化情况

岗位 年份	基础服务		参考咨询		采访编目		技术服务		行政管理		后勤服务	
	人数	百分比	人数	百分比	人数	百分比	人数	百分比	人数	百分比	人数	百分比
2001年（58人）	33	56.9	4	6.9	6	10.3	5	8.6	7	12.1	3	5.2
2002年（63人）	35	55.6	4	6.3	8	12.7	6	9.5	7	11.1	3	4.8
2003年（71人）	42	59.1	4	5.6	9	12.7	7	9.9	6	8.5	3	4.2
2004年（99人）	54	54.5	10	10.1	18	18.2	7	7.1	7	7.1	3	3.0
2005年（115人）	61	53.0	13	11.3	19	16.5	8	7.0	7	6.1	7	6.1

表8-8 海南大学图书馆馆员性别结构（2005年12月）

性别	人数	所占比例	备注
男性	28	24.3%	女比男多51.4%
女性	87	75.7%	
合计	115		

表8-9 海南大学图书馆人才招聘与解决人才配偶比例结构

到馆类型	人数	所占比例	备注
人才引进	5	4.35%	解决人才配偶和子女比人才引进和招聘多54.78%
人才招聘	12	10.43%	
平级调动	18	15.65%	
解决人才配偶、子女	80	69.56%	

表8-10 图书馆人力资源建设——到2010年各岗位变化预测表

年份 \ 类型	基础服务（包含流通、阅览、行政、后勤）		咨询研究服务（包含科技查新、学科导航、文献传递、馆际互借、各种培训、文献信息研究）		数字技术服务（包含采访、编目、数字化网络化建设、系统维护、办公自动化管理、软件开发）		信息素养教育服务（成立信息素养教研室，主要负责全校各年级的信息素养教育）	
	人数	比例	人数	比例	人数	比例	人数	比例
2005年（115人）	74	64.3%	13	11.3%	24	20.9%	0	
2010年（150人）	60人（40%）			90人（60%）				

表8-11 海南大学图书馆2006—2010年专业人才引进预测表

专项 \ 要求	毕业专业	学历或学位	职称	人数	业务水平要求	分配部门和承担工作
参考咨询馆员	理工科专业、图情专业	博士或硕士	副高	5	精通图书情报业务、具有相关专业的研究能力	参考咨询、科技查新、学科导航、文检课教学
计算机与信息技术	计算机或信息技术技术专业	硕士	中级或副高	5	精通计算机与信息技术、熟悉图书情报业务	应用软件开发、系统维护、特色数据库开发
地方文献研究	历史文献或古籍研究	硕士或以上	中级或副高	3	精通历史文献学和古籍研究	省文献中心、地方文献部
现代图书馆管理	图书馆管理或工商管理	硕士或以上	中级或副高	3	精通图书馆管理、有很强的公关能力和外语能力	行政办公室、质量管理办公室
总计				16		

表8-12 海南大学图书馆2001—2006馆员参与学术会议交流情况统计

会议级别		一般参会	小组发言	大会发言	重点讲演	论文录用	正式发表
国际学术会议			1			1	1
国内会议	中图学会			1			
	中图学会分会						
	CALIS	1	1		1		
	教育部高校图工委		1	1			1
	中南六省学术年会		1				
	其他学术会议						1

表 8-13 海南大学图书馆 2006—2010 年馆员参与学术会议交流预测

会议级别		一般参会	小组发言	大会发言	重点讲演	论文录用	正式发表
国际学术会议		5	1	1		4	4
国内会议	中图学会	5		1		5	5
	中图学分会	6				6	
	CALIS	4	4	3	1	3	3
	教育部高校图工委	5	2	3		3	3
	中南六省学术年会	5	5	5		6	3
	其他学术会议	5	3	2			5

表 8-14 海南大学图书馆 2006—2010 人力资源开发经费预算（单位：万元）

年份\类型	短期培训		学历教育			科研奖励		学术交流		考核奖励	总计
	国内	省内	研究生	本科	专科	论文	课题	国际	国内		
2006 年	1.4	0.4	0.2	0.2	0.1	0.3	0.3	0.5	1.6	0.5	5.5
2007 年	1.6	0.5	0.3	0.2	0.1	0.3	0.3	0.5	1.7	0.5	6.0
2008 年	1.7	0.6	0.3	0.2	0.1	0.4	0.3	0.5	1.9	0.5	6.5
2009 年	1.7	0.6	0.3	0.2	0.1	0.4	0.3	0.5	1.9	0.5	6.5
2010 年	1.7	0.6	0.3	0.2	0.1	0.4	0.3	0.5	1.9	0.5	6.5
小计	8.1	2.7	1.4	1.0	0.5	1.8	1.5	2.5	9.0	2.5	31.0

表 8-15 海南大学图书馆 2006—2010 人力资源开发经费来源预测（单位：万元）

年份\来源	校拨人事培训费	分管校长基金	争取其他资助	合计
2006 年	2.5	3.0	1.0	6.5
2007 年	3.0	3.0	2.0	8.0
2008 年	3.5	3.0	3.5	10.0
2009 年	3.5	3.0	3.5	10.0
2010 年	3.5	3.0	3.5	10.0
合计	16.0	15.0	14.5	45.5

第九章　立足科学管理　质量绩效并进

为了巩固海南大学图书馆科学管理的成果，明确我馆在"十一五"期间科学管理的主要任务及发展目标，通过科学管理促使图书馆更好地为读者服务。根据海南大学中长期发展战略规划精神，结合我馆实际，制定本规划。

一、过去五年我馆科学管理取得的重要进展

过去五年，在学校领导的支持和全馆员工的共同努力下，我馆科学管理取得了重大进展，进入全国高校图书馆的先进水平。

（一）进一步健全图书文献工作管理与协调机制

1. 成立校图书馆工作委员会，完善图书文献工作新机制

按《普通高等学校图书馆规程（修订）》第九条的规定："高等学校应设立图书馆工作委员会，作为全校文献信息工作的咨询和协调机构。"2004年11月，海南大学图书馆工作委员会正式成立。海大图工委由学校分管领导任主任委员，图书馆馆长任副主任委员，学校职能部门负责人、各学院分管图书文献工作的负责人、具有学科代表性的教学科研人员、学生代表和图书馆业务副馆长任委员。新成立的校图工委，已经在图书馆发展中的重大问题决策、二级馆建设、图书文献资源建设以及图书馆服务改进等方面发挥重要的咨询和协调作用，成为图书馆与读者联系的重要桥梁和纽带。

2. 完成二级馆改造，实现全校图书文献一体化管理

我馆从2003年起着手对全校各院（系、部、所、中心）文献信息资源展开调查，然后经过相应的管理与技术改造工作，把各院系资料室建设成为管理和服务规范化、与总馆完成联网的二级图书馆。经过二年多的努力，目前12个学院、一个公共教学机构和一个公共实验机构的二级图书馆已基本建成。各院系二级图书馆实行学校、学院两级管理模式，图书馆完成对二级图书馆的ILAS系统安装、图书分编、人员培训及部分图书设备的调拨，各院系也加大了对二级馆的投入，充实文献和设备。原院（系、所）二级图书馆的所有文献全部按有关分编规范重新编目，进入图书馆书目数据库，并对全校师生开放。通过校内文献资源的整合，实现了全校文献信息资源协商建设、分散收藏、规范管理、资源共享。

3. 适时调整业务部门，机构设置与功能需求相一致

从 2004 年起，我馆对业务部门进行调整，使之更符合图书馆发展的需求，比如，根据二级图书馆建设在一段时间内任务重、时间紧的特殊需要，我馆特地成立了系统部，负责全校图书馆自动化系统的建设、维护、管理和人员培训。在完成其使命后，又对系统部和技术部进行合并，使部门责任更清晰。由于迎接教育部和教育厅两个评估的需要，图书采访、编目工作非常繁重，所以把原采编部分设为采访部和编目部，并对编目部分解为两个编目小组。为适应质量管理的需要，成立质量管理办公室。通过一系列的业务机构调整，使全馆各个部门的工作职责更加清晰，运作更加流畅。

4. 确立以读者为中心的办馆思想和管理理念

针对以往图书馆过分注重资源建设而忽视服务质量和服务创新的弊病，图书馆在 2005 年引进全面质量管理时，提出"以读者满意为目的，持续改进服务"的服务质量方针，在馆内展开全面提高服务质量大讨论；实行馆长、部主任轮流到一线服务工作制；制定一系列奖罚制度；举办礼仪形象培训班；成立由读者和馆员参与的"提高服务质量"督查组；发放读者满意调查表，并开展一系列优质服务月活动，在全馆员工中确立以读者为中心的管理思想，对图书馆工作的评价也从自我评价向读者评价转变。

5. 实施图书招标采购，强化对采购过程的监管

2004 年 9 月起，我馆对纸质文献实施招标采购，到 2005 年底，共进行 4 次招标，标的 26 万册，采购资金总额约 870 万元。通过招标采购，使图书采购过程更加公开、公正与公平。由于增强了竞争性，供应商也向图书馆提供文献编目数据及文献加工等更多的服务，节约大量的文献加工成本，加快图书分编入库速度，为我校通过本科教学评估做出了贡献。

6. 实行全面质量管理，进入图书馆科学管理新阶段

为了全面提高图书馆服务质量，我馆于 2004 年 7 月正式启动 TMQ，并着手进行有关文件编写；2004 年 9 月，图书馆成立质量管理办公室（以下简称质管办）。2005 年 2 月底，根据 ISO9000 族质量管理体系和 ISO11620 图书馆绩效指标制订的《海南大学图书馆质量手册》、《海南大学图书馆程序文件》和《海南大学图书馆部门工作手册》完成编写。在三次优质服务月活动和第一次 QMS 内部审核的基础上，2005 年 6 月顺利通过了方圆标志认证中心海南分中心的认证审核，并于 2005 年 7 月 19 日获得认证合格证书，成为我国大陆地区第一家以图书馆为独立单位获得 ISO9001 质量管理体系认证的机构。图书馆的服务质量和业务工作水平迅速提升，读者满意率在实施全面质量管理前约 42%，2005 年 10 月上升到 86%。

7. 试行绩效管理，提高全员工作效率

从 2005 年第二学期开始，开始对图书馆员工的个人业绩进行绩效管理。所采取的措施包括登记、统计和公布员工的工作业绩，了解各种岗位的标准工作量，将过去认为难以量化的管理工作也加以量化，使业绩考核和管理尺度更加容易准确掌握。

二、目前管理中存在的主要问题和困难

（一）现行管理体制不适应绩效管理的要求

首先，受高校图书馆的传统管理体制的约束，办馆自主权特别是人事权、财务权不能自主，导致行政管理和绩效管理脱节，缺乏必要的经济奖惩和人事调整机制，许多质量管理和绩效管理的措施得不到落实，明显降低了各种管理措施的权威性，员工的积极性就不能得到很好的发挥，这是目前我馆开展全面质量管理和绩效管理实践中遇到的一个突出问题。

其次，绩效管理不理想的一个重要原因是缺乏必要的经验和科学研究。因为长期以来我国图书馆行业未能制订出为工作人员普遍接受和认可的量化标准，绩效管理目前只停留在进行工作记录阶段，未能形成对员工的有效约束和激励。

（二）人力资源的现状与发展科学管理的新要求不相适应

为了开展图书馆科学管理必须培养和训练一支既熟悉图书馆业务，又精通现代管理的专业人员队伍。但是，从我馆人力资源的现状来说，专业人员占全馆员工的 20%，并且馆员的专业结构不合理。这种状况并不适应作为实施现代图书馆科学管理探索使命的形势的要求。

从总体上来说，图书馆的全面质量管理和绩效管理在我国还处在探索阶段，无多少成熟的规则可循，许多内容需要我们在深入研究的基础上加以创造，对率先开展这项工作的图书馆人力资源总体素质提出了更高的要求。其次，现阶段我国图书馆行业为了应对信息技术革命的挑战，正处在各种变革之中，必须在业务部门的功能发生改变或新的服务项目开展时，全面质量管理必须及时地做出反应，通过修改或制作新的质量管理文件以适合新的工作要求。

三、"十一五"海大图书馆科学管理发展目标

（一）总体目标

通过进一步完善全面质量管理，强化图书馆的服务功能；通过实施绩效管理，激发员工的积极性，强化图书馆执行能力；通过引入无差错管理，提高各项工作的准确率；实现图书馆高效、低耗、优质运行的目标。

(二) 具体目标

1. 进一步完善质量管理体系，创造独特的质量文化

根据持续改进的原则，对质量管理审核中发现的问题进行分析，结合图书馆的现状及未来的业务发展计划，对质量管理文件体系进行评审、修订，特别是在增加新的服务项目和业务工作、各部门工作流程、不合格指标的设定和验证以及质量审核等方面进行修订，使我馆的质量管理体系更加符合复合型高校图书馆发展的需求，更加有效运行。并通过经常性的质量检查和质量评审、优质服务月活动、质量管理体系的培训等活动，让质量管理体系深入人心，创造和培育质量文化，让每一个员工都具备强烈的质量意识。

2. 推行绩效管理，建立科学的绩效评估指标体系

"十一五"期间，图书馆将建立绩效评估指标体系，采用定性或定量的方法，对图书馆各项工作和预定目标进行评价和测量。并把绩效管理和全面质量管理、学校人事部门组织的年度和学年度考核结合起来，建立起一套完整的可操作的考核、激励机制，通过客观公正的评价，激发员工的工作热情，达到图书馆高效、低耗、优质运行的目的。

3. 强化图书馆的文献信息获取能力

在采集符合读者需求的纸质文献和电子文献的基础上，通过对网络资源的收集和整序，以及和更多的文献信息机构建立合作关系，拓宽文献信息的来源，强化图书馆获取文献信息的能力，以馆内外文献信息为读者服务。

4. 建立以读者需求为导向的现代服务文献信息服务体系

"十一五"期间，图书馆做好传统文献借阅服务的基础上，努力拓展新的高增值服务项目。建立综合性的科技查新站，为全省科技成果申报、鉴定、奖励及科技创新工作提供国内外查新服务，逐步开展定题服务、决策咨询服务和企业创新咨询服务，并结合"学者服务网"的建设，把我馆建成全省科技信息咨询服务中心和科技信息交流中心；加强图书馆的网络化、数字化建设，面向全省开展文献复制、文献传递、文献提供服务，把图书馆建成全省文献信息提供中心；加强海南特色文献的收集和研究，把图书馆建成海南地方文献研究中心。构建一个读者需求驱动的现代化文献信息服务体系，维护读者的合法权益，为读者提供个性化的文献信息服务。

5. 重组图书馆业务工作流程

我馆目前的机构设置和业务流程是从以手工作业为主的传统图书馆演化而来。除技术部外，与以纸质图书为主的图书馆无任何区别。面对电子馆藏的增长、虚拟文献的扩张以及学校二级馆的运行，现有的机构设置、业务流程和部门职能进行必要的整合，以适用我馆自动化、网络化、数字化进一步发展的需要。

6. 强化图书馆总馆和院系二级馆以及教学科研人员之间的联系

通过进一步完善学科馆员和图情顾问制度，强化图书馆与二级馆之间，各院（系）二级馆之间的协调和统一管理，加强图书馆与院系之间的联系，保证图书馆在资源建设和信息服务方面更具有针对性，服务效率更高。

5. 推行人性化管理，让图书馆成为和谐的精神家园

在管理中体现以人为本的思想，在图书馆布局、功能设置、制度建设、服务项目等方面体现图书馆对读者的人文关怀，为读者提供便利、舒心、快捷的人性化、个性化服务。在内部管理中，致力于开发员工的潜能，提高员工的素质，尊重员工的人格和合理需要，以凝聚的合力、创建员工激励机制作为管理的基本手段。在管理制度的制订中体现人文关怀，以严格的目标和人性化的管理相结合，调动全体员工的主动性、积极性和创造性，从而全面实现图书馆的各项管理目标。

6. 推行无差错管理，提高资源配置的有效率和工作的准确度

要求每一位图书馆工作人员在正式开展每项工作以前都必须针对其具体目标进行全方位的调查研究，充分考虑各种可能出现差错的因素，防患于未然，然后进行合理安排、科学规划，针对每种可能发生的情况都要制定出多套应对措施，最后从中选出最佳方案。提高资源配置的有效率和工作的准确度。把无差错管理和绩效管理、业绩考核、奖惩机制挂钩，最终完善图书馆的管理机制。

7. 加强公共关系管理，改善图书馆形象，加大经费筹措力度

图书馆要改变传统的计划经济时代形成的许多落后的观念，要打破封闭的状态，积极地走向社会，改善自己的形象，争取更高的社会认同和更多的社会支持。

要使图书馆事业不断获得发展，服务水平不断得到提高，就必须有足够的经费。由于图书馆推行免费服务，图书采用招标采购，图书馆的收入急剧下降，影响到图书馆的各项项正常业务活动的展开。因此，一方面要向学校要求增加必要的办公经费的拨款，另一方面要想方设法争取社会的捐助。与此同时，还要通过开发服务增值服务，增加自身收入，以期有充足的经费开发新的服务项目，提高服务质量。这些都要求图书馆积极努力改善自身形象，做好公共关系，提高自身的亲和力和社会认同度。

四、强化质量管理的措施与步骤

（一）主要措施

1. 强化质量管理机构，赋予更多的管理职能

现在的质管办，从职能上说，只负责图书馆全面质量管理，而质量管理只是科学管理的一部分，图书馆将改组质量管理办公室，授予更大的权限，负责质量管理、

绩效管理、业绩考核、读者投诉等。

2. 强化质量管理在全馆工作中的核心地位

如果没有馆领导的高度重视，科学管理都极容易流于形式。图书馆已任命一名副馆长分管科学管理工作，分管领导必须认真履行职责，全面负责起图书馆各项科学管理计划的实施。

必须配备足够的人手开展管理工作。由于绩效考核工作量大，如果由部门主任计量，则可能影响其管理职能。各部门将设置兼职的绩效考核员岗位，负责对员工的工作绩效进行认真的统计和考核。

3. 开展全员培训，开发人力资源

由于质量管理、绩效考核等管理方式涉及较多的业务知识，图书馆将为相关人员提供必要的培训机会，提高员工的管理水平。

为更多的员工提供外出考察的机会。由于国内开展质量管理和绩效管理以及进行业务流程重组的图书馆不多，从文献中直接可获得的资料不多，但是相关的实际经验不少。因此，必须对国内科学管理较为成功的图书馆进行考察学习，借助兄弟图书馆已经成功的经验。

(二) 实施步骤

第一步，2006年底，完成质量管理文件第二版的修订；2006年底完成绩效管理相关文件及指标的设定并开始实施。2006年底，制订出无差错管理的具体措施。

第二步，2007年10月，完成业务流程和业务机构的重组。

第三步，2008年3月，完成业务流程和机构重组后的新的质量管理体系的修订。

第四步，2009年，全面审视图书馆科学管理的经验和教训并进行改进。

第十章　发展学术研究　指导实践创新

高等学校图书馆的主要职能是为读者提供全面的文献信息支持和知识服务，为教学科研创造一个高度信息化和数字化的环境。因此，建设有较高学术水平的研究型图书馆是我们面对信息时代和知识时代做出的重要回应。

研究型图书馆的最突出特征是不再以收藏和管理图书作为主要的业务，其工作重心已经转移到信息资源的二次开发并且为读者提供与他们的工作紧密衔接的知识服务。因此，研究型图书馆不再是信息和知识的"仓库"，而是信息和知识的"加工厂"。与此同时，图书馆中的馆员已经不再是传统意义上的图书管理员，而是熟知某个学科领域的信息处理专家和文献研究学者。

为适应海南大学从一所普通的教学型高校向教学研究型高校迅速发展的新形势和新要求，图书馆必须及时地调整办馆思路，从强化自身的科研工作出发，逐渐形成文献研究和现代信息服务的基本框架和工作流程，致力于建设一座有特色的、与本校的学科专业发展相配套的研究型图书馆。

一、过去五年科研工作取得的进展和存在的问题

近年来，随着图书馆自动化、网络化和数字化的发展，我馆的业务流程和服务模式正在开始发生变化，在图书借阅的基础上增加了文献研究和信息技术应用的研究，科研工作占图书馆日常工作的比重越来越大；从人员结构上来说，以信息分析和文献研究为主要工作内容的学科馆员和研究馆员在图书馆中的比例不断扩大，地位不断上升。

2004年6月，我馆在新一轮机构设置中成立了咨询研究部，对外承担参考咨询服务和其他现代图书馆业务，对内承担科研组织工作，与校科研处实行工作职能对接。2005年，我馆成立了"海南大学图书馆学术委员会"，由经验丰富的资深研究馆员和本馆中青年学术骨干组成。咨询研究部和学术委员会的成立为我馆的科研工作建立了新的工作平台，产生了新的推动力。

近年来，我馆不断完善鼓励馆员参与科研工作和各项学术活动的规章制度。图书馆对馆员承担的大多数科研课题给予启动资金资助，对发表论文给予奖励。鼓励和资助馆员参与国内外学术交流，馆员参与层次较高的学术会议可报销全额差旅费和会务费。积极组织以本馆和本省高校图书馆改革创新实践活动为研究对象和科研课题。努力开拓国内合作领域，为馆员参与国际合作项目创造条件。

2003年和2004年，我馆每年发表的学术论文都在20篇以上，2005年发表的论文数量超过30篇，人均发表论文数量逐年增长幅度超过20%。2004—2005两年全馆共完成科研项目12项，部分项目获得较高的评价和良好的效益。其中，由研究馆员黄晓英主持完成的省教育厅高校科研资助项目"海南学术网络信息导航数据库系统建设"，分别通过海南省教育厅、海南省科技厅的评估验收，并获得海南省科技进步二等奖。以海大图书馆为骨干力量的海南省数字图书馆建设重点项目《海南省特色数据库建设》取得重大进展。在第一阶段工作取得重大成绩的基础上，第二阶段研究课题已经正式启动。

图书馆积极推荐学者参与国际学术活动。2004年8月，副研究馆员张红霞的研究论文《严峻挑战和历史机遇：论中国信息素质教育》入选国际图联70届大会，张红霞应邀出席大会并在亚太组会议上宣读论文，这是我省图书馆学者首次登上国

际图书馆界学术讲坛。

自 2004 年下学期以来，图书馆进一步加大了科研组织工作的力度，建立了一整套科研奖励办法和相关的奖励制度，为图书馆科研工作的提升提供了制度保障和物质保证。近年来，图书馆的科研工作不断取得新的进展，无论在组织课题申报，还是在开展学术活动方面都有了新的突破。在全校获得的 2005 年度社会科学基金资助的 24 个项目中图书馆获得 4 项，并且有多位馆员申报国家社会科学基金项目和省自然科学基金项目。

过去数年我馆科研工作存在的主要问题有以下几个方面：

1. 科研工作的层次不高，缺乏有影响力的科研成果

目前我馆所承担的科研课题主要是省教育厅、省社会科学研究基金资助课题，还没有国家级自然科学基金和社会科学基金资助课题。科研成果的影响力也有限，缺乏在国内外有重要影响，能够产生重大社会经济效益的科研成果。

2. 与本馆的改革发展实践结合不紧密，缺乏原始性研究成果

近年来，我馆或海南省图书馆界在区域性文献共享受体系建设、馆际互借、特色资源数据库建设、图书馆全面质量管理、二级图书馆建设等方面的的实践探索已经取得重要进展，但是我们的科研工作却远远落后于实践，缺乏对实践的认真总结和深入研究，更缺乏原创性的研究成果。反而是省外或国外学者研究海南的实践案例，写出了有影响的文章。科研与实践脱节，既影响了我省图书馆改革实践的持续深入发展，也影响了我馆科研成果的影响力。

3. 科研工作组织程度不高，馆员参与不广泛

随着馆学术委员会和咨询研究部的成立，为我馆科研工作搭建了新的平台。但是，这两个机构发挥的作用不够充分，科研组织工作缺乏经常化和制度化。馆员参与科研工作普及程度不高。目前经常性参与科研工作的馆员还不到馆员总数的 1/3。强化我馆科研工作组织工作，提高馆员的参与率是一件十分紧迫的任务。

二、未来五年科研工作发展的主要目标

（一）科研工作发展的总体目标

建立一个以需求为主导，以科研为基础的现代化研究型图书馆是未来五年我馆的总体发展目标。科研工作自身的发展目标是紧紧结合我国图书馆界，尤其是我馆自身改革和发展的实践，产生一批有重大影响的原创性成果，争取在图书馆的理论发展上有重大的建树，对我国图书馆的发展有重大的指导意义。

(二) 科研工作发展的具体目标

1. 结合本馆改革创新的实践活动创造一批原创性学术成果

结合我馆正在进行实践探索的图书馆全面质量管理、绩效管理、无差错管理、二级馆建设、学科馆员和图情顾问制度建设、学者服务网建设，等等方面展开深入研究，做出一批原创性的研究成果。

2. 加强图书馆的基础研究，提高我馆的整体学术水平

加强基础研究是提高图书馆整体学术水平的关键。建议我馆选择适当的学术方向，组织一定的研究力量，开展基础研究。比如，可考虑就图书馆社会学、图书馆管理学等领域开展基础研究，做出一批有影响的研究成果，提高海大图书馆在整个图书馆界的学术地位。

3. 结合地方发展开展研究，促进区域性知识创新体系建设

面向本地区开展科研和服务是地方综合性大学图书馆的重要功能。随着图书馆科研工作的展开，建立在研究和现代信息技术基础之上的图书馆业务将会得到了迅速发展。2004年图书馆为全校教师提供文献检索100多人次，提供全文761篇。同时还完成了妈祖信仰与文化、饲草营养、城市经营、诉讼和解、旅游美学、黎族民俗、文化等专题的检索和定题咨询工作10余项。2003年和2004年，我馆每年要完成教育厅、科技厅课题立项查新、科技成果论证查新以及引文检索证明等查新和审核10项。2005年上半年，完成的科技查新工作量与前两年相比，有了成倍的增长。目前图书馆已经派出人员参加科技查新的资格培训，正在为正式向教育部申请查新站做准备。

重点学科导航数据是我馆面向全校展开的主要的科研服务项目，目前已经完成化学工程、生物技术专业通用资源、电子文献、研究机构、协会组织与团体、相关站点等688条的测试，为重点学科建立做出了实际的贡献。

今后，我馆要立足为海南高等教育服务的宗旨做好各种科研工作。尤其是要突出为重点学科发展、为重点产业发展、为重点文化建设服务的原则，开展各种科研工作，以科研促进服务，以服务带动科研。通过图书馆提供强大的文献保障和知识服务，促进海南区域性知识创新体系的形成和发展。

4. 发掘和整理地方文化资源，提升海大图书馆的文化品位

近年来，学校不断加大对图书馆的经费投入，藏书量大幅度上升。但是，仅仅有一定量的藏书并不能满足广大读者尤其是科研工作者对图书馆知识服务的需求。为创办一座有地方文化特色的研究型图书馆，我们必须大量收集本地的各种文明记录，包括以图书文献和其他载体的文明记录。过去几年经过社会各界的努力，已初步收集到琼北地区民俗物品几十件，诸如：石器类、木雕类等。应该说此项工作还

在起始阶段，我们要加大力度，搜集更多的实物和各种载体的文献资料，这对保存海南文化和研究海南文化是十分必要的。

三、强化科研工作的主要措施

（一）树立以科研立馆的理念，提升科研工作的地位

长期以来，在一些传统的图书馆，尤其是在一些基础条件较差的中小型图书馆，人们把开展图书借阅的基础服务看做是图书馆的"主业"，其他的活动，包括科研活动都看做是"副业"，放在无关紧要的位置。由于科研活动得不到应有的重视，更得不到必要的人力、物力和财力的支持和保障，科研工作基本上成为少数馆员的业余活动，大多数馆员维持在简单应付日常事务的状态，这样的图书馆实在无法成为研究型图书馆。

（二）立足"开门办馆"，在社会服务中寻找科研课题

在开展服务创新的过程中，我馆正在变传统的被动服务为主动服务，力争在一个地区的科技创新工程中发挥核心骨干作用。从去年开始，我馆文献信息中心开展了"学者服务网"的建设。通过以网络为平台的参考咨询系统，图书馆已开始为全校和全省的学者开展文献传递、参考咨询、定题服务、学科导航等各种现代信息服务。在展开各种服务的过程中，我们会了解实际的需求，合理地确定科研课题，提升科研工作的水平。

（三）加强学术交流，提升科研工作的层次

与国内外的图书馆学术机构展开密切的学术交流，是提升我馆学术水平和科研工作水平的必要环节。2004年9月，我校图书馆正式加入国际图书馆联合会，成为国际图联的正式成员，为我馆开展科研工作建立了很好的平台。但是要利用好这个平台，还有大量的工作要做。

第一，保持与国际图联的经常性联系，积极参与国际图联的各项学术活动。

第二，积极创造条件邀请国际图联领导人和专家，及其他国际知名图书馆学者到本馆访问和做学术交流。

第三，充分利用国际图联的信息和交流网络，提升我馆的科研与学术水平。定期翻译国际图联的简报和各种重要通知，在本馆网站上转载国际图联的重要信息。积极向国际图联的简报上投稿，介绍我馆和我国图书馆事业发展的最新动态和重要信息。

（四）为开展科研工作提供各种保障

1. 提供人力和经费保障

为了真正确立科研在全馆的中心地位，必须提供足够的人力、物力与财力的保

障。规划从2007年起首先在图书馆内部设立科研专项资金，以后根据业务发展的需要，逐年增加科研经费。要不断拓宽科研经费渠道，争取更多的政府和社会支持。

2. 进一步充实和完善科研工作的组织机构

进一步充实咨询研究部的人力，强化馆学术委员会的作用。选拔有强烈事业心的人担任咨询研究部和学术委员会负责人，为他们开展工作创造良好的条件和环境。

3. 进一步完善鼓励和支持科研工作的政策

鼓励全体馆员积极参与科研项目，除了给予一定的项目启动经费支持外，鼓励各个岗位上的馆员在保障服务岗位职责的前提下，结合本馆的改革发展试验活动开展科研。对在科研工作中做出成绩和贡献的人员给予精神和物质的奖励。

第十一章　强化交流合作　创造互赢模式

近些年来，随着我国社会主义建设事业的迅猛发展，我国的图书情报事业也进入了历史上发展最好的时期。图书馆从业者改变了安于现状的思想状态，逐渐树立起服务理念、效益理念和开放理念，开始走出馆门、校门，甚至走出国门，积极主动地将馆藏中"沉睡"的大量文献信息挖掘出来，服务于教学科研和经济、文化建设。同时，馆与馆之间也打破了自我封闭馆藏文献信息资源的传统做法，以提高社会效益为目标，推进文献资源共享。从开放的深度来说，图书馆不仅要热忱接待上门查找资料的国内外读者，还应开展多渠道、多形式、多方面的对外交流与合作，从而在更大的范围内共享和利用文献和信息资源。

一、海大图书馆对外交流取得的主要业绩及存在的问题

（一）近年来对外交流与合作取得的主要业绩

海南大学图书馆建馆20多年来，走过了一条不断扩大对外开放，在对外交流与合作中不断壮大自己的发展道路。长期以来，我馆非常重视对外交流，尤其是努力争取海外琼籍华人、华侨、国际友人和社会各界对图书馆发展的支持。海大图书馆不仅是省内获得海外华人华侨和国际友人支持最多的图书馆，同时还是国际图联的正式成员，其馆员多次代表海南和中国登上国际学术讲坛。海大图书馆也是我国高校中对外交流与合作成效最为显著的图书馆之一。

1. 争取海外华人华侨捐赠成果显著

进行国际和地区间高校图书馆的书刊交换和争取捐赠，是促进学术交流和图书馆发展的重要途径。海南大学图书馆由于建馆时间较短，还没有真正建立国际性图书交换网络，但已经接受了很多团体或个人的赠书，得到许多学术价值很高的外文文献资源，弥补了我馆外文文献的不足，成为读者了解国外学术信息的重要来源。早在20世纪80年代的建馆初期，林汉华先生捐赠外文原版书2万多册，吴乾华先生向我馆捐赠了成套的《四库全书》等珍贵图书。90年代新馆舍建设时间，我馆得到了一大批琼籍华人华侨的捐款支持。从1997年到2005年，捐款总额折合人民币达到3 000万元以上。2002年至2004年，香港汉荣书局董事、总经理石汉基先生向我馆捐赠港台书刊12 057册；2005年，加拿大安达略省海南同乡会为我馆捐赠了两万余册外文原版图书。随着我国对外开放的不断深入，特别是加入WTO之后，高等学校越来越重视提高学生外语水平，由于许多专业性外语教材是国内买不到的，而进口图书又非常昂贵，因此赠书就是很好的原版外文教材来源。国际赠书已成为我馆补充馆藏文献特别是外文图书馆藏的重要渠道之一。这些图书都具有极高的学术价值，弥补了我校图书馆购书经费的不足，改善了本馆馆藏文献资源结构，提高了馆藏质量，满足了教学科研活动对外文图书和文献信息的需求。

2. 积极参与国际图联组织，不断拓展国际学术交流平台

为了建立常规化的国际交流与合作平台，及时了解国际学术信息和图书馆事业发展最新动向与最新科研成果，2004年9月，海南大学图书馆正式加入国际图联，成为中国大陆第28个有正式投票权的机构成员。2005年3月，詹长智馆长在国际图联新一届领导机构改选中，在中国图书馆学会和西班牙图书馆学会的共同推荐下当选大学图书馆和一般研究型图书馆专业组常务委员会委员。

近年来，我馆十分重视参与图书馆领域的国际交流合作，已多次派遣本馆馆员外出进修和参与国际合作项目。2004年8月，张红霞副研究馆员赴阿根廷参加第70届世界图书馆与情报大会，并在大会宣读论文。2005年8月，詹长智馆长赴挪威参加第71届世界图书馆与情报大会，并在北欧四国作图书馆考察。2005年11月，李春副馆长在杭州参加数字图书馆国际研讨会。2006年8月詹长智馆长、张红霞副研究馆员参加第三届上海图书馆国际论坛及72届世界图书馆与情报大会上海会前会，并在会议上宣读论文。

2005年，我馆张红霞研究馆员赴美国西蒙斯学院参与"全球记忆网"（Global Memory）国际合作项目，取得重要成绩。通过参与国际合作开阔了馆员的视野，更新了知识，了解到发达国家信息技术发展的最新动态。同时也提高了我馆的国际知名度和影响力，带动了其他方面的发展。

与此同时，海南大学图书馆也十分注重采用"请进来"的方式开展国际学术交

流。近年来，来自美国等国家的高校图书馆学者来馆访问考察的有十多余次。其中包括邀请美国著名图书馆与信息技术专家，西蒙斯学院研究生院教授陈钦智博士、美国加州大学北谷分校著名图书馆学者，中国社区图书馆事业的主要推动者左四臧教授，美国夏威夷大学图书馆东亚部馆员姚张光天女士等到馆作学术报告和交流。通过学术报告和交流，使广大馆员开阔了眼界，了解到发达国家图书馆管理和发展的经验。

（二）对外交流发展中存在的困难及主要问题

为了融入国际高校图书馆事业发展的大环境，建设与国际接轨的一流水平大学图书馆，我馆把国际学术交流提到重要的工作日程，力促其事业向国际化方向发展。但我馆对外交流建设事业的发展一直也面临着许多的困难和问题。

1. 经费缺乏阻碍对外交流的发展

经费问题是阻碍图书馆扩大对外交流的主要因素。图书馆开展对外合作及交流等都需要一定的经费作保障。虽然学校在图书馆的发展经费方面给予了大力支持，但由于我们起点低，起步晚，还是不能满足发展需求。经费不足只能使许多美好的构思陷于空想。

2. 专业人才及高技术人才队伍缺乏

图书馆的发展方向是建设信息密集型的数字图书馆，这就要求馆员必须使用大量高技术电子设备，必须面对网络上大量专业信息和非本国语言的数据信息，必须分析、研究、综合、重组各类信息，使之与读者的需求相匹配。图书馆应建立一支包括图书情报、外语、计算机技术和学科专业知识基础等各方面的高技术人才队伍，才能够较好地开展对外交流工作。从目前的情况来看，我馆还十分匮乏符合这些要求的图书馆员。

3. 缺乏专门的业务机构

由于我馆没有专门的机构及人手负责对外交流事宜，工作人员只能在完成本职工作之余开展一些简单的交流活动，而不能将全部的时间与精力投入到该项工作中去，因此对外交流合作工作尚未系统化。

4. 未建立起有效对外宣传的网络平台

随着互联网的兴起及网络宽带的普及，人们获取信息的方式也由封闭的受限制的纸质媒介转向多种渠道，使得人们能够更容易更多地从互联网上查找并了解相关信息。因此，通过网络平台可以使更多的人了解我馆。但图书馆目前还未建立起一个有效对外宣传的网络平台系统。

图书馆目前接收捐赠的渠道还比较单一，主要依靠海外华侨随机性的捐赠活动，未形成长期的，经常化的捐赠项目的有效机制。并且其广度与深度也都有待提高。

中国光华科技基金会秘书长任晋阳介绍其进行图书捐赠项目选择受赠方的标准时曾说过,最渴的人是自己找水喝的人,那些找到他们的人,就是最渴的人,也就是最需要捐助图书的人。所以,只有主动出击,寻找"水源",才能扩大我们的捐赠渠道。

5. 缺乏公益基金募集机制

图书馆虽然无法做到财政上的自给自足,但可以提高自筹经费的比例。比如应该考虑设立公益基金,争取更加广泛的社会捐助。而我馆现阶段主要依靠学校提供的经费,还未将眼光立足于争取社会公益基金上面。积极争取建立图书馆专项公益基金,向国际社会广泛募集资源,才能使图书馆事业得到更大的发展空间。

二、未来五年国际交流与合作发展的目标

未来五年是我校也是我馆获得快速和跨越式发展的重要时期。我们一定要抓住各种机遇,迅速提高办馆层次,实现以基础服务为主要业务的一般图书馆向现代研究型图书馆过渡。而加强对外交流与合作,迅速提高海大图书馆的国际化水平,将成为建设研究型图书馆的一个重要环节。

(一)总体目标

适应海南对外开放的形势和要求,发挥好海南作为重点侨乡的优势,按照海南大学作为一所综合性重点大学发展的要求,迅速提高海南大学图书馆的国际化水平,构建国际化的学术网络和图书交换网络,建立图书馆发展基金,争取广泛的国际支持,建设一座国际化的高水平研究型图书馆。

(二)具体目标

1. 建立具有一定覆盖率的国际交流平台

未来五年,我馆要在现在的工作基础上,不断拓展和延伸国际交流网络,建立起具有一定地域覆盖率的国际交流平台。

我馆应以国际图联正式成员的身份,主动履行成员馆义务,积极参与国际图联学术及其他交流合作项目,提升在国际图联的地位;进而以国际图联为重要的平台,开展"学术公关",延伸交流网络,与国际图联的众多成员馆建立起密切和长期的合作关系,促进馆际学术研究及其他多种合作业务的广泛开展。

同时,在新馆落成,场地落实,资金到位的情况下,以海南独特的地理条件为依托,可尝试将国外学者讲学活动制度化,或协助学术实力雄厚的国内图书馆承办中小型国际学术会议,广泛接触和联系图书馆界的精英人士,使交流网络不断扩大。

未来五年内,除继续保持我馆在国际图书捐赠等方面的良好发展态势外,还可尝试举办或承办国际书展,启动国际文献交换业务网络,开辟获取外文图书的新渠

道。

2. 实现图书来源和资金筹措渠道的国际化和多元化，未来国际资金支持应占我馆全部经费的 15% 以上

在继续接受华侨个人资金捐助的同时，须加大资金引进力度，拓宽引资渠道。争取学校支持在海南大学基金会下设图书馆发展专项基金。力争获得各种与图书馆有关的国际基金会、东南亚和各地海南同乡会等团体和机构的资金支持，使资金捐助和图书捐赠等活动能够逐渐实现多元化、规模化和长期化。

3. 建立一支专业化的国际交流与合作人员队伍

通过五年的国际交流与合作建设，我馆应初步建立起一支国际交流与合作的专业人员队伍，熟悉国际交流的规范和流程，与某些机构保持长期和良好的沟通与互动，能够及时获取和反馈国际交流信息，熟练处理国际交流的信函回复、人员接待、会务组织等事务。一支专业队伍将为我馆国际交流与合作活动的成功开展提供充分的人力资源保障，也将是我馆人力资源建设的一个重要进展。

三、促进国际交流应采取的措施

（一）成立专门机构，处理国际交流事务

成立专门机构负责国际交流事务，可以保障国际交流活动的连续性和稳定性，使活动的开展更加有序和有效。从国际交流活动的计划、筹备、协调、实施，到交流成果和经验的总结、展示、应用，再到相关文件的整理保存，整个交流程序均由该部门统一负责。同时，国际交流对工作人员的素质要求较高，除语言能力外，还应具备较强的图书情报专业知识和业务能力，良好的沟通协作能力，一定的学术科研能力，了解国外各学科、专业的发展动态和学术水平。今后本馆将加强对相关工作人员的培训，使他们能够胜任国际交流这项复杂而又意义重大的工作。

（二）提供开展国际交流的资金保障

资金一向是国际交流中的薄弱环节，没有充足的资金支持，很多交流计划只能耽于纸上。解决这一问题，一是要增加对国际交流工作的资金投入，确保国际交流正常进行，逐步扩大交流的范围和种类，使更多具备条件的馆员能得到交流机会，分享交流成果。二是如上海图书馆馆长吴建中所言，要把交流工作的每一分钱用到刀刃上，有的放矢，交流工作"要确实有助于本馆建设总目标或阶段性目标的实现，有助于本馆服务和研究水平的提高，有助于扩大本馆的国际影响和提高本馆的国际地位，有助于相关领域人才的培养，有助于分享国际信息管理科学界的成功经验和成果。"

（三）营造良好的国际交流环境，促进交流活动可持续发展

未来五年，我馆将继续营造人性化的良好交流环境，拓展新的关系网络，促进

交流工作可持续发展，争取更多的资金和文献支持。

在对外交流中，要实行"取予结合"的策略，"予"主要指赋予对方积极的情感体验。以图书捐赠为例，除了要做好对赠书者的感谢与表彰工作外，还应将"赠后管理"纳入赠书管理的范畴，形成制度，定期将赠书到馆流通后的有关情况向捐赠方进行通报，使捐赠方对赠书的馆藏地点、流通情况、维护情况、起到学术作用和价值、读者的反响等信息了然于胸。赠后管理反映的是图书馆对捐赠方尊重、负责的态度，也是图书馆成熟管理体现。

另外，遍布世界各地的华侨华人，热忱支持故乡经济文化的发展，对我馆馆舍、馆藏建设给予了巨大支持。我馆也可视情况就相关华侨华人对中国文化的需求情况进行调查，量力提供中文文献或经济、文化、政策等方面的资讯，或将某些馆藏复本寄送有需求的华人子弟学校、华文图书馆，促进中华文化在海外的传承。

（四）提升馆员的外语水平和学术水平，提高国际交流与合作的能力

学术影响力是图书馆总体影响力的一个重要指标。提升学术水平是我们开展国际学术交流的目的之一，也是参与国际学术交流的资质和基础。没有高素质的研究人员，很难保障学术交流意图的充分实现和有效信息的获取，从而影响学术交流的效果，限制国际交流合作的广度和深度。未来五年内，我馆将在已经取得成果的基础上，继续为研究人员提供良好的学术研究和培训条件，使研究人员更好地关注、追踪图书情报学的前沿动态，提升学术研究水准。除了将自身的研究成果展示给国际学术界外，还要参与到国际学术项目的合作中去，合作攻关课题，联合撰写论文，分享学术研究成果。

此外，开展国际学术交流活动应有针对性，注意结合我馆的实际情况，兼顾国际交流活动的学术价值和实用价值，使交流成果能够迅速转化为我馆现阶段建设的重要支持力，切实解决我馆发展中存在的问题，为各种正在开展的研究工作和文献保障项目助力解难。以交流促发展，以发展促交流。

第十二章　党群组织配合　营造良好环境

一、指导思想

以邓小平理论和"三个代表"重要思想为指导，全面贯彻落实科学发展观，紧

密围绕构建社会主义和谐社会的目标任务和要求，以思想政治教育为主线，开展馆员特别是年轻馆员的思想道德教育，加强全馆的思想道德建设，提高政治思想觉悟，树立良好的职业道德和敬业精神，提升服务层次，改善服务手段，强化服务创新，全面提高服务质量和服务水平，强化馆员队伍自身建设，加强党支部对共青团、工会的领导，努力开创海南大学图书馆党、团、工会工作新局面，为图书馆的发展创造良好环境。

二、发展目标

在学校党委和行政班子的领导下，努力在图书馆内建设一支充满朝气、求真务实、奋发有为、勇于创新的党、团员干部队伍；建设一支思想道德素质好、奉献精神佳、科学文化素质高、专业技能强的先锋模范队伍；营造一个促进广大馆员全面发展和推动学校改革发展的图书馆文化氛围和育人环境；在图书馆各项工作实施中充分发挥党组织的凝心聚力作用和监督作用。

三、工作任务

（一）加强党、团、工会工作的理论研究，提高党、团员和广大馆员的思想道德素质

坚持中国共产党在新时期的主要方针、政策和路线，贯彻"以理想信念教育为核心，以爱国主义教育为重点，以思想道德建设为基础"的要求，按照"抓活动、抓时间、抓骨干、抓社团、抓网络"的工作思路，推进党、团员和广大馆员的思想政治教育工作。

要通过认真开展党、团和工会工作的理论研究，结合各时期主题教育活动，深入贯彻落实中央、省委关于加强思想政治教育工作的有关精神，坚持用"三个代表"重要思想武装教育全体馆员，以创建文明单位和创建党建工作先进单位为目标，以建设服务型单位为载体，以党员先进性教育为重点，号召全体党员不断加强党性锻炼，坚定率先的信念，牢记服务的宗旨，保持吃苦的劲头，弘扬务实的作风，全面提高个人素质，为职工群众树立榜样，感召全馆职工群众确立"人本意识"，自加压力，创新工作，进一步提升图书馆工作层面。

（二）加强组织建设

加强党员教育与管理，按照支部和党员目标管理的要求，组织党员结合自身实际工作对照党员标准和相关工作职责进行检查，对照先进性教育的整改措施，改进自身存在的缺点和不足。以"深入学习新党章，永葆先进性"为主题，认真组织主题教育活动，提高党组织生活质量。

按照有关要求，认真组织好每一次的组织生活，学习党章和上级党组织有关文

件精神。根据上级党委和总支的安排结合形势和本馆实际工作，事先确定好组织生活的内容并积极准备，确保组织生活的质量和效果。

积极开展批评与自我批评，增强党性锻炼和党内团结，改进思想作风和工作作风，在党员中形成讲团结、讲奉献、争重担的氛围，充分发挥支部的战斗堡垒作用。

引导馆员向党、团和工会组织靠拢，做好党的后备人才培养工作。争取每年都有1~2名优秀馆员加入中国共产党组织。

指导工会、共青团开展有益群众身心健康的活动，并不断提高两个群众组织活动的系统性和质量。

（三）突出图书馆特色，坚持特色活动的长期开展

图书馆作为文献信息服务提供单位，有着自己鲜明的特色。如何利用特色，强化党、团工作，从而进一步突出图书馆特色，提高图书馆服务和研究水平是我馆党、团在今后五年中工作的一大重点。2005年世界读书日期间，我馆与校团委共同举办了"爱心循环书库活动"，号召师生将自己不需要的教材、资料和其他图书捐赠出来供其他人循环使用，当时引起了很大反响，广大师生踊跃捐赠。但因其他原因，该工作未能得到很好地执行。"十一五"期间，应重启该项工作。图书馆党、团员应在该项工作中起到直接负责的作用，并扩展思路，开展一系列有意义的活动。比如，与校团委、学生社团等的合作，开展"文明读者，优秀馆员"活动；配合宣传部、社科联系统开展以建设学习型社会建设为目标的"读书月"活动；与其他单位合作开展文明生态村建设活动等等。并且将这些活动深入持久地开展下去，使之成为我校校园文化建设的一大特色和亮点。

（四）举办学术活动，为青年教工提供思想发展空间

当前在我馆青年职工占一定的比例，为激发他（她）们的科研新思想，定期举办学术活动，以增强党、团组织在青年教工中的凝聚力，并进一步提高他们的理论水平，激发他（她）们为教学工作和学校改革发展做出更大的贡献。

（五）组织党、团员，加强对在校学生特别是义务馆员的思想教育、心理辅导、学业指导

组织一批"思想素质高、业务水平好、思路开阔、热爱青年事业"的党、团员，为广大青年学生特别是图书馆聘请的义务馆员解决"政治思想、心理健康、学业困惑"等方面的问题。从而促进广大青年学生健康、全面的发展。

（六）以文体活动为重点，丰富业余生活，促进馆内文化建设

配合图书馆行政部门，每年坚持举办一到两次全体馆员参加的文化晚会，邀请学校部分师生和义务馆员参加，认真组织广大馆员参加学校举办的各种文体活动。

（七）以义务馆员为主体，组建"书友会"

图书馆自实行义务馆员制度以来，已聘请了200多名青年学生作为义务馆员，

参与到图书馆的日常管理工作中。但目前义务馆员参与图书馆工作存在着"范围不大，层次不高，深度不够"的问题。这与义务馆员的管理体制有关。在今后五年内，图书馆党、团员应发挥主观能动性，组织义务馆员成立"书友会"，其宗旨为"以书会友、以书修身"。书友会定期举办活动，听取会员对文献资源以及图书馆建设的意见和建议。

（八）关心馆员生活

馆员是图书馆业务、工作的主力军，他们身心健康与否直接影响到图书馆的服务质量和服务水平。图书馆党支部要落实党、团员和工会领导成员联系群众制度，及时调整联系群众方式和时间表，倾听群众的心声，努力服务群众，切实关心馆员的学习、工作、生活和困难，在力所能及的范围内帮助他们解决实际困难，充分发挥其党、团员的说服力、引导力和感染力。

附：海南大学图书馆（2006—2010）五年发展规划
课题组成员名单

顾问：安邦建
组长：詹长智
副组长：李　春　陈俊霖
成员：卢家政　张敏　蔡瑞平（资源建设）
　　　杜玲　张英（基础服务）
　　　李明　吉家凡（咨询服务）
　　　林维波　吴伟强（"三化"建设）
　　　李哲汇　王小会（文献中心建设）
　　　王小会　钟哲辉　张朔人（地方文献建设）
　　　陈俊霖　周姗　李保红（二级馆建设）
　　　李　春　张　敏　胡景卫（人力资源建设）
　　　吉家凡　安邦建（科学管理）
　　　张建媛　许　苗（交流与合作）
　　　詹长智（科学研究）
　　　胡景卫　吉家凡（海南大学图书馆简史）

附录 5：

芜湖市镜湖区图书馆全流程服务外包的创新实践

田勤

前 言

本文立足安徽省芜湖市镜湖区图书馆，从具体实践中总结芜湖市镜湖区图书馆全流程服务外包的进展情况及取得的成效，用实践证明引入服务外包为图书馆事业更好的发展提供了一条新思路和新模式，有利于加快政府职能转变、精简机构人员，改变了政府包揽一切的传统模式。为了社会的文化大发展、大繁荣，图书馆全流程服务外包的政策应大力发扬，更多政府也应积极跟上社会进步、政府转型的大潮流，真正是为了群众的利益而思考，真正是为了群众的需要而做事情，真正是为了社会的文明进步而努力奋斗。当然也要求更多的图书馆服务公司参与到这项文化事业中来，不仅仅是做企业，更是做公益、做文化，为了全民的阅读梦一起翱翔。

1 实践背景

镜湖区图书馆由镜湖区政府主办，属芜湖市民生工程，也是镜湖区文体中心的重要组成部分。该馆馆藏图书 7 万余册，建筑面积 5 200 平方米，是该区唯一的区级公共图书馆。

2014 年 4 月，镜湖区图书馆正式开馆。不到一年的时间，该馆的读者到馆人次已逾 31 万人次，图书借阅量 63 689 册次，举办活动场次 156 场次，这组数据远远高于其他同级的公共图书馆。

而就在 2013 年，镜湖区图书馆还面临着正式开馆、免费开放阅览任务必须完成的压力：一方面是机构设置困难、编制紧张、人才匮乏的窘境，另一方面安徽省内区级公共图书馆普遍存在的经费不足、文化活动层次不高、吸引力不强，群众参与意识不高的问题。为了打破僵局，将公共图书馆这一惠民工程办实办好，镜湖区政府决定在运营管理上寻找突破点：通过公开招标，向市场购买服务，引入市场机制对镜湖区图书馆实行全流程服务外包。

2 实践创新

2.1 理念创新，打造安徽省首家公共图书馆服务外包模式。

镜湖区图书馆确定采取"政府投入、委托运管、业主监管、免费开放"的方式进行运作。由于此项工作为全新的改革尝试，没有现存的经验可供借鉴。为此，镜湖区文广新局以大胆而又审慎的态度进行了细致的探索。

（1）严格准入，确保引进专业的"管家"

镜湖区文广新局根据区委、区政府的指示精神，采取了服务外包，政府向市场购买服务的方式，向社会发布了图书馆企业化运营的公告，公开招聘运营团队运营新建成的镜湖区图书馆。首先，在坚持公开、公正、公平三原则的同时，确定了专业化团队做专业化事业的原则，对参与竞争的企业实行服务资质准入制，即：具有图书馆管理运营服务资格且有长期服务经验、业绩显著的文化企业方能参与竞标。为确保入围企业资质的真实性与可靠性，不仅严格审查入围企业的相关资质证照，对重点企业进行了实地考察，并要求其提供图书馆运营方案，以供分析审核。其次，对参与竞争的运营企业，提出了图书馆运营的硬性指标，即：服务标准按照国家公共图书馆县区级一级馆执行；所有公共空间设施场地全部免费开放，全年免费零门槛对社会提供公共文化服务。2013年11月，镜湖区文广新局与安徽儒林图书馆咨询服务有限责任公司（以下简称"儒林馆服"）正式签订镜湖区图书馆服务外包合同。

（2）明确岗位，确保图书馆人员的专业性。

在和企业签订的协议中，区文广新局对图书馆的人员编制和岗位设置提出明确的要求：人员编制核定20人，其中馆长1名（图书馆专业，具有图书馆管理经验三年以上）；采编人员1名（图情专业）；计算机硬件、软件维护人员3名（计算机网络运行专业、具有网页设计等相关资质）；少儿图书管理员2名（具有师范教育专业）；讲解员1名（具有展览讲解普通话资质）；图书管理员12名（大专以上学历）。岗位的明确和专业的要求，确保了图书馆专业化的运营，确保了政府购买服务的质量，也确保了老百姓享受公共文化的需求。

（3）加大监管，确保购买的服务质量。

镜湖区文广新局对图书馆的运营进行全面监管，并制定了具体而详细的考核指标、考核方法、考核路径。一是明确提出了第三方考核的原则，由第三方机构对图书馆的运营进行考核；二是发挥"两代表一委员"的作用，邀请他们作为图书馆的行风监督员，参与年度考核；三是实行群众考核，图书馆的日常活动，镜湖区文广新局同步进行群众满意度调查，调查表汇总归档，作为年底考核的重要指标。

2.2 管理创新，实行企业化管理

儒林公司入驻镜湖区图书馆后，对图书馆的运营实行企业化管理。图书馆全流程服务外包根本目的就是通过高效、灵活的企业化管理，降低图书馆的运作成本，提高图书馆的工作效率，增强图书馆的竞争能力，提升图书馆的整体服务品质。

（1）扁平化组织管理

镜湖区图书馆实行扁平化管理，馆长以下人员全部作为馆长的直接下级。扁平化管理加快了信息流的速率，提高决策效率，避免了冗员多、效率低、办事拖沓的现象。

（2）绩效考核

绩效考核是提高图书馆工作效率的中心环节。绩效考核本质上是一种过程管理，它是将中长期的目标分解成年度、季度、月度指标，不断督促员工实现、完成的过程。镜湖区图书馆对员工实行月度绩效考核，直接挂钩员工的绩效工资，是对馆员进行管理监督、优胜劣汰的重要手段。

通过绩效考核，把人员聘用、职务升降、培训发展、劳动薪酬相结合，使得激励机制得到充分运用，彻底改变事业单位普遍存在的办事效率低下、奖惩机制不健全等问题，同时也利于员工自身的成长。

（3）学习型团队

在日常管理中，图书馆将员工学习纳入管理的一部分。为强化馆员的服务理念，提高馆员的综合素质和业务能力，图书馆将馆员的学习性纳入馆员工作考核的一部分，将每个周五定为馆员"学习日"。2014年图书馆共开展了团体学习活动50余次。"一月一本书"学习活动要求每位馆员每月读一本专业书籍，并通过小组讨论的方式进行学习交流；观看纪录片《百年守望》，学习图书馆人精神；图书馆专业知识集体培训等等。

2.3 服务创新，以解决问题为导向提供专业服务

企业做客户服务，首先明确服务对象是谁，其次弄明白这些客户的需求是什么，然后针对不同客户的不同需求，提供专业化的服务。镜湖区图书馆作为一个区级公共馆，它的主要服务对象是当地居民，主要任务就是满足群众日益增长的文化需求。要实现它，就需要解决好这两个问题：

（1）如何把读者请进来

镜湖区图书馆位于该区东部边缘，附近大多是入住率不高的新住宅区，人口密度稀。在馆内坐等读者进门，是不可能完成每年1万张的读者证考核要求。为了扩大读者群体，图书馆全面开展了"走出去、请进来"阅读推广宣传活动，工作人员组成宣传小组，先后走进社区、学校、企事业单位进行全民阅读推广活动。

阅读推广宣传并不是停留在形式上，每次宣传都有明确的办证和问卷调查指标，指标的完成量纳入员工绩效考核；在进社区之前，员工都经过培训，必须掌握统一的宣传用语和达到统一的服务标准；活动结束后及时进行总结和反馈。

走进社区。图书馆派出宣传小组先后12次走进距图书馆2公里范围内的社区宣传，发放宣传单页，免费办理读者证，问卷调研读者需求，宣传图书馆服务等。进社区宣传得到了很好的反响，到馆人次也直线上升，同时，大量的问卷调查也获取了读者的阅读需求和文化活动需求信息。

走进学校。走进学校主要通过进学校宣讲和邀请师生来馆参观两种形式。图书馆馆长亲自去辖区的中小学和幼儿园宣讲，强调阅读对少儿成长的重要性，得到了学校领导的支持。图书馆也迎来了10多次的学校师生的团体参观。"走进学校"大大扩充了少儿读者群体，为馆内的少儿文化活动开展打下了良好的读者基础。

走进企事业单位。我们与芜湖市人民检察院、镜湖新城残联、镜湖新城公共服务中心等近10家企事业合作，互相利用资源优势，进行了阅读推广宣传等公益活动。如，我们与镜湖新城残联沟通，了解残疾人信息和阅读需求，以便提供更优质的服务。

（2）如何把读者留住

为了赢得读者，镜湖区图书馆注重读者阅读需求，丰富服务内容，提高服务品质，同时时刻关注着读者的满意度，保持与读者顺畅沟通。

建设高利用率的馆藏。镜湖区图书馆坚持藏为所用的理念，通过问卷调查、征集读者意见卡、分析借阅数据等方式来了解读者阅读需求，提升馆藏品质。第一，统计月度、季度和年度的各类图书借出比例，分析读者的阅读需求和习惯。第二，通过《读者荐书卡》、《镜湖区图书馆读者推荐图书意见表》收集读者阅读信息。第三，逐步建立"读者驱动"的资源建设机制，收集数据仅仅是建立"读者驱动"的资源建设机制的第一步，根据数据分析读者文献信息需求，结合读者文献信息需求科学制定采购计划，这项工作也是图书馆长期的重点工作。

提供高品质的服务。镜湖区图书馆执行"五全"贴心服务，即为市民群众提供全年开放、全免费、全年龄段阅读、全馆无障碍服务、全阅读方式。为将"五全"服务落到实处，图书馆实行全年无休、法定节假日正常开放，每日8：30—17：30开馆，每周开馆63小时；馆内设置视障阅览室、少儿阅览室、综合阅览区、电子阅览室、典藏室、自修区、休闲区、报刊阅览室八大功能区域，每个区域设置专人管理和负责；全馆免费开放，除典藏室外，所有区域图书全架开放，读者无需证件、无障碍进出；不断拓展服务方式，开展多层次、全方位的文化活动，服务从少儿到老年人的各个读者群体；进行读者满意度调查，开展读者座谈会，接受读者和政府的双重监督。

开展多样化文化活动。镜湖区图书馆的活动以常态化和品牌化的原则进行推广和举办，活动对象涵盖各个年龄层次，2014年全年共开展各类读者活动156次，尤其以少儿活动为亮点，形成了三大少儿品牌活动和三大系列活动。

三大少儿品牌活动。三大少儿品牌活动是指了"绘声绘色"、"宝宝快到书里来"、"英语角"三大活动品牌，活动由于其趣味性和知识性，受到读者的极大欢迎，在社会上引起了广泛的关注。

"宝宝快到书里来"系列活动是针对7－12岁儿童的才艺展示活动，主要活动形式有诗歌朗诵、亲子游戏、手工制作等。是镜湖馆少儿读书活动中最受欢迎的品牌活动。

"绘声绘色"系列活动是针对3－6岁儿童的以绘本故事讲演为主的少儿活动。为了提高活动的质量和效果，图书馆专门与社会知名少儿培训机构合作，邀请专业幼儿老师指导。活动在丰富低龄儿童阅读的同时，也为绘本阅读的推广起到了积极推动作用。

"英语角"活动是图书馆利用自身安静、温馨的环境，为读者们提供学习交流平台的典型成功案例。为了确保英语角活动的顺利开展，图书馆与社会大型英语培训中心合作，邀请专业英语老师每月两次与读者们一起分享交流。每次英语老师会选定一个热门"话题"，通过深入浅出的引导，带动读者们积极参与。英语角已成为众多英语爱好者的学习、交流聚集地。

三大系列活动是指"主题系列活动"、"年度文化系列活动"、"健康镜湖系列活动"。

主题系列活动是根据一个核心主题展开系列活动，具体包括红色主题、和谐镜湖主题、特殊人群主题。① 红色主题，紧紧结合当前社会主旋律开展系列活动，如当前社会的中国梦教育主题宣讲、通过组织社区居民学习党和国家政策的红色文献。② 和谐镜湖主题，以健康镜湖为核心主题，开展"我运动，我健康"健康跑活动、春夏秋冬美食大赛等系列活动，树立老百姓健身向上的生活观，真正为百姓做实事。③ 特殊人群主题，包括残疾人员、老人、进城务工人员等，这部分人群具有时代特殊性，也是当前社会关注的焦点。

年度文化系列活动根据每一年的节假日和年度大事件安排具体的活动。① 节假日文化活动。一年有12个月，每个月都有重大节假日，设置的各种系列活动既是独立的，又是与传统文化主题息息相关的，将传统文化与系列主题② 年度大事件活动。如2014年的世界杯活动、高考改革等。

特色镜湖系列活动主要展现镜湖区独有的文化气息。① 人文镜湖，基于镜湖区特色传统文化，立足历史，弘扬镜湖传统文化，如在馆内进行张孝祥文化讲座、芜湖铁画展、镜湖古风貌画展等活动。② 健康镜湖，将健康镜湖打造成镜湖图书馆的特有主题活动，每月第二周的周日举办系列健康主题活动。

定期征求读者意见并反馈。在镜湖区图书馆借阅大厅的服务台，放着一本读者意见簿，读者将意见和建议写在意见簿上，馆长每天会亲自查看并处理，每一条意见都会给予短信反馈。定期召开读者座谈会，加强读者与图书馆之间的联系，了解读者心之所想和实际需要。由于图书馆确实将读者的意见给予反馈，增强了读者的参与感，而且使图书馆的工作得到了理解和支持，形成了一种良性循环。

3 运营成效

3.1 从社会效益层面

镜湖区文广新局在不增加机构和人员编制的前提下，动态监控公共图书馆的运行质量和效果，保证了公共图书馆运行服务上的持续创新和运行服务水平的不断提高，使镜湖区图书馆的读者和有效覆盖人群不断扩大，社会效益不断提升，公共图书馆管理和运行的风险降到最低，公共财政的效益实现了最大化，具有很强的创新性、科学性、实践性、有效性和示范性，对于改进科学管理水平和提高芜湖人民物质文化生活水平及促进芜湖大发展等发挥着重要的作用。

3.2 从政府层面来看

把图书馆的服务功能"外包"给体制外企业，不仅减轻了政府负担，还使图书馆运营更加专业，服务更加周到，有效地缓解了公众对公共服务要求不断提高与政府直接提供能力有限之间的矛盾。

3.3 从公众层面看

镜湖区图书馆对满足群众文化需求，提升群众文化素质，改善群众文化生活起到积极的推进作用，外包后的图书馆得到了社会各界的广泛认可与支持，馆内开展爱心树、英语角沙龙、宝宝快到书里来、少儿绘本亲子活动、健康镜湖讲座等系列主题活动，满足不同读者的文化需求。与以往图书馆等着读者上门不同，镜湖区图书馆"走出去"开展外出办证活动，邀请读者去图书馆看书，还通过文化主题活动吸引周边居民。图书馆放下了架子，才会有更多的读者被请进图书馆，营造全民阅读的氛围。

4 成功实践带来的启示

公共文化社会化运作是一个长期过程，根本目的在于追求社会效益和经济效益的最大化，满足公众的可持续性公共文化需求，助力服务型政府转型。政府向社会力量购买公共服务，是建设服务型政府形势下的有效举措。同时这种尝试目前还处于探索阶段，当前迫切需要研究和借鉴国外的经验教训，兴利除弊，完善和创新公共文化服务机构的"委托管理经营"的模式。

4.1 承包服务面临的外在挑战

虽然政府购买图书馆公共服务是人心所向、大势所趋，能惠及广大民众，但是实践开展方面还属于刚起步阶段，没有足够多的成功经验和固有理论来借鉴，仍要一步步的摸索前进。政府向社会力量购买服务将在全国推开，力争"十二五"时期初步形成统一有效的购买服务平台和工作机制，到2020年在全国建立比较完善的政府购买服务制度。关于图书馆全流程服务外包，国内外理论界对于其发展的持续性存在质疑态度，业界内学者对其有很多争论的焦点。

其一便是关于图书馆公益性是否会丧失。主要表现在图书馆服务的性质，是否会变成私有化的产物，变相收费或是将服务变成"商品"。首先我们应明确图书馆的公益性是立馆之本，我们也必须认识到，现在的镜湖区图书馆所有者仍是政府，仍属于文化事业单位，只是在运营管理上引入了儒林馆服公司进行运作，各项规定和活动开展都必须经过政府的审查，所以说关于公益性会丧失目前还不用担心。政府出资进行全局规划，根本目的就在于无偿地为大众提供优质阅读服务，提升全民素质和文化修养。

其二是图书馆专业性是否会丧失。这一问题的焦点在于，图书馆全流程外包过后，图书馆日常的各项运营管理都由企业来运作，如果外包后的图书馆仅仅关注的是每天开门而已，那么自然会丧失图书馆本身的专业性。首先我们应该明确图书馆的各项运营管理虽是企业运作，但镜湖区文广新局对儒林馆服公司有考核、监督权力，针对图书馆的运作也制定了非常具体细致的考核标准，图书馆的文献资源、读者活动、人才建设等各方面在合同中都有明确的要求。如果在运营过程中发现违反合约现象，或者考核不通过，镜湖区文广新局有权终止合同或扣除经费，这对企业而言是非常大的压力，压力即是动力，这也就避免图书馆精神的丢失。

其三是馆员的专业素养是否会下降。图书馆的核心人物便是馆员，为避免外包企业为节省资金，招募的馆员素养无法保证其适合图书馆的工作，在实施过程中政府对企业实行差别化的扶持政策，建立中央地方、部门购买公共服务的协调监管机制，引进社会力量参与考评，才能真正保证图书馆价值观的构建。

4.2 加强政府主导和市场运作的有机结合。

购买服务与购买物资不同，完成公开竞标和业主选择，不是结束，而仅仅是开始，后续的运营管理离不开管理机制和理念的长远建设。要树立新的政府管理理念，树立契约理念，实现传统管理思维向现代治理逻辑转变；加强对合同的刚性管理，对合同实施过程进行管理。镜湖区图书馆在合约期间对合同的服务项目进行量化明确和实时监督起到很好的示范作用。

（1）政府层面——构建一套全方位的体系

建立图书馆全流程服务外包的评估体系。首先，通过评估体系测量社会事业发展的整体效果，从而合理地调整公共服务与公共产品的供给范围、标准等，做到社会事业发展与经济社会的发展阶段和水平相适应。其次，通过评估体系对社会事业发展进行有效监督。一方面通过评估体系对具体的社会事业供给单位进行绩效考核，以此激发社会事业供给单位的活力，调动其发展社会事业的主动性与积极性；另一方面通过具有量化标准的考核体系对各级政府发展社会事业的工作进行有效测评，对其不当行为进行问责。政府对外包出去的图书馆进行绩效评估，是加强图书馆工作稳定健康发展的必要手段。同时引入第三方评估的介入，对图书馆各项工作和预订目标进行评价和测度，从宏观上把握图书馆的整体发展状况，以指导、推动、协调图书馆的发展为最终目标，采用定量和定性的评估方法，全民参与评估图书馆投入产出的基本情况，不仅考量公司的实际运营情况也考察政府对图书馆的监管力度和政策把控，以实现服务外包的真正价值。

（2）承办企业层面——创造内外条件

第一，注重人才培养，专业保证。聘请国内图书馆管理与研究专家团体参与业务指导和具体管理运作，增强管理团队专业性；与省内高校采取"校企"联合办学方式举办图情本科专业，不仅为图书馆咨询服务企业自身定向培养专业人才，同时为国家发展基层图书馆事业输送合格人才。

第二，积极配合政府，树立形象。积极配合政府建设服务型政府、学习型社会。图书馆通过引导全民学习、终身学习，推动知识创新、科技创新，从而为全社会的发展积蓄动力，立足于本地区的中心工作以及社会发展对公民素质的新要求，根据公民自我发展的新需要，注重实效，不断创新学习载体，吸引更广泛的人参与到学习中去。通过举办各种展览、报告会、讲座、活动等，扩大图书馆的影响，提高图书馆的知名度，使更多的居民了解图书馆、走进图书馆、利用图书馆，营造良好的学习型城市和文明城市的氛围。

第三，保证馆员素养，做好典范。图书馆建设的成功要靠人的活动来实现。图书馆员必须认识到创立图书馆品牌的紧迫性、重要性，认同图书馆独特的品牌理念，明确品牌目标，才能在具体工作中身体力行，构建图书馆品牌的承诺。作为一名馆员，图书馆专业知识是为读者服务的基础。另外图书馆员需要学习和交流，需要更新知识，图书馆应尽最大努力为馆员提供学习的机会。引入竞聘上岗机制，对馆员的素质要求不能放松，鼓励馆员积极参加职称评定，慢慢将外包后的图书馆变成学术和知识氛围浓厚的文化聚集地，加强对馆员计算机、网络技术等知识的培训。

第四，明确组织架构，科学管理。图书馆工作组织，是图书馆根据其方针任务，结合本馆的具体情况，有计划、有步骤地把全馆工作进行科学安排。一方面把图书馆全部业务工作合理地组织起来，既有明确分工，又能相互配合，使全馆各项业务工作成为一个有机的整体，另一方要采取种种措施，促使图书馆行政事务工作紧密配合业务工作，以保证图书馆方针任务的贯彻落实。